2023年度第2回 二次試験

受験者用問題カードD

Baseball Caps

Baseball caps are popular in Japan. Baseball fans often wear them at stadiums when they watch their favorite teams. Some people worry about strong sunlight, so they wear baseball caps on hot summer days.

別冊問題編の p. 22(♠)にあります。

受験者用問題カードJ

Flower Shops

There are many flower shops in Japan. They sell different types of colorful flowers. Many people like to keep beautiful flowers in their homes, so they go shopping for flowers each season.

質問英文は**別冊問題編の** p. 24(♠)にあります。

2023年度第1回　二次試験

受験者用問題カードD

Pets

Many people want to have a pet dog. Playing with dogs can be relaxing. Some people don't have time to take dogs for walks, so they get pets such as hamsters or birds.

質問英文は**別冊問題編の** p. 22(◆)にあります。

受験者用問題カードJ

Singing

Singing can be a good way to relax. Some people enjoy performing in front of many people, so they join singing groups or bands. Taking singing lessons can help people to sing better.

質問英文は**別冊問題編の** p. 24(◆)にあります。

2022年度第3回 二次試験

受験者用問題カードD

Umbrellas

Umbrellas are very useful. They help people to stay dry on rainy days. Department stores sell different kinds of colorful umbrellas, and convenience stores are good places to buy cheap and simple ones.

質問英文は**別冊問題編の** p. 20(♣)にあります。

受験者用問題カードＪ

Playing the Guitar

Playing the guitar is a popular hobby. Many people want to learn how to play their favorite songs, so they practice playing the guitar every day. Some people take lessons with a guitar teacher.

質問英文は**別冊問題編の** p. 22(♣)にあります。

2022 年度第 2 回　二次試験

受験者用問題カードD

Chinese Restaurants

There are many Chinese restaurants in Japan. They usually sell noodles and other popular Chinese dishes. Some people want to eat delicious Chinese meals at home, so they order take-out food from Chinese restaurants.

質問英文は**別冊問題編の** p. 20(●)にあります。

受験者用問題カードJ

Beach Volleyball

Beach volleyball is an exciting sport. It is fun to play on hot summer days. Many people like seeing their favorite players, so they enjoy going to professional beach volleyball tournaments.

質問英文は**別冊問題編の** p. 22(●)にあります。

2022年度第1回 二次試験

受験者用問題カードD

Ice Cream

Ice cream is a popular dessert. Many people eat it outside on hot summer days. People often buy ice cream at supermarkets, and some people like to make different kinds of ice cream at home.

質問英文は**別冊問題編の** p. 22(★)にあります。

受験者用問題カードJ

Climbing Mountains

Climbing mountains can be exciting. Many people like taking photos of nature, so they carry a camera with them when they climb mountains. People should always take a map and warm clothes with them, too.

質問英文は**別冊問題編の** p. 24(★)にあります。

2021年度第3回　二次試験

受験者用問題カードD

Pasta

Pasta is eaten in countries around the world. Pasta tastes good with both meat and vegetables, so it is a popular dish with many people. Some stores sell many defferent kinds and colors of pasta.

質問英文は**別冊問題編の** p. 20(■)にあります。

受験者用問題カードJ

Lakes

Japan has many beautiful lakes. They are often quiet and relaxing places to visit. There are places to camp near some lakes, and some people like to go swimming in lakes when it is sunny.

質問英文は**別冊問題編の** p. 22(■)にあります。

2021 年度第 2 回 二次試験

受験者用問題カードD

Green Tea

People love the taste of green tea. Green tea is healthy and delicious, so it is enjoyed by people around the world. In Japan, a lot of green tea is grown in Shizuoka and Kagoshima.

質問英文は**別冊問題編の** p. 20(♥)にあります。

受験者用問題カードJ

The Izu Islands

The Izu Islands are near Tokyo. People usually get to these islands by boat. The Izu Islands have beautiful nature and interesting activities for everyone, so they are popular places to visit in summer.

質問英文は**別冊問題編の** p. 22(♥)にあります。

例題

受験者用問題カード

Karate

Karate is popular in many countries. Now, many children and adults around the world take karate lessons. Some people want to do well in big tournaments, so they practice karate for many hours every day.

2021年度第1回　カードJ

質問英文は「どんな問題？　どう解く？」のp. 31にあります。

練習問題

受験者用問題カード

A Popular Hobby

Many people like to collect things. Some children enjoy collecting comic books or dolls, and some adults travel around the world to find interesting things. People can learn about different cultures by collecting things.

2021 年度第 1 回　カード D

質問英文は「どんな問題？　どう解く？」の p. 42 にあります。

英検®赤本シリーズ

2024年度版

英検® 3級 過去問集

英検®は、公益財団法人 日本英語検定協会の登録商標です。

教学社

CONTENTS

◆英検®のススメ …… 4
◆先輩からのアドバイス …… 8
◆受験案内 …… 11
◆英検3級とは？ …… 12
◆どんな問題？ どう解く？ …… 14

解答編

問題編は別冊

2023年度 ♠第2回検定 ♦第1回検定

2022年度 ♣第3回検定 ●第2回検定 ★第1回検定

2021年度 ■第3回検定 ♥第2回検定

執筆協力：吉川 大二朗，鎌倉 友未，木村 福
録音スタジオ：一般財団法人 英語教育協議会（ELEC）
※本書の内容は，2024年1月時点の情報に基づいています。

? 英検って何ですか？

正式名称は「実用英語技能検定」と言い，公益財団法人 日本英語検定協会により実施されている英語検定試験の略称です。「技能検定」なんてカッコいいと思いませんか？　職人になった気分になりますね。記念すべき第１回の検定試験は，1963年（昭和38年：竹岡が２歳の可愛いさかりのとき）に行われました。日本では，当時の東京オリンピックに向け，高速道路が整備され，東海道新幹線が着々と建設されていた時期ですね。それから約60年が経過し，今では**年間で420万人**※**もの志願者数を有する国内最大規模の試験**となりました。竹岡が中学生のころは，準２級や準１級など存在せず，中学１年生で４級，２年生で３級，高校で２級に挑戦するのが普通でした。今では受験者層も低年齢化して，２級を取得している小学生もめずらしくなくなり，全体での１級取得者もかなりいるようです。

？ 英検の良さって何ですか？

問題がすばらしいところです。漏《も》れ聞こえてくる話によると，相当多くの英語圏の人々が作問に関わっているようです。年々質が向上しているような気さえします。語彙《ごい》・文法問題 1 つにしても本当によく練られています。たった 3～4 行の英文で，その単語が使われる典型的な状況を設定し，作問されています。つまり，その単語を覚えるための例文として最適なものなのです。よくもまあ，こんないい例文が出てくるものだなと，本当に感心しています。

私は，そうした問題に惚《ほ》れ込んで，単語の問題集を作った際に東京の神楽坂《かぐらざか》にある英検の本社ビルまでお願いに行きました。「ぜひ，単語集のすべての問題に英検の問題を使わせてください。私の本の印税は要りません。頼むから使わせてください」とお願いしたのです。残念ながら規定の例外は認められないということで，数年分しか使えませんでした。これぐらい，惚《ほ》れているわけです。

高校の非常勤講師になったときには，「英検委員会委員長」を名乗り（委員会のメンバーは竹岡と田平先生という先輩の計 2 名のみ），英検が学校で実施されるたびに「解答・解説速報」を作成し，それを大慌てで生徒が帰る前に印刷して配るということをボランティアでやっていました。若気の至りで，解答を間違ってしまったことがあり，そのときは大恥をかきました。

読解問題は小説が出題されないのが残念ですが，評論もなかなかおもしろい話が多いですね。一体，どこからあんなネタを探してくるのか，非常に興味深いですね。きっと作る方はご苦労が多いのだと思います。

※ 2022 年度 英検テストファミリー（実用英語技能検定，英検 IBA，英検 Jr. 合算値）志願者数。

過去問にチャレンジしましたが難しすぎます。

「難しすぎます」のレベルによって対応は変わると思います。まず，①「10問中2問ぐらいしか合いません」「解説を読んでもわかりません」「解くのも苦痛です」というレベルの場合は，受験級そのものを見直した方がいいと思います。準2級の問題がさっぱりわからない場合でも，3級だと「サクサク解けるので楽しい」ということにもなります。そして3級で90%以上得点できるようになってから準2級に進むとよいでしょう。

②「解説を読めばなんとかわかります」というレベルの場合は，最初は，試験時間を気にせず，辞書や単語集を使ってもいいことにして80%を目指します。リスニングは「聞き取れるまで何度も何度も聞き返す」という勉強が効果的です。

また，少しでも上の級を目指すことは大切です。たとえば英検3級のリスニングの得点率が8割の人が継続して3級の勉強だけをしてもなかなか伸びないものですが，準2級のリスニングの勉強にとりかかると3級でコンスタントに満点近くとれるようになります。とはいえ，自分の実力とかけ離れた級に手を出して「英語が嫌いになってしまった」というのは避けたいですね。自分のレベルを冷静に見極めることも重要です。

過去問を何度も解きました。次はどうすればいいですか？

過去問の勉強を続けてください。たとえば，「3級のリスニングなんてもう簡単だよ」と言うなら，リスニングの問題文をすべて書き取る訓練をしてみてください。意外と難しく感じるでしょう。でも，それによってリスニング力が飛躍的に向上することは間違いありません。短文の空所補充問題は，解答の日本文を見て，文全体を元の英文に復元できるか挑戦してみてください。これはライティングやスピーキングの訓練にもなります。読解問題は，本当にすべての語彙《ごい》を理解し，さらに英文の意味もすべて理解しているか確認してみてください。こうした使い方こそが，「真の実力を向上させる」方法なのです。

英検の問題はどの級でも，そのレベルに応じたすばらしい問題です。ですから，「合格」したけれど得点がそれほど高くなかったという人も，上記のようなやり方で，その級の過去問の学習を継続してもらいたいです。

つまり「過去問集」は「合格するまでの，受験対策のための過去問題集」ではなくて，「力を伸ばすための問題集」だと認識してもらいたいと思います。

竹岡先生の紹介

竹岡《たけおか》 広信《ひろのぶ》

駿台予備学校講師，学研プライムゼミ特任講師，
竹岡塾主宰。
英語教育に並々ならぬ情熱を注ぐカリスマ講師。
英検指導歴30年以上。英検の問題に惚《ほ》れ込み，試験が実施されるたびに，「解答・解説速報」を自主的に作成したり，高校生で1級合格を目指す生徒をサポートしたりするなど，教鞭《きょうべん》をとる学校や塾で積極的に指導。その根底には「英語を好きになってほしい」「英語教育をよくしたい」という熱い思いがこもっている。
教学社より自身初の英検参考書「竹岡の英検マスター」を刊行中。

（イラスト：はしの ちづこ）

これが合格の秘《ひ》訣《けつ》！

先輩からのアドバイス

英検受験経験者に，攻略法や合格の秘《ひ》訣《けつ》を聞きました。実体験にもとづく貴重なアドバイスを参考に，あなたも自分なりの攻略ポイントを見つけ出してください！

Q オススメの学習方法を教えてください。

リーディング

受ける級の「パス単」を完璧にすることです。過去問を解く際は，４つの選択肢をすべて理解するようにしていました。単語がわからなければ太《た》刀《ち》打《う》ちできません。

オススメの本　『英検でる順パス単』シリーズ（旺文社）

（R. K. さん　準２級受験　当時高校１年生）

過去問を解く際，知らない単語に出会った時はすぐに辞書で調べて，ルーズリーフにメモしました。そして，２回目をやる時に和訳がすぐできるかを試しました。また，学校の休み時間や登下校中に英単語帳を欠かさず見ることにして，時間の有効活用を心がけました。　（K. C. さん　準２級受験　当時高校１年生）

ライティング

ライティングは模範解答を参考にしつつ，内容が自分にとって難しい場合は幼稚な内容でも自力で考え出した答えが一番だと思います。あらかじめいろいろな例題に対して自分なりの解答を作っておくと良いと思います。

（近藤沙希さん　準２級受験）

英作文の模範解答を覚えるつもりで音読しました。音読すると，文を理解しやすいです。また，先生に解答案を添削してもらいました。

（R. K. さん　準２級受験　当時高校１年生）

リスニング

まずは選択肢を見てある程度の和訳をしておく。音声を聞いてキーセンテンスをメモする。間違った問題は繰り返しその音声を聞く。この3つを守って勉強しました。　（白石莉世さん　準2級受験　当時中学1年生）

リスニングの音声を流して，スクリプトを見ながら同じ速さで一緒にしゃべりました。発音と見ている英文が一致すると，次に聞いた時には何も見なくても耳に英文がすんなり入ってきます！　（A. M. さん　準2級受験　当時高校2年生）

スピーキング

過去問集や練習教材で面接の問題をカード何枚分もこなしたおかげで，本番では緊張せず二次試験にのぞめました。

（中村恭太郎さん　3級受験　当時中学3年生）

私の場合はお母さんに面接官になってもらい，過去問などを使って対策をしました。練習では日本語はしゃべらないようにし，普段の会話にも英語を入れて，英語をしゃべるということに慣れるようにしました。

（大熊美宥さん　3級受験　当時小学生）

Q 失敗談があれば教えてください。

旺文社の「文単」を使って単語を覚えましたが，対策の期間が少なすぎました。最低でも2，3カ月は必要でした！　単語はその単語を何回も書くというやり方ではなく，文で覚えた方が楽しく覚えられます。文の作りも一緒に覚えられるし，最初からそうすればよかったと思いました。

オススメの本　『英検3級 文で覚える単熟語』（旺文社）

（大熊美宥さん　3級受験　当時小学生）

Q 過去問集の使い方を教えてください。

英検赤本に掲載の問題をすべてやりました。単語力があまりなかったのですが，隅々《すみずみ》まで読んで，準 2 級の勉強の中で単語力をつけられたと思います。

（U. S. さん　準 2 級受験　当時高校 1 年生）

Q 今後受験される方へのアドバイスや応援メッセージをお願いします。

過去問を繰り返し勉強すると，問題の特徴がつかめます！

英語に関わった分だけそれは確実に自分のものになると思います。もし結果がついてこなくても，一心に頑張った分，成長していることは確かだと思います。頑張りましょう !!

（A. M. さん　準 2 級受験　当時高校 2 年生）

受験体験記 募集

英検準 1 級・2 級・準 2 級・3 級の受験体験記を募集します。お寄せいただいた体験記は，編集部で選考の上，本シリーズまたはウェブサイトに掲載いたします。

採用された方には 3, 000 円分の図書カードを進呈！　ふるってご応募ください。

応募方法

下記 QR コードまたは
教学社の英検® 対策書特設サイトからご応募ください。

教学社の英検® 対策書特設サイト
http://akahon.net/eiken/

募集対象

2022 年度以降に受験された方

受験案内

最新の試験情報や詳細については，必ず英検ウェブサイト（www.eiken.or.jp/eiken/）や英検サービスセンター（03-3266-8311）でご確認ください。

2024 年 1 月現在

英検®（従来型）

3 級以上は，一次試験（Reading・Writing・Listening）と二次試験（Speaking）に分かれています。二次試験は一次試験に合格した人のみが受験できます。

4・5 級は，一次試験（Reading・Listening）のみですが，希望者のみ別途スピーキングテストを無料で受けることができます。

試験日程	年 3 回（第 1 回：6 月頃，第 2 回：10 月頃，第 3 回：翌年 1 月頃） ※二次試験は一次試験の翌月に実施されることが多い。
検定料 （個人申込）	1 級：12,500 円　準 1 級：10,500 円　2 級：9,100 円 準 2 級：8,500 円　3 級：6,900 円　4 級：4,700 円　5 級：4,100 円

英検 S-CBT

コンピュータを使用して受験する方式で，4 技能を 1 日で受験できます。準 1 級・2 級・準 2 級・3 級で実施され，**出題内容・難易度・採点基準は英検（従来型）と変わりません**。合否は従来型と同様に判定されますが，合否にかかわらず 4 技能の英検 CSE スコアを取得できます。

ご自身の都合に合わせて受験日や会場を選択できます。英検（従来型）の日程ではご都合が合わない方，従来型と合わせて併願したい方におすすめです。

試験日程	原則毎週土日，一部エリアは平日も実施 （第 1 回：4 ～ 7 月，第 2 回：8 ～ 11 月，第 3 回：12 ～ 3 月） ※同じ級を受験できるのは検定回ごとに 2 回まで。	
検定料	準 1 級：10,600 円　2 級：9,700 円　準 2 級：9,100 円　3 級：7,800 円	
実施方式	Speaking	コンピュータへの吹込み
	Listening Reading	コンピュータ画面上でのマウス操作
	Writing	キーボードによる**タイピング型**か，手書きによる**筆記型**かを申込時に選択できる。

英検３級とは？

推奨目安　… 中学卒業程度

３級では，「身近な英語を理解し，また使用することができる」ことが求められています。

2024年度から，問題形式が一部リニューアルされるよ。
「英作文」が１題増えて試験時間が長くなるんだ。
新しく加わる問題については p. 17 を見てね。

問題形式

● 一次試験

測定技能	問　題	形　式		問題数	解答形式	試験時間	満点スコア
リーディング	1	短文の語句空所補充		15	4肢選択	50分 ⇩ 65分（15分延長！）	550点
	2	会話文の空所補充		5			
	3	長文の内容一致選択	[A]掲示・案内	2			
			[B]Eメール（手紙文）	3			
			[C]説明文	5			
ライティング	New!	英作文	Eメール	1	記述式		550点
	4		意見論述	1			
リスニング	第1部	会話の応答文選択	放送回数1回，補助イラスト付き	10	3肢選択	約25分	550点
	第2部	会話の内容一致選択	放送回数2回	10	4肢選択		
	第3部	文の内容一致選択		10			

● 二次試験

測定技能	問　題	形　式	試験時間	満点スコア
スピーキング	音読	30語程度のパッセージを読む	約5分	550点
	No.1	音読したパッセージの内容についての質問に答える		
	No.2・3	イラスト中の人物の行動や物の状況を描写する		
	No.4・5	日常生活の身近な事柄についての質問に答える（カードのトピックに直接関連しない内容も含む）		

※公益財団法人 日本英語検定協会のウェブサイトより。上記は2024年度第1回からの問題形式リニューアル後の問題形式です。最新の情報は英検協会公式ウェブサイトにてご確認ください。

合格基準スコア　… 一次試験：1103　二次試験：353

一次試験の合否はリーディング・リスニング・ライティングの技能別に算出されたCSEスコアの合計で判定され，二次試験は，スピーキングのスコアのみで判定されます。各技能の問題数は異なりますが，いずれも550点満点と均等に配分されています。かつては，特定の技能の点数が低い場合でも，ほかの技能の点数が高ければ合格する可能性がありましたが，現在の合否判定方法では，各技能でバランスよく得点することが求められています。日本英語検定協会によると，2016年度第1回一次試験では，2級以下は各技能6割程度の正答率の受験者の多くが合格しているとのことです。

●一次試験　成績表の例

英検CSEスコア　※(　)内は満点スコア				
Reading	Listening	Writing	一次合計	合格基準
508 (550)	512 (550)	550 (550)	1570 (1650)	1103

英検CSEスコアについて

級ごとにそれぞれ技能別の満点が設定され，英語4技能（リーディング・リスニング・ライティング・スピーキング）の各スコアとトータルスコアが表示されます。このスコアは語学力のレベルを示す国際標準規格CEFR（セファール）にも対応しています。

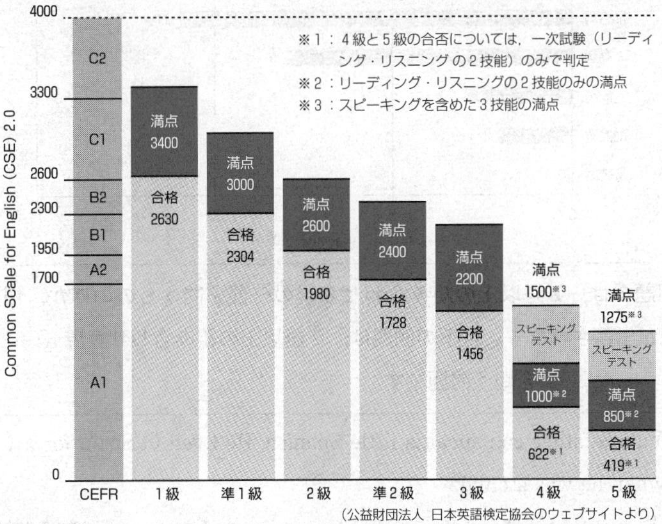

（公益財団法人 日本英語検定協会のウェブサイトより）

どんな問題？　どう解く？

問題番号と形式は 2023 年度のものです。
2024 年度以降は問題形式が一部リニューアルされるため，記載内容と異なる場合があります。

一次試験　筆記（リーディング・ライティング）

1 短文の語句空所補充

設問数 15 問　解答時間の目安 10 分

問題文の（　　）に入れたときに，文の流れに合う適切な語句を選ぶ問題です。問題文は短文か，会話文です。

どんな問題？

◆ 問題のタイプは以下のとおりです。

単語問題…約 50％／熟語問題…約 30％／文法問題…約 20％

◆ 単語問題では，名詞，形容詞，動詞の意味を問うものがよく出題されています。

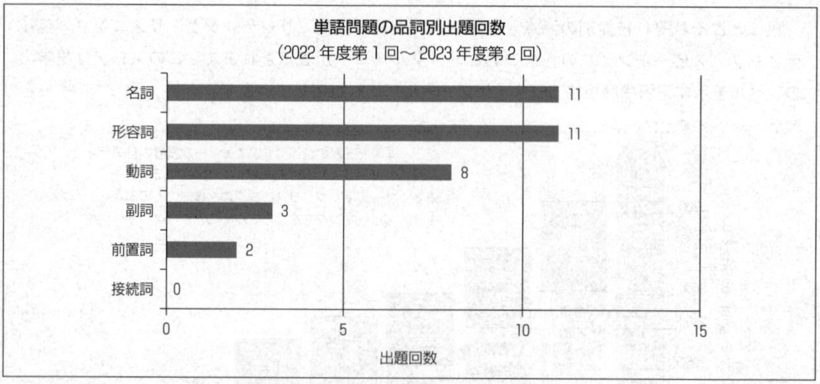

◆ 熟語問題では，２語以上の組み合わせ表現の一部を問うもののほか，慣用句や会話表現が出題されます。以下の例題は，２語以上の組み合わせ表現（for a while「しばらくの間」）を問う問題です。

例：Yuko's father can speak a little Spanish. He lived in Spain for a (　　　) when he was a child.

1 matter　**2** while　**3** chance　**4** future　（2023 年度第 2 回より）

◆文法問題では，時制，不定詞（to *do*），動名詞（*doing*），分詞（現在分詞 *doing*，過去分詞 *done*），比較級など，動詞の活用形を問う問題がよく出ます。

どう解く？

◆過去問を解いて，間違えた問題の単語や表現の意味を解説で確認しましょう。

◆正解・不正解に限らず，選択肢の中で知らなかったものはすべて，解説の訳例を使って意味を確認しましょう。

アドバイス　試験ではわからない問題をあれこれ考えて，時間をむだにしないこと！　単語・熟語問題が約 80％を占めるので，過去問演習では知らなかった単語・熟語の意味の確認と暗記を優先しよう！

2 会話文の空所補充

設問数 5問　解答時間の目安 5分

会話文の（　　）に入れるのに適切な文を選ぶ問題です。2人による短いやりとりの中の1つの（　　）を補うものとなっています。

どんな問題？

◆会話文や選択肢の文に，会話特有の表現や熟語表現が多く見られます。

どう解く？

◆まず，会話文全体を読むことで，会話の状況をつかみましょう。

◆解説の Words を用いて，よく使われる会話特有の表現や熟語表現を覚えておきましょう。

アドバイス　会話の状況を早くつかむこと。（　　）の前後に注意。

3 長文の内容一致選択

設問数 10問　解答時間の目安 25分

英文の内容に関する質問に答える問題です。英文は，［A］掲示・案内，［B］Eメール（手紙文），［C］説明文の3種類です。

どんな問題？

- ［A］は，イベントの開催や施設の使用に関する掲示，学校行事やクラブの案内などです。
- ［B］は，2通以上のEメール（手紙文）のやりとりで構成されていることが多いですが，1通の長い文章になることもあります。
- ［C］は，260語程度の文章であり，単語力に不安のある受験者には難しいと思われるほど，分量が多い説明文です。

どう解く？

- 本文の流れと質問の順番はだいたい一致しています。
- 以下の手順で質問を解きながら読むことで，解答するスピードが上がります。

①質問を先に2つほど読み，何を問われているのかをつかみましょう（選択肢は読まない）。

②質問に含まれるキーワード（重要と思われる単語）を意識しながら，問題英文（本文）を1～2段落ほど，読みましょう。

③質問に含まれるキーワードが出てきたら，そこを重点的に読みましょう。

④質問に戻り，質問と選択肢を読み，解答します。

アドバイス　**本文を先に読むのではなく，質問を先に確認することで，質問にかかわる部分を重点的に読んでいこう。**

リーディングはここまで。
すばやく問題を解いて，
余裕をもって次の英作文へ進もう！

New! 英作文（E メール問題）

設問数 1 問　解答時間の目安 15 分

以下は，英検協会から公表されている出題例です。E メールを読んで，それに対する返信メールを 15 語～25 語の英文で書く問題です。

●あなたは，外国人《がいこくじん》の友達《ともだち》（James）から以下《いか》の E メールを受《う》け取《と》りました。E メールを読《よ》み，それに対《たい》する返信《へんしん》メールを，□に英文《えいぶん》で書《か》きなさい。

●あなたが書《か》く返信《へんしん》メールの中《なか》で，友達《ともだち》（James）からの 2 つの質問《しつもん》（下線部《かせんぶ》）に対応《たいおう》する内容《ないよう》を，あなた自身《じしん》で自由《じゆう》に考《かんが》えて答《こた》えなさい。

●あなたが書《か》く返信《へんしん》メールの中《なか》で□に書《か》く英文《えいぶん》の語数《ごすう》の目安《めやす》は，15 語《ご》～25 語《ご》です。

●解答欄《かいとうらん》の外《そと》に書《か》かれたものは採点《さいてん》されません。

●解答《かいとう》が友達《ともだち》（James）の E メールに対応《たいおう》していないと判断《はんだん》された場合《ばあい》は，0 点《てん》と採点《さいてん》されることがあります。友達《ともだち》（James）の E メールの内容《ないよう》をよく読《よ》んでから答《こた》えてください。

●□の下《した》の Best wishes, の後《あと》にあなたの名前《なまえ》を書《か》く必要《ひつよう》はありません。

Hi,

Thank you for your e-mail.
I heard that you went to your friend's birthday party. I want to know more about it. How many people were at the party? And how was the food?

Your friend,
James

Hi, James!

Thank you for your e-mail.

解答欄に記入しなさい。

Best wishes,

（公益財団法人 日本英語検定協会のウェブサイトより）

どんな問題？

◆受け取ったEメールに対する返事を2～3文で書きます。

◆Eメールに2つの質問（下線部）が含まれていますので，それらの質問に対する答えを自分で自由に考え，英語で表現します。

◆以下は，出題例の訳例です。

> やぁ，
>
> Eメールをくれてありがとう。
> 友達の誕生日パーティーに行ったんだってね。そのことについてもっと知りたいな。パーティーには何人来ていたの？　それと，食事はどうだった？
>
> 君の友達，
> ジェイムズ

> やぁ，ジェイムズ！
>
> Eメールをありがとう。
>
> じゃあね，

POINT

3つの観点について

英検協会から発表されている採点に関する3つの観点は次のとおりです。観点ごとに0～3点の4段階で評価され，得点の満点は9点となります。

(1) 内容　　(2) 語彙《ごい》　　(3) 文法

自分で作成した解答について，先生に添削をしてもらう前に，この3つの観点から自己採点するとよいでしょう。また，(1)と(3)については，具体的には以下の点に注意しましょう。

(1)内容について：受け取ったEメールに含まれる2つの質問に対する答えをきちんと含んでいるか。

(3)文法について：質問の疑問文に対する答え方がふさわしいもので，自分の解答を読んだだけで内容がはっきり伝わるものになっているか。

どう解く？

◆Ⓐ 1 つめの質問に対する答え，Ⓑ 2 つめの質問に対する答えの順で，2～3 文程度で解答を作ります。語数（15 語～25 語）が足りない場合は，Ⓒ 答えについての補足や Ⓓ 前置きとなる表現を加えてもよいでしょう。

Answer 1

Ⓐ At the party, there were five people, and Ⓑ the food was great. Ⓒ We enjoyed eating sushi and the birthday cake.

Ⓐ 1 つめの質問に対する答え

At the party, there were five people,「パーティーには 5 人来ていました」

Ⓑ 2 つめの質問に対する答え

the food was great.「食事は素晴らしかったです」

ⒸⒷ についての補足

We enjoyed eating sushi and the birthday cake.

「私たちは寿司と誕生日ケーキを食べて楽しみました」

Answer 2

Ⓓ Let me answer your questions. Ⓐ Ten people joined the birthday party, and Ⓑ the food was very good. Ⓒ I enjoyed the party very much.

Ⓓ 前置きとなる表現

Let me answer your questions.「あなたの質問に答えますね」

Ⓐ 1 つめの質問に対する答え

Ten people joined the birthday party,「誕生日パーティーには 10 人が参加しました」

Ⓑ 2 つめの質問に対する答え

the food was very good.「食事はとてもおいしかったです」

Ⓒ 答えについての補足

I enjoyed the party very much.「私はパーティーをとても楽しみました」

手順 1 ｜ 2 つの質問に対する答えを考える

2 つの質問（How many people were at the party? と And how was the food?）に対する答えを自分で自由に考えます。解答を作成する際は，質問文を利用してもよいでしょう。

How many people were at the party? ➜ ～ people were at the party.

How was the food? ➜ The food was ～.

アドバイス　Eメールでのやりとりであるため，普通の会話文での疑問文に対する返答と同じ答え方ではいけません。2つの質問に対する答えを書く際，それがどちらの質問に対する返答であるか，また，話題が何かがはっきりと伝わるように答えましょう。

正しい答え方の例

- 質問例1：Did you enjoy the party?「パーティーは楽しかった？」

　× Yes, I did.「はい，楽しみました」

　× It was not fun.「それは楽しくありませんでした」

　○ I enjoyed the party very much.「パーティーをとても楽しみました」

　○ The party was fun.「パーティーは楽しかったです」

　○ The party was boring.「パーティーは退屈なものでした」

　○ I didn't have fun at the party.「パーティーでは楽しめませんでした」

- 質問例2：How many people were at the party?「パーティーには何人来てたの？」

　× Five people were.「5人でした」

　○ There were five people at the party.「パーティーには5人いました」

　○ Five people attended the birthday party.

　「誕生日パーティーには5人が出席していました」

→ 手順2 ｜ 語数をチェックする

15語～25語という指定語数におさまっているかをチェックします。

◆不足する場合➜Eメールの話題や質問に関連する文や，Eメールでよく使用される表現などを，質問に対する答えの前後に加えるとよいでしょう。

使える表現

□ Let me answer your questions.「あなたの質問にお答えしますね」

□ About your first question, …（1つめの質問に対する答え）. Regarding your second question, ～（2つめの質問に対する答え）.

「あなたの1つめの質問については，…です。2つめの質問に関しては，～です」

＊ About your first question, …. And about your second question, ～. のように，同じ表現の繰り返し（About your ～ question の部分）は避けましょう。

☐ I hope (that) my answers help.「私の答えが役に立てばうれしいです」

☐ Feel free to ask me if you have any other questions.

Let me know if you have any other questions.

「他にも質問があれば，遠慮なく言ってください」

◆オーバーする場合➜取り除いても意味が大きく変わらない表現を削除したり，他の表現で言い換えたりすることで，語数を減らします。

語数の減らし方の例

・About twenty people took part in the birthday party.

→Twenty people attended the party.

（About「～くらい」を外す／take part in「～に参加する」を join や attend に変える／the birthday party の birthday を外す）

・The food was very good. → The food was good.（very を外す）

手順 3 ｜ 文法やスペルのミスをチェックする

スペル（つづり）に自信のない単語は，他の単語や表現に変えましょう。文法上のミスとして特に注意したいのは，2つの質問の動詞の時制（How many people were at the party? And how was the food?）に対して，自分の答えで使用している動詞も同じ時制になっているか，という点です。その他，以下のようなことに気をつけましょう。

ミスチェック項目

☐ 単語のつづりが合っているか。

☐ 文末にはピリオド（.）や疑問符（？）がついているか。

☐ カンマ（,）は正しいところについているか。

☐ 自分で読み直して，意味が通るか。

☐ 判読しづらい文字はないか（a と u の違いなど）。

☐ 文頭，固有名詞や月・曜日の頭文字，「私」の I は大文字で，それ以外は小文字になっているか。

☐ 名詞の単数・複数が適切か。

☐ 単数の可算名詞（数えられる名詞）の前に，必要な場合は a や the がついているか。

☐ 代名詞（it / they など）の単数・複数は合っているか。

☐ 主語が三人称単数で動詞が現在形の場合，動詞語尾に -s (-es) がついているか。

4 英作文（意見論述問題）

設問数 1問　解答時間の目安 10分

質問に対する自分の考えとその理由2つを25語～35語の英文で書く問題です。

●あなたは，外国人《がいこくじん》の友達《ともだち》から以下《いか》のQUESTIONをされました。
●QUESTIONについて，あなたの考えとその理由《りゆう》を2つ英文《えいぶん》で書《か》きなさい。
●語数《ごすう》の目安《めやす》は25～35語《ご》です。
●解答《かいとう》は，解答用紙《かいとうようし》のB面《めん》にあるライティング解答欄《かいとうらん》に書《か》きなさい。なお，解答欄《かいとうらん》の外《そと》に書《か》かれたものは採点《さいてん》されません。
●解答《かいとう》がQUESTIONに対応していないと判断《はんだん》された場合《ばあい》は，0点《てん》と採点《さいてん》されることがあります。QUESTIONをよく読《よ》んでから答《こた》えてください。

QUESTION
What is your favorite season?

（公益財団法人 日本英語検定協会のウェブサイトより）

どんな問題？

◆「好きな季節や曜日」，「行きたい都市」，「読書とゲームのどちらが好きか」など，自分の好きなことややりたいことがテーマになっています。

◆Which do you like better, *A* or *B*?「*A*か*B*のどちらが好きか？」という聞き方が多いですが，ほかにはDo you like ～?「～が好きか？」やDo you want to *do* ～?「～したいか？」，What *A* do you like the best?「どんな*A*が一番好きか？」のような質問があります。

POINT

4つの観点について

まずは，意見論述問題がどのような観点で採点されるのかを知っておきましょう。Eメール問題の観点に「構成」が加わる形です。観点ごとに0～4点の5段階で評価され，得点の満点は16点となります。

⑴ 内容　課題で求められている内容（自分の考えとそれに沿った理由2つ）が含まれているかどうか

⑵ 構成　英文の構成や流れがわかりやすく論理的であるか

⑶ 語彙《ごい》　課題に相応《ふさわ》しい語彙《ごい》を正しく使えているか

⑷ 文法　文法的に正しい英文が書けているかどうか

（公益財団法人 日本英語検定協会のウェブサイトより）

自分で作成した解答について，先生に添削をしてもらう前に，この4つの観点から自己採点するとよいでしょう。また，⑴と⑵については，具体的には以下の点に注意しましょう。

⑴ 内容について：問われている内容（考えとその理由2つ）にきちんと答えているか。自分の考えにあう理由を具体的に2つ述べているか。

⑵ 構成について：以下のような基本的な「型」に基づいた構成になっているか。

自分の考え　→　1つめの理由　→　2つめの理由

どう解く？

◆Ⓐ自分の考え，Ⓑ1つめの理由，Ⓒ2つめの理由の順で，3～4文程度で解答を作ります。

Ⓐ My favorite season is summer. Ⓑ I like summer the best because my school has a long vacation. Ⓒ Also, my friends and I can go swimming in the sea.

（公益財団法人 日本英語検定協会のウェブサイト　満点解答例より）

Ⓐ自分の考え	My favorite season is summer.「私の好きな季節は夏です」
Ⓑ1つめの理由	I like summer the best because my school has a long vacation. 「私の学校は夏休みが長いので，夏が一番好きです」
Ⓒ2つめの理由	Also, my friends and I can go swimming in the sea. 「また，友人と私で海に泳ぎにも行けます」

→ 手順１ ｜ 方針をきめて自分の考えを書く

問題文を利用する（What is your favorite season? ➜ My favorite season is ～.）とよいでしょう。また，使える表現 の中から自分が確実に使える形を選び，過去問を使って書き方を定着させましょう。

アドバイス　**理由を２つ思いつきやすい答えにしよう。作文しやすく単語のつづりを間違わずに書けるものを選ぼう。**

使える表現

◆ What *A* do you like the best?「どんな *A* が好きか？」に対する答え方

□ I like ～ the best.「私は～が一番好きです」

□ My favorite *A* is ～.「私の好きな *A* は～です」

◆ Which do you like better, *A* or *B*?「*A* か *B* のどちらが好きか？」に対する答え方

□ I like *A* better.「私は *A* の方が好きです」

□ I like *A* better than *B*.「私は *B* より *A* の方が好きです」

◆ Do you ～?「あなたは～しますか？」

□ Yes, I do.「はい，します」　□ No, I don't.「いいえ，しません」

□ Yes, I ～.「はい，私は～します」

□ No, I don't ～.「いいえ，私は～しません」

◆ **自分の考え** + for the following reasons.「以下の理由で，私は～です」

→ 手順２ ｜ その理由を２つ書く

まず，日本語で理由をいくつか考え（書き），それから，自分の英語力で正しく書けそうな理由を選ぶとよいでしょう。

使える表現

□ I ～ because …（１つめの理由）. Also, ～（２つめの理由）.

「…なので私は～です。また，～です」

□ I ～ . This is because …（１つめの理由）. In addition, ～（２つめの理由）.

「私は～です。なぜなら…だからです。さらに，～です」

□ First, ～. Second, … .「まず，～です。次に，…です」

□ The first reason is that ～. The second reason is that … .

「１つめの理由は～です。２つめの理由は…です」

→ 手順3 | 語数をチェックする

25語～35語という指定語数におさまっているかをチェックします。

◆不足する場合➜手順1や手順2で紹介した 使える表現 の中で，語数の多くなるものを覚えておいて，英文に付け足しましょう。

◆オーバーする場合➜ First, Secondなどを削除し，理由を2つ並べてもよいでしょう。

→ 手順4 | 文法やスペルのミスをチェックする

単語の間違いは意外にあるものです。また，文法上のミスや，三人称単数主語の現在時制での動詞語尾に -s (-es) を忘れることもよくあります。落ち着いてゆっくり見直しましょう。

✖ やってはいけないこと（減点対象）

• 第1文で「自分の考え」をはっきりさせていない。理由しか書いていない。
 ➜問題に対する答えを，必ず第1文に書きましょう。

• 理由が「好きだから」「楽しいから」のみで，説明がない。短い。
 ➜どういう点が好きなのかを説明したり，何が楽しいのかの具体例を入れたりして解答しましょう。

• becauseやalso, for exampleなど，伝えたい情報の流れを表す表現がまったくない。
 ➜手順1や手順2で紹介した 使える表現 を解答に盛り込みましょう。

• 英語以外（omatsuri「お祭り」など）の単語が使われている。
 ➜英語で表現できない場合は，その語句を解答に入れるのは避けましょう。ただし，その語句の説明を英語で加えれば減点にはなりません。（例：I like omatsuri, which is a summer festival of Japan.）

• 考えが2つある，もしくは最初の考えと異なった内容の理由が続く。（例：「夏が好き」と第1文にあるのに，「暑いのは好きではない」と後半に続く）
 ➜第1文に合った理由を考えましょう。

• Which do you ～, *A* or *B*? 「*A*と*B*のどちらが～か？」という質問に対し，*A*と*B*の両方に対する「自分の考え」や「理由」を述べている。
 ➜ *A*か*B*のどちらか一方のみを選び，その理由を述べましょう。

竹岡先生の特別授業

Lesson　以下の問題は，竹岡先生のオリジナル問題です。解答時間10分を目安に解答案を書いてみましょう。

●あなたは，外国人《がいこくじん》の友達《ともだち》から以下《いか》の QUESTION をされました。
● QUESTION について，あなたの考《かんが》えとその理由《りゆう》を 2 つ英文《えいぶん》で書《か》きなさい。
●語数《ごすう》の目安《めやす》は 25 語《ご》〜35 語《ご》です。
●解答《かいとう》は，解答用紙《かいとうようし》の B 面《めん》にあるライティング解答欄《かいとうらん》に書《か》きなさい。なお，解答欄《かいとうらん》の外《そと》に書《か》かれたものは採点《さいてん》されません。
●解答《かいとう》が QUESTION に対応《たいおう》していないと判断《はんだん》された場合《ばあい》は，0 点《てん》と採点《さいてん》されることがあります。 QUESTION をよく読《よ》んでから答《こた》えてください。

QUESTION
Where do you feel relaxed?

解答例および解説は，竹岡先生による講義動画を参照！
➜ https://akahon.net/eiken/kougi/
※配信は予告なく終了する場合がございます。

竹岡先生の講義でワンランク上のライティングをめざそう！

練習問題

- あなたは，外国人《がいこくじん》の友達《ともだち》から以下《いか》の QUESTION をされました。
- QUESTION について，あなたの考《かんが》えとその理由《りゆう》を 2 つ英文《えいぶん》で書《か》きなさい。
- 語数《ごすう》の目安《めやす》は 25 語《ご》～35 語《ご》です。
- 解答《かいとう》は，解答用紙《かいとうようし》の B 面《めん》にあるライティング解答欄《かいとうらん》に書《か》きなさい。なお，解答欄《かいとうらん》の外《そと》に書《か》かれたものは採点《さいてん》されません。
- 解答《かいとう》が QUESTION に対応《たいおう》していないと判断《はんだん》された場合《ばあい》は，0 点《てん》と採点《さいてん》されることがあります。QUESTION をよく読《よ》んでから答《こた》えてください。

QUESTION 1

Where do you like to go shopping? 2021 年度第 1 回

QUESTION 2

Which do you like better, swimming or skiing? 2020 年度第 3 回

解答欄	・指示事項を守り，文字は，はっきりと分かりやすく書いてください。 ・太枠に囲まれた部分のみが採点の対象です。

編集部注：実際の解答用紙とは，デザイン・サイズが異なります。

Answer

1. あなたはどこに買い物に行くのが好きですか？

Answer 1 **I usually go shopping at the mall near my house. The shopping mall is new and very big, so I can buy anything I need. Also, some shops have a special sale every month.**

私はいつも家の近くのショッピングモールに買い物に行きます。そのショッピングモールは新しくてとても大きいので，必要なものは何でも買うことができます。また，一部の店舗では毎月，特売を行っています。

Answer 2 **My favorite place to shop is a bookstore. There are two reasons. First, I like reading books, so I feel happy there. Second, they sell a lot of stationery, too.**

私のお気に入りの買い物場所は本屋です。理由は 2 つあります。第一に，私は読書が好きなので，そこに行くと幸せに感じるからです。第二に，文房具もたくさん販売されているからです。

2. あなたは水泳とスキーとではどちらの方が好きですか？

Answer 1 **I like swimming better than skiing. First, I don't like cold weather, so I don't want to go skiing. Second, I can relax when I swim. I like swimming in the sea very much.**

私はスキーより水泳の方が好きです。第一に，私は寒い気候が好きではないので，スキーに行きたいとは思いません。第二に，私は泳いでいるときリラックスできます。私は海で泳ぐのが大好きです。

Answer 2 **I like skiing better than swimming. First, it snows a lot in my area, and skiing is good to keep my body warm. Second, I am happy when I feel cold air while skiing.**

私は水泳よりスキーの方が好きです。第一に，私が住んでいる地域では雪がたくさん降り，スキーは体を暖かくしておくのにいいです。第二に，私はスキーをしながら冷たい空気を感じるとき，幸せです。

一次試験　リスニング

第1部　会話の応答文選択

設問数 10問　解答時間 1問あたり10秒

会話の最後の発言に対する応答として最も適切なものを選ぶ問題です。放送回数は1回のみで，会話の状況がわかるイラストがついています。選択肢はそれぞれ3つありますが，問題冊子には印刷されておらず，読み上げられます。

なお，第1部のみ例題が放送されます。

● 例題

★＝男性　☆＝女性

★ I'm hungry, Annie.「おなかがすいたよ，アニー」
☆ Me, too. Let's make something.「私もよ。何か作りましょう」
★ How about pancakes?「パンケーキはどう?」

☆ **1**　On the weekend.「週末に」
☆ **2**　For my friends.「私の友達に」
☆ **3**　That's a good idea.「それはいい考えね」　（正解は **3**）

どんな問題？

◆ 男女2人の会話です。

◆ イラストが提示されているため，会話の状況がつかみやすいです。

どう解く？

◆ 問題が放送される前に，イラストをよく見て，会話の状況をつかみましょう。

◆ 問題の正解がわかれば，すぐ次のイラストを見て，次の問題に備えるとよいでしょう。

アドバイス　イラストをしっかり見て，会話の状況をつかむこと。

第2部 会話の内容一致選択

設問数 10問　解答時間 1問あたり10秒

会話の内容に関する質問に答える問題です。放送回数は2回です。選択肢は4つで，すべて問題冊子に印刷されています。

どんな問題？

- 男女2人が2回ずつ発言する短い会話です。
- 質問は会話が終わってから放送されます。問題冊子に印刷されている選択肢は短い場合が多いので，何が問われるのかを予測しやすいです。

どう解く？

- 放送前に選択肢に素早く目を通して，何が問題になっているかをつかみましょう。
- 放送は2回流れますが，1回めで答えがわかったら，2回めの放送が流れている間に次の問題の選択肢にできるだけ目を通しておきましょう。

アドバイス　数字に関わる語，たとえば，fifteen（15）と fifty（50）などは間違えやすいので，注意して聞き取りましょう。

第3部 文の内容一致選択

設問数 10問　解答時間 1問あたり10秒

短い文章の内容に関する質問に答える問題で，文章の長さは2～4文程度です。放送回数は2回です。選択肢は4つで，すべて問題冊子に印刷されています。

どんな問題？

- 12～15秒ほどの短い英文が読まれます。店内のアナウンスや教室での授業といった場面のこともあります。

どう解く？

- 放送前に，選択肢に素早く目を通し，何が問題になっているかをつかみましょう。

アドバイス　物事の起こった日時，順序などをメモしながら聞こう！

二次試験　面接

英文とイラストが印刷された問題カードが１枚渡されます。英文の音読と５つの質問に答えることが求められます。

例題　　質問英文の音声は専用サイトで配信

受験者用問題カードＪ

Karate

Karate is popular in many countries. Now, many children and adults around the world take karate lessons. Some people want to do well in big tournaments, so they practice karate for many hours every day.

Questions　※下記の質問英文は問題カードには印刷されていません。

No. 1　Please look at the passage. Why do some people practice karate for many hours every day?
No. 2　Please look at the picture. Where is the calendar?
No. 3　Please look at the woman. What is she going to do?
No. 4　What kind of movies do you like?
No. 5　Have you ever been to an aquarium?
Yes. → Please tell me more.
No. → What do you like to do in the evenings?

（2021 年度第１回より，巻頭にカラーの問題カードを掲載しています）

面接の流れ

1 入室・着席

係員の指示に従って面接室に入ります。
次に面接委員に面接カードを手渡し，
面接委員の指示に従い，着席します。

（イラスト：山本 篤）

やりとりの例

= Examiner「面接委員」　= Examinee「受験者」

【ドアをノックして入室する】（Knock-knock）Hello.
（コンコン（ノックする音））こんにちは。

Hello. Can I have your card, please?
こんにちは。カードをいただけますか？

Yes.　はい。

Thank you. Please sit down.
ありがとうございます。どうぞおかけになってください。

OK. Thank you.　わかりました。ありがとうございます。

2 氏名・受験級の確認と挨拶

面接委員と受験者がお互いの氏名を伝え合ってから受験級の確認が行われます。その後，簡単な挨拶《あいさつ》をします。

やりとりの例

= Examiner「面接委員」　= Examinee「受験者」

My name is Taro Yamada.
What's your name, please?

私の名前は山田太郎です。あなたのお名前は何とおっしゃいますか？

My name is Keiko Tanaka.　私の名前は田中けいこです。

Ms. Tanaka, this is the Grade 3 test, OK?
田中さん，これは英検3級の試験です。間違いないですか？

Yes.　はい。

Ms. Tanaka, how are you today?　田中さん，今日はいかがですか？

I'm fine.　元気です。

Good. OK, let's start the test.
よいですね。はい，ではテストを始めましょう。

3 問題カードの黙読と音読

面接委員から問題カードが手渡され，20秒間，問題カードのパッセージを声を出さずに読むように指示されます。その後，指示に従ってパッセージを声を出して読みます。

やりとりの例

= Examiner「面接委員」　= Examinee「受験者」

This is your card.　問題カードです。

Thank you.　ありがとうございます。

First, please read the passage silently for 20 seconds.
まず，本文を20秒間黙読してください。

【面接委員がタイマーをセット，20秒後にタイマーが鳴る】

Now, please read it aloud.　では，本文を音読してください。

【音読開始】

4 5つの質問

音読が終わると質問のやりとりが始まります。面接委員から5つの質問があります。No. 1は問題カードのパッセージについて，No. 2とNo. 3はイラストについての質問です。No. 3の質問まで終わると，問題カードを裏向きにするように指示があります。そして，No. 4・5 に移ります。No. 4・5 は受験者自身についての質問です。

やりとりの例

= Examiner「面接委員」　= Examinee「受験者」

Now, I'll ask you five questions. No. 1. ...
では，５つの質問をします。質問１です。…

【質問に答える】

No. 2. Please look at the picture. ...
質問２です。イラストを見てください。…

【質問に答える】

【No. 3 は No. 2 と同様にイラストについての質問】

Now, Ms. Tanaka, please turn the card over.
No. 4. What do you ...?
では，田中さん，カードを裏向きにしてください。質問４です。あなたは…ですか？

【質問に答える】

No. 5. Have you ever been to a foreign country?
質問５です。外国へ行ったことがありますか？　※ No. 5 の質問は一例です。

Yes. / No.　はい。／いいえ。

Please tell me more. / What country would you like to visit?
もっと話してください。／どの国を訪れたいですか？

【質問に答える】

5 問題カードの返却と退室

面接委員から試験が終了したことが告げられますので，問題カードを返却し，挨拶《あいさつ》をして退出します。

やりとりの例

= Examiner「面接委員」　= Examinee「受験者」

Examiner: OK, Ms. Tanaka, this is the end of the test.
May I have your card back, please?

では，田中さん，これで本日の試験を終了します。カードを返していただけますか？

Examinee: Here you are.　お返しします。

Examiner: Thank you. You may go now. Good-bye.
ありがとうございます。もう退出してもいいですよ。さようなら。

Examinee: Good-bye.　失礼します。

POINT

アティチュードについて

面接試験の評価項目の中に，アティチュード（attitude）というものがあります。これは「積極的にコミュニケーションを図ろうとする意欲や態度」のことです。英検では，質問に正しく答えることや発音はもちろん大切ですが，面接委員の目を見て，時には身振りや手振りを交えて，自分の意思や意見をしっかりと面接委員に伝えようとする積極性が評価されるのです。声が小さかったり，顔をあまり上げず，うつむいてばかりだと，良い評価は得られません。面接室に入室してから，退室するまでの態度が評価されると思って，明るく積極的な態度で面接に臨んでください。

音読

面接委員

First, please read the passage silently for 20 seconds.

(20 秒後) Now, please read it aloud.

訳 まず，本文を 20 秒間黙読してください。
(20 秒後) では，本文を音読してください。

黙読のポイント

- まずはタイトルと本文の 1 文目を読み，本文全体の意味をつかむよう心がけましょう。
- 知らない単語があっても焦らず，全文に目を通すよう心がけましょう。文中の区切れや意味のまとまりをチェックしておくと，音読しやすくなります。

音読のポイント

- タイトルから読み始めましょう。
- 大きな声で読みましょう。
- 意味のまとまりに注意しながら，ゆっくりと抑揚《よくよう》をつけて読むことが大切です。
- 単語のアクセントに注意しましょう。アクセントのある音節は強く，その他は弱く発音するとよいでしょう。
- 名詞，動詞，形容詞，副詞，疑問詞などは，一般的に強く発音されます。
- like to, want to, be going to, Will you などは，ひとまとまりのものとして，間をおかずに続けて読みましょう。
- どう発音してよいかわからない単語が出てきた場合も，あわてず，ローマ字を頼りに音読するようにしましょう。沈黙したり，読まずに次の単語に移ったりしては良い評価は得られません。

● No. 1　音読した英文の内容について質問に答える

面接委員

No. 1. Please look at the passage. Why do some people practice karate for many hours every day?

訳　本文を見てください。なぜ，毎日何時間も空手を練習する人もいるのですか？

Answer

Because they want to do well in big tournaments.

訳　大きな大会で良い成績を残したいからです。

どんな問題？

◆音読した英文の内容についての質問に答えます。

◆Why ～?「なぜ～？」と聞かれることが多いです。ほかには What ～?「何を～しますか？」や When ～?「いつ～しますか？」という質問もあります。

解答のポイント

◆カードを見ながら，答えましょう。

◆答える内容を間違えないために，質問の疑問詞（Why，What など）をしっかり聞き取りましょう。

◆Why ～？と聞かれた場合，～, so … の文が質問のポイントとなることが多くあります。その場合は，so の前の部分（この問題の場合は，下のピンク色の部分）が答える内容になります。

Karate

Karate is popular in many countries. Now, many children and adults around the world take karate lessons. Some people want to do well in big tournaments, so they practice karate for many hours every day.

◆質問中に出てきた名詞は，必ず代名詞に置き換えて答えましょう。上記の No. 1 の質問の場合は，Some people を they にします。

アドバイス　**質問が聞き取れなかったら，質問を繰り返してもらおう！**

（例）Excuse me, I beg your pardon?（↗）

※（↗）は上昇調で言うことを示す。

「すみませんが，もう一度繰り返していただけませんか？」

単に，Pardon?（↗）でもOKです。ただし，2回続けたり，不自然に間があきすぎたりすると，減点の対象となるので，注意してください。

● No. 2・3　イラストに関する質問に答える

（2021年度第1回 問題カードJより）

面接委員

No. 2. Please look at the picture. Where is the calendar?

訳　イラストを見てください。カレンダーはどこにありますか？

Answer　It's on the wall.　訳　壁に掛かっています。

No. 3. Please look at the woman. What is she going to do?

訳　女性を見てください。彼女はこれから何をするつもりですか？

Answer　She's going to sit down.　訳　彼女は座るつもりです。

どんな問題？

◆「何人か？」「どこにあるか？」「何をしているか？」「何をしようとしているか？」という質問が多いです。

解答のポイント

◆質問をよく聞いて，質問と同じ時制で答えましょう。What is he doing? なら He is ～ing，How many ～ are there? なら There are ～ と答えます。

◆「何人か？」という質問に，Three. や Three people. と単に数字だけで答えるのでは，評価は低くなります。Three people are. や Three people are looking at the stars. のように，１つの文になるように答えましょう。上記の No. 2 の場合は，Wall. ではなく，It's on the wall. のように文で答えます。

● No. 4・5　受験者自身に関する質問に答える

No. 4 と No. 5 は，問題カードを裏返しにしてから質問が始まります。

面接委員

No. 4. What kind of movies do you like?

訳　あなたはどんな映画が好きですか？

Answer　**I like action movies.**　訳　私はアクション映画が好きです。

どんな問題？

◆受験者自身の考えや行動などについて問われます。

解答のポイント

◆質問の疑問詞（How「どうやって」，What「何」，When「いつ」，Where「どこ」）をしっかり聞き取って，それにふさわしい内容を答えましょう。

◆たとえ事実でなくても，自分が英語で表現しやすい答えにすればよいでしょう。

面接委員

No. 5. Have you ever been to an aquarium?

（Yes. と答えた場合）Please tell me more.

（No. と答えた場合）What do you like to do in the evenings?

訳　あなたは今までに水族館に行ったことがありますか？

（Yes. と答えた場合）もっと話してください。

（No. と答えた場合）あなたは夜，何をするのが好きですか？

Answer 1　**（Yes. の場合）I went to an aquarium in Chiba.**

訳　私は千葉にある水族館に行きました。

Answer 2　**（No. の場合）I like to read magazines.**

訳　私は雑誌を読むのが好きです。

どんな問題？

◆ No. 4 と同様に受験者自身についての質問です。特定のスポーツやイベントなどについて，「経験があるか」「好きか」「楽しいか」を聞かれることが多いです。

◆ まずは，質問に対して，Yes. / No. で返答をします。次に，Yes. と答えた場合には，その理由（Why?）や，その内容についてさらにくわしく話すこと（Please tell me more.）が求められます。No. と答えた場合には，その理由（Why not?）や，まったく別の質問に答えることが求められます。

解答のポイント

◆ Yes．または No. と答えたあと，面接委員は必ずさらに質問をしてきます。あわてることのないように，Yes. または No. と答えるときに，理由や具体的な内容もいっしょに考えておきましょう。

◆ No. と答えた場合，上記の No. 5 のように元の質問とは関係のない質問をされることもあります。Yes. と答えた場合でも，Why? や Please tell me more. ではなく，最初の質問と関連する別の質問をされることがあります。驚いてしまうことのないよう，過去問で練習して，いろいろなパターンに慣れておくとよいでしょう。

◆ 過去問と同じ質問や似た質問をされることがあるので，なるべく多くの過去問に目を通して，自分ならどう答えるかを作文してみたり，解答・解説にある例の中で，使えそうな表現を暗記したりして準備しておくとよいでしょう。

練習問題

音声配信

A Popular Hobby

Many people like to collect things. Some children enjoy collecting comic books or dolls, and some adults travel around the world to find interesting things. People can learn about different cultures by collecting things.

Questions

No. 1　Please look at the passage. What do some children enjoy doing?

No. 2　Please look at the picture. Where are the magazines?

No. 3　Please look at the boy. What is he doing?

No. 4　Where do you want to live in the future?

No. 5　Have you ever had a pet?

Yes. → Please tell me more.

No.　→ What do you like to do when you are tired?

（2021 年度第 1 回 問題カード D より）

（注）巻頭にカラーの問題カードを掲載しています。解答例・解説は音声サイトを参照してください。

Grade 3

2023年度 第2回

Answer

筆記

1	(1)	(2)	(3)	(4)	(5)	(6)	(7)	(8)	(9)	(10)
	4	2	2	3	1	4	1	2	4	4
	(11)	(12)	(13)	(14)	(15)					
	2	1	3	4	2					

2	(16)	(17)	(18)	(19)	(20)
	4	4	3	3	1

3	A	(21)	(22)			
		1	1			
	B	(23)	(24)	(25)		
		2	2	4		
	C	(26)	(27)	(28)	(29)	(30)
		3	1	1	4	3

4（ライティング）の解答例は p. 21（♠）を参照。

リスニング

第1部	No.1	No.2	No.3	No.4	No.5	No.6	No.7	No.8	No.9	No.10
	1	3	1	1	3	2	2	1	3	1

第2部	No.11	No.12	No.13	No.14	No.15	No.16	No.17	No.18	No.19	No.20
	3	3	2	4	3	2	1	1	2	2

第3部	No.21	No.22	No.23	No.24	No.25	No.26	No.27	No.28	No.29	No.30
	1	2	3	4	1	4	3	1	1	2

一次試験　筆記　1

(1)　Answer　4

訳　A：この本を貸してくれてありがとう。本当に楽しんだよ。
B：もしもよければ，それを持っておいていいよ。

選択肢の訳	
1 win「～を勝ち取る」	**2** wait「～を待つ」
3 rise「上がる」	**4 keep「～を持ち続ける」**

Aの発言に「借りていた本をとても楽しんだ」とあります。You can ～ if you like という表現は，「もしもよければ，～してもいいですよ」というよく使う表現です。したがって，ふさわしい答えは **4 keep** となります。keep には「～を持ち続ける」→「～を自分のものにする」という意味があります。

(2)　Answer　2

訳　今日は雨の中でサッカーをしたので，今ユニホームが本当に汚れている。

選択肢の訳	
1 new「新しい」	**2 dirty「汚れている」**
3 long「長い」	**4** quick「素早い」

空所の前に「雨の中でサッカーをした」,「自分のユニホームが～である」とあります。したがって，**2 dirty** が適切です。

(3)　Answer　2

訳　A：君は毎朝５キロ走るって聞いたよ。
B：それは真実ではないな。普段は３キロしか走らないんだ。

選択肢の訳	
1 warm「暖かい」	**2 true「真実の」**
3 ready「用意ができた」	**4** fast「速い」

空所の前の発言でAは「５キロ走る」と言い，空所の後でBは「３キロ走

る」と言っていることから，AとBの間の発言の内容に食い違いがあることがわかります。空所の直前には，That's not とあるため，2 true がふさわしい答えとなります。

(4) Answer 3

訳 先月，日本に行く前，父親からいい助言をもらった。彼は私に旅行前にいくつかの簡単な日本語の言葉を学ぶように伝えてくれた。

選択肢の訳	
1 sky「空」	2 meaning「意味」
3 advice「助言」	4 time「時間」

第2文の内容は，父親からの助言であることがわかります。したがって，父親からもらったものとしては 3 advice がふさわしいです。

(5) Answer 1

訳 今日は雪が降っていたが，リンダは暖かい手袋をしないで外出した。彼女の手はとても冷たくなった。

選択肢の訳
1 without「～なしで」
2 among「（3つ以上のものに対して）～の間で」
3 through「～を通して」
4 between「（2つのものに対して）～の間で」

第2文に「彼女の手が冷たくなった」とあることから，手袋をしなかったことがわかります。よって，ふさわしい答えは 1 without です。without ＋動名詞で「～することなしで」という意味になります。

(6) Answer 4

訳 A：大丈夫，ジム？
B：指が痛いんだ。保健室の先生に診てもらいに行くつもりだよ。

選択肢の訳	
1 shout(s)「叫ぶ」	2 laugh(s)「笑う」
3 know(s)「知っている」	4 hurt(s)「痛む」

Aが「大丈夫？」とたずねたのに対して，空所直前でBは My finger「指が」と言っており，その後で「保健室の先生に診てもらう」と言っているため，**4** hurts が正解です。

(7) Answer 1

訳　ポールは誕生日パーティーに９人の友人を招待したが，６人しか来なかった。他の３人はとても忙しかった。

選択肢の訳
1 invited：invite「～を招待する」の過去形・過去分詞
2 introduced：introduce「～を紹介する」の過去形・過去分詞
3 met：meet「～に会う」の過去形・過去分詞
4 felt：feel「～を感じる」の過去形・過去分詞

but 以下に「６人しか来なかった」とあり，第２文に「残りの３人は忙しかった」とあることから，ポールは９人の友人を誕生日パーティーに招待したことがわかります。したがって，**1** invited が適切な答えとなります。invite＋人＋to ～ で「(人) を～に招待する」という意味です。introduce＋*A* (人) ＋to＋*B* (人) は「*A* を *B* に紹介する」という意味であり，ここでは不適切な表現となります。

(8) Answer 2

訳　A：スキーにはどれくらいの頻度《ひんど》で行きますか？
B：１年に２，３回程度です。私はたいてい新潟に１回，長野に１回行きます。

選択肢の訳	
1 hobby「趣味」	**2** couple：a couple of ～ で「2，3の～」
3 fact「事実」	**4** group「集団」

Aは，スキーに行く頻度《ひんど》をたずねています。その答えとして適切なのは **2** couple です。a couple of times で「2，3回」という意味になります。

(9) Answer 4

訳 A：今日のルーシーの水泳の競技はどうだった？
B：彼女は勝てなかったけど，最善を尽くしたよ。私は彼女のことを誇りに思うよ。

選択肢の訳	
1 just「ちょうど」	**2** next「次の」
3 first「最初の」	**4** **best「最もよい」**

do *one's* best で「最善を尽くす」という意味になります。*one's* には人称代名詞の所有格が入ります。つまり，この問題の場合，did her best で「彼女は最善を尽くした」という意味になります。よって，**4 best** が正解です。

(10) Answer 4

訳 A：今夜の夕食パーティーの前に家を掃除する必要があるね。
B：そうだね。まず初めに，居間の掃除をしよう。それから，それが終わったらキッチンとトイレの掃除ができるね。

選択肢の訳	
1 Right「ちょうど，正しい」	**2** Straight「まっすぐ」
3 Next「次の」	**4** **First：first of all で「まず初めに」**

Aが家の掃除をすることを提案し，Bが空所の後で掃除をしていく順序について語っています。then は「それから，次に」の意味なので，空所を含む文は最初にすることについて話していると考えられます。したがって，**4 First**（of all）が適切な答えとなります。

(11) Answer 2

訳 ユウコの父親は少しだけスペイン語が話せる。彼は子どものころ，しばらくの間スペインで暮らしていた。

選択肢の訳	
1 matter「問題」	**2** **while：for a while で「しばらくの間」**
3 chance「機会」	**4** future「将来，未来」

第１文に「ユウコの父親は少しだけスペイン語が話せる」とあり，第２文ではその理由が述べられています。「子どものころしばらくスペインで暮らしていた」というのが自然な流れであり，**2**（for a）**while** が適切な答えとなります。

⑿ Answer 1

訳　スコットは１日ボストンにいただけだが，彼は有名な美術館を見て回る時間があった。彼はそこでたくさんの美しい絵画を見た。

選択肢の訳
1 around：look around で「～を見て回る」
2 against「～に対して」
3 away：look away で「目をそらす」
4 like：look like で「～に似ている」

第２文に「彼（＝スコット）は，そこ（＝美術館）でたくさんの美しい絵画を見た」とあります。つまり，１日だけの滞在でも「美術館を見て回る時間があった」ということになります。したがって，**1**（look）**around** が正解です。

⒀ Answer 3

訳　A：あの建物は東京タワーよりも高いですか？
B：そうだと思います。

選択肢の訳	
1 tallest：最上級「最も高い」	**2** tall「高い」
3 taller：比較級「より高い」	**4** too tall「高すぎる」

空所の後に than「～よりも」があることから比較級の問題だとわかります。よって，**3** **taller** が適切な答えとなります。

⑭ Answer 4

訳 A：ピーターは午後5時の会議に来ますか？
B：いいえ。彼はもうすでに家に帰ってしまいました。彼は気分がすぐれないと言っていました。

選択肢の説明
1 to go：不定詞
2 went：過去形
3 go：原形もしくは現在形「行く」
4 **gone**：**過去分詞**

空所の前に has と already があることから，動詞は現在完了形を用いることがわかります。have gone で「(もうすでに) 行ってしまった (だから今はここにいない)」という意味になります。したがって，**4 gone** が適切な答えとなります。

⑮ Answer 2

訳 ユリコには2人の兄弟がいる。彼女は毎週末に彼らと一緒にテレビゲームをすることを楽しんでいる。

選択肢の説明
1 played：過去形もしくは過去分詞
2 **playing**：現在分詞「～をしている」もしくは**動名詞「～をすること」**
3 plays：三人称単数が主語のときの現在形
4 play：原形もしくは現在形「～をする」

空所の直前の enjoy の後に続く動詞は *doing* (動名詞の形) になります。したがって，**2 playing** が正解です。

一次試験　筆記　2

(16) Answer 4

訳 少年：この週末に泳ぎに行くんだ。一緒に来ないかい？
少女：ごめんね，私本当に忙しいのよ。またいつかね。

選択肢の訳	
1 「電車で約１時間です」	2 「週に５回です」
3 「１度だけです」	4 「またいつかね」

Words

- □ be *doing*（現在分詞）「（近い未来を表して）～する予定である」
- □ go *doing*（現在分詞）「～をしに行く」 例）go camping「キャンプに行く」 go fishing「釣りに行く」 go shopping「買い物に行く」
- □ Maybe some other time.「またいつかね」※相手の誘いを断るときの表現の１つ。

少年が「一緒に泳ぎに行きませんか」と誘い，それに対して少女は「本当に忙しい」と答えています。この会話につながる自然な応答は **4 Maybe some other time.** です。「またいつか（泳ぎに行こう）ね」という意味になります。答えに自信が持てないかもしれませんが，他の選択肢では会話として不自然なため，この表現を選びましょう。

(17) Answer 4

訳 少年１：メリークリスマス！　すてきな冬休みを。
少年２：君もね，マイク。来年また会おう。

選択肢の訳	
1 「それは大丈夫だよ，」	2 「彼もするだろう，」
3 「ちょっと待って，」	4 「君もね，」

Words

- □ Have a nice ～「すてきな～を」

空所の直前で少年１は「すてきな冬休みを」と呼びかけています。それに対する自然な応答は4 Same to you, で，「君も（すてきな冬休みを）」と相手と同じことを返答したいときに用いる表現です。他の選択肢の表現は不自然なため，この表現を選びましょう。

(18) Answer 3

訳
息子：暗くなってきたね。電気をつけようか？
母親：うん，お願い。あと，カーテンも閉めてね。

選択肢の訳
1 「もうすぐ家に帰ることができる？」
2 「テレビを見ているの？」
3 「電気をつけようか？」
4 「朝食はいかが？」

Words

□ be getting ～「だんだんと～になる」　□ Yes, please.「はい，お願いします」

□ Shall I ～ ?「(私が) ～しましょうか？」

空所前に暗くなってきたという表現があります。空所後の応答から，空所には何か提案や申し出を表す言葉が入ると予想できます。したがって，答えは3 Shall I turn on the light? となります。

(19) Answer 3

訳
母親：中国史の授業はどうなの，ボビー？
息子：本当におもしろいよ。たくさん学んでいるよ。

選択肢の訳
1 「お母さんもそうするよう願うよ」
2 「僕は授業を受けたいよ」
3 「たくさん学んでいるよ」
4 「それを気に入ってくれてうれしいよ」

Words

□ I hope ～「～だと願う」　□ I want to＋動詞の原形「～したい」

会話の流れから，空所には情報を付け足す言葉が続くと予想できます。したがって，**3 I'm learning a lot.** となります。母親の質問内容から考えると，空所に他の選択肢が入るのは不自然だと判断できます。

⒇ Answer 1

訳 父親：ルーシー，通りを走って横切ってはいけないよ。危ないよ。
娘　：心配しないで，お父さん。私はそんなことしないよ。

選択肢の訳	
1 「危ないよ」	**2** 「行く時間だよ」
3 「君のためだよ」	**4** 「向こうにあるよ」

Words

- □ across「～を横切って」　□ won't：will not の短縮形。
- □ time to go「行く時間」：不定詞の形容詞的用法。直訳すると「行くための時間」，つまり「行く時間」となります。

空所前の父親の言葉「通りを走って横切る」という行為は「危険」だということを想像することができます。したがって，**1 It's dangerous.** が最も適切です。父親と娘の会話から場面をイメージしやすいのではないでしょうか。他の選択肢は会話としてつじつまが合わないため，不適切です。

一次試験　筆記　3 A

This Saturday's Basketball Game

Brownsville Junior High School's basketball team will have a big game this weekend. We want all students to come!

❶ **Place :** Springfield Junior High School's gym
Please ask your parents to take you to Springfield Junior High School. ❷ It's far away, so they will have to drive there. ❸ They can put their car in the parking lot near the school. ❹ Then you have to walk five minutes from there to the front gate.

Time : 7:00 p.m.－8:30 p.m.
The game starts at 7:00 p.m., but please arrive before 6:30 p.m. ❺ The doors of the school will be closed until 6:00 p.m.

Let's have fun!

訳

今週土曜日のバスケットボールの試合

ブラウンズビル中学校のバスケットボールチームが今週末に大切な試合を行います。全校生徒の参加をお待ちしています！

❶**場所：**スプリングフィールド中学校体育館
保護者の方にスプリングフィールド中学校まで連れて行ってもらうようお願いしてください。❷遠いので，車で行かなくてはならないでしょう。❸学校の近くの駐車場に車をとめることができます。❹そこから正門まで 5 分歩かなければなりません。

時間：午後 7 時～午後 8 時 30 分
試合開始は午後 7 時ですが，午後 6 時 30 分までに到着してください。❺学校の扉は午後６時まで閉まっています。

一緒に楽しみましょう！

Words

□ big game「大切な試合」

□ want＋人＋to＋動詞の原形「(人) に～してもらいたい」　□ gym「体育館」

□ parking lot「駐車場」　□ front gate「正門」

(21) Answer **1**

質問の訳　**観戦したい生徒は，（　　　）行くべきである。**

選択肢の訳	
1	駐車場から正門まで歩いて
2	ブラウンズビル中学校の体育館まで車で
3	スプリングフィールド中学校まで自転車で
4	スプリングフィールドまで電車で

❶ Place：Springfield Junior High School's gym より，試合の場所はスプリングフィールド中学校体育館なので，**2** は不正解です。❷ It's far away, so they will have to drive there. に「車で行かなくてはならない」とあり，❸ They can put their car in the parking lot near the school. には「車は学校の近くの駐車場にとめることができる」とあるので，**3** と **4** も不正解です。❹ Then you have to walk five minutes from there to the front gate. に「そこ（＝駐車場）から正門まで５分歩かなければならない」とあるため，**1** on foot from the parking lot to the front gate. が正解となります。on foot は「徒歩で」という意味です。

(22) Answer **1**

質問の訳　土曜日に学校の扉が開く時間はいつですか？

選択肢の訳	
1	午後 6 時。
2	午後 6 時 30 分。
3	午後 7 時。
4	午後 8 時 30 分。

❺ The doors of the school will be closed until 6:00 p.m. に「学校の扉は午後 6 時まで閉まっている」とあることから，**1** At 6:00 p.m. が正解となります。

一次試験　筆記　3 B

From: Kathy Ramirez
To: Alison Ramirez
Date: April 3
Subject: Party for Mark

Hey Alison,
Guess what? ❶ Mark is going to go to Hillside University to study for four years! ❷ I can't believe our younger brother will go to such a good university. I was so surprised when I heard that news, but I know he studied hard and did well in high school. He says he's going to study science. ❸ I'm planning a party for him this Saturday at Mom and Dad's house. ❹ I'll ask some of his friends to come, too. Can you help me to get ready for the party? It'll start at 4:00 p.m., so I want you to arrive by 3:00 p.m. to clean our parents' house with me. Of course, Mom and Dad will help, too. Also, ❺ could you make curry and rice and bring it to the party? It's Mark's favorite food, and he thinks your cooking is delicious.
Your sister,
Kathy

From: Alison Ramirez
To: Kathy Ramirez
Date: April 3
Subject: Great news!

Hi Kathy,
That's great news! I can't believe Mark will go to university soon! He really wanted to go to a good university, so I'm sure he is very happy. I can help you to prepare for the party on Saturday. ❻ I have a singing lesson from 10:00 a.m. until 11:30 a.m. After that, I'll go to the supermarket and buy meat and vegetables, and then I'll make curry and rice at my house. I'll arrive at Mom and Dad's house at 2:30 p.m. Then I can help you to clean the house.
See you on Saturday,
Alison

訳 （メール１）
送信者：キャシー・ラミレス
宛先：アリソン・ラミレス
日付：４月３日
件名：マークのためのパーティー

こんにちは，アリソン，
あのね，❶マークは４年間，ヒルサイド大学で勉強することになるのよ！　❷こんないい大学に私たちの弟が行くなんて信じられないわ。そのニュースを聞いたときは本当に驚いたんだけど，彼は一生懸命に勉強して高校でいい成績を取ったのよ。彼は科学を勉強するつもりだって言ってるわ。❸私は彼のために今週の土曜日に，お母さんとお父さんの家でのパーティーを計画しているの。❹彼の友人も呼ぶつもりよ。パーティーの準備を手伝ってくれる？　午後４時に始まるから，午後３時までに両親の家に来て，一緒に片付けてほしいの。もちろん，お母さんとお父さんも手伝ってくれるよ。それと，❺カレーライスを作ってパーティーに持ってきてくれないかな？　マークの大好物で，彼はあなたの料理がおいしいって思ってるのよ。
あなたの妹，
キャシー

（メール 2）

送信者：アリソン・ラミレス

宛先：キャシー・ラミレス

日付：4 月 3 日

件名：すごいニュース！

こんにちは，キャシー，

それは素晴らしいニュースね！　マークがもうすぐ大学に行くなんて信じられない！　彼は本当にいい大学に行きたかったから，彼はきっととてもうれしいんだろうね。土曜日のパーティーの準備を手伝うことはできるよ。❻午前 10 時から午前 11 時半まで歌のレッスンがあるの。その後，スーパーマーケットに行って肉と野菜を買って，それから自分の家でカレーライスを作るよ。午後 2 時半までにお母さんとお父さんの家に到着する予定よ。それから家の片付けを手伝えるわ。

それでは土曜日にね，

アリソン

Words

▶**メール 1**　□ Guess what?「（驚《おどろ》くような話の前置きに使って）あのね，ねえ聞いて」

□ such「そのような」　□ do well「いい成績を取る」

□ ask＋人＋to＋動詞の原形「（人）に～するよう頼む」

□ help＋人＋to＋動詞の原形「（人）が～するのを手伝う」

□ get ready「準備する」

▶**メール 2**　□ I'm sure ～「～だと確信する」

□ from ～ until …「～から…までずっと」　□ after that「その後」

(23)　Answer　2

質問の訳　**なぜキャシーは驚きましたか？**

選択肢の訳	
1	彼女の弟は高校でいい成績を取らなかった。
2	彼女の弟はヒルサイド大学に進学する。
3	彼女の弟は科学が好きではないと言った。
4	彼女の弟は別の高校に行く。

📖 ❶ Mark is going to go to Hillside University to study より，マークがヒルサイド大学に行くことがわかります。❷ I can't believe our younger brother will go to such a good university. に「こんないい大学に私たちの弟（＝マーク）が行くなんて信じられない」とあるため，2 Her brother will go to Hillside University. が正解です。

(24) Answer 2

質問の訳 キャシーはアリソンに（　　　）ほしい。

選択肢の訳	
1	マークの友人を呼んで
2	パーティーのための料理を作って
3	両親にキャシーの計画について話して
4	パーティーをする場所を見つけて

📖 1 は❹ I'll ask some of his friends to come, too. にあるようにキャシーが呼ぶつもりのため不適切。4 は❸ I'm planning a party for him this Saturday at Mom and Dad's house. に「お母さんとお父さんの家でのパーティー」とあるため不適切。2 は❺ could you make curry and rice and bring it to the party? でカレーライスを作ってもらうよう頼んでいるため，2 make some food for the party. が正解です。

(25) Answer 4

質問の訳 アリソンは歌のレッスンの後，何をしますか？

選択肢の訳	
1	レストランでカレーライスを食べる。
2	自分の家の掃除をする。
3	マークを学校に迎えに行く。
4	スーパーマーケットに買い物に行く。

📖 ❻ I have a singing lesson … . After that, I'll go to the supermarket and buy … . から，4 She will go shopping at the supermarket. が正解です。

一次試験　筆記　3 C

Saffron

Saffron is a spice that is used for cooking in many countries around the world. ❶It is made from small parts of a flower called a crocus. These parts are red, but food cooked with saffron is yellow. Many people think the taste is strong and delicious. Saffron is used to cook many kinds of food, such as rice, meat, and soup.

People in parts of Asia have used saffron when they cook for a long time. ❷It has also been popular for hundreds of years in parts of southern Europe. Later, people in other places started using it, too. ❸Many people used saffron for cooking, but some people used it for other things. It was given to sick people to help them to feel better, and people also used it to dye clothes.

Making saffron isn't easy. Usually, more than 150 crocus flowers must be collected to make one gram of saffron. ❹The flowers only grow for a few months in fall and winter. ❺The flowers are weak, so people have to collect them with their hands. This takes a long time, so many people are needed to collect them. Also, ❻the flowers should be collected early in the morning before the sun damages them.

For these reasons, saffron is expensive. It is the most expensive spice in the world. In the past, it was more expensive than gold. However, ❼people don't need to use much of it when they cook because of its strong taste. Because of that, many people still buy saffron to use at home.

訳

サフラン

サフランは世界各国で料理に使われる香辛料《こうしんりょう》である。❶クロッカスと呼ばれる花の小さな部分から作られる。この部分は赤い色をしているが，サフランを使った料理は黄色い。サフランの味は濃くておいしいと多くの人が思っている。サフランは，米，肉，スープなどさまざまな料理に使われる。

一部のアジアの人々は長い間，料理をするときにサフランを使ってきた。❷また，南ヨーロッパの一部でも数百年前から親しまれてきた。その後，他の地域の人々もサフランを使うようになった。❸多くの人々はサフランを料理に使ったが，他のことに使う人もいた。病人に与えることで気分を良くさせたり，衣服を染めるのに使ったりもした。

サフランを作るのは簡単ではない。通常，１グラムのサフランを作るには150以上のクロッカスの花を集めなければならない。❹花は秋と冬の数ヵ月しか育たない。❺花は弱いので，手で集めなければならない。これには時間がかかるので，大勢で集める必要がある。また，❻花は太陽の光で傷《いた》む前に早朝に集めなければならない。

これらの理由から，サフランは高価である。世界で最も高価な香辛料《こうしんりょう》である。昔は金よりも高価だった。しかし，❼サフランは味が濃いため，料理にはあまりたくさん使う必要がない。そのため，今でも多くの人が家庭で使うためにサフランを買っている。

Words

▶第１段 □be made from ～「～から作られる」 □called「～と呼ばれる」
□such as ～「～のような」

▶第２段 □parts of ～「～の一部」 □for a long time「長期間にわたって」
□hundreds of years「数百年」 □southern Europe「南ヨーロッパ」
□help＋人＋to＋動詞の原形「(人) が～するのを手伝う」

▶第３段 □more than ～「～以上」 □take a long time「長い時間がかかる」

▶第４段 □for these reasons「これらの理由から」 □in the past「昔は」
□because of ～「～のために，～のせいで」 □still「今でも，まだ」

(26) Answer 3

質問の訳 サフランは何から作られますか？

選択肢の訳			
1 肉。	**2** 米。	**3** 花の一部。	**4** 黄色い野菜。

❶It is made from small parts of a flower called a crocus. に「クロッカスと呼ばれる花の小さな部分から作られる」とあるため，**3** Parts of a flower. が正解です。

⑵⑺ Answer 1

質問の訳 **南ヨーロッパの一部で，長く人々に親しまれているのは何ですか？**

選択肢の訳
1 食事にサフランを使うこと。
2 病気の時に黄色い服を着ること。
3 衣類をサフランで洗うこと。
4 アジアの医者を訪ねること。

❷ It has also been popular for hundreds of years in parts of southern Europe. に「南ヨーロッパの一部でサフランが親しまれていた」とあり，❸ Many people used saffron for cooking に「多くの人々はサフランを料理に使った」とあるため，**1 Using saffron in their meals.** が正解です。

⑵⑻ Answer 1

質問の訳 **クロッカスの花を集めるとき，人々は何をする必要がありますか？**

選択肢の訳
1 手を使う。
2 外が暑いときに始める。
3 古い機械を使う。
4 午後の早い時間に始める。

❹ The flowers only grow for a few months in fall and winter. とあるため，**2** は不適切。❻ the flowers should be collected early in the morning before the sun damages them「花は太陽の光で傷《いた》む前に早朝に集めなければならない」とあるため **4** は不適切。❺ The flowers are weak, so people have to collect them with their hands.「花は弱いので，手で集めなければならない」とあり，**1 Use their hands.** と一致するため，これが正解です。

(29) Answer 4

質問の訳　人々が料理の際にたくさんのサフランを使わないのは（　）

選択肢の訳
1　ほとんどの人が病気になるから。
2　赤は人気のある色ではないから。
3　買うのが難しいから。
4　濃い味がするから。

❼ people don't need to use much of it when they cook because of its strong taste「サフランは味が濃いため，料理にはあまりたくさん使う必要がない」とあるので，4　it has a strong taste. が正解です。

(30) Answer 3

質問の訳　この話は何についての話ですか？

選択肢の訳
1　人々が食べなくなった香辛料《こうしんりょう》。
2　たくさんの種類の花を育てる新しい方法。
3　いろいろな料理に使われる，ポピュラーな香辛料《こうしんりょう》。
4　花で有名な場所。

タイトルから，この英文のテーマは「サフラン」です。サフランは，第1段第1文において，「世界各国で料理に使われる香辛料《こうしんりょう》である」との記述があります。第2段以降もサフランについての説明が続くことからも，3　A popular spice that is used in many dishes. が適切な答えとなります。

一次試験　筆記　4

Answer 1　**Yes, I do. First, I want to work with foreign people and learn about their cultures. Second, my dream is to work for a famous fashion company in Europe.** (29 語)

訳　はい。第一に，私は外国の人たちと一緒に働いて，彼らの文化を学びたいです。第二に，私の夢はヨーロッパの有名なファッション会社で働くことです。

Answer 2　**Yes, I do. My dream is to become a Japanese teacher. Also, I want to use English when I teach Japanese. So, I want to work in an English-speaking country.** (30 語)

訳　はい。私の夢は日本語教師になることです。また，私は日本語を教えるときには英語を使用したいです。だから，私は英語を話す国で働きたいです。

Answer 3　**No, I don't. Even if I don't go abroad, I can still work with foreigners. Also, Japan is a safe country, so I want to work for a foreign company in Japan.** (32 語)

訳　いいえ。たとえ海外にいかなくても，私はまだ外国の人と一緒に働くことができます。また，日本は安全な国だから，日本にある外国企業で働きたいです。

質問の訳　**あなたは将来，外国で働きたいですか？**

- Do you ～? という質問に対する返答は，Yes, I do. / No, I don't. の形を使います。
- 「外国で働きたい」を選んだ場合に使える表現：
  learn different cultures「異なる文化を学ぶ」 have a good experience「よい経験をする」 make friends with ～「～と友人になる」 communicate with＋人＋in English「英語で（人）とコミュニケーションをとる」 English-speaking country「英語を話す国」
- 「外国で働きたくない」を選んだ場合に使える表現：
  Japan is a safe country.「日本は安全な国である」 foreign company「外国企業（外資系企業）」 work for ～「～で働く」

一次試験　リスニング　第１部

No. 1　Answer　1

★＝男性　☆＝女性　（以下同）

☆ What did you do last weekend?

★ I went to Forest Park.

☆❶ Oh, that park is beautiful.

★ 1　It's my favorite place.

★ 2　We have an hour.

★ 3　I'll do it later.

訳

☆先週末は何をしたの？

★フォレストパークに行ったよ。

☆❶ああ，あの公園はきれいよね。

★ 1　お気に入りの場所なんだ。

★ 2　１時間あるよ。

★ 3　後でするよ。

Words

□ favorite「お気に入りの」　□ later「後で」

❶で女性が「あの公園はきれいです」と話したのに対して，2 や 3 の応答では会話としてふさわしくありません。「お気に入りの場所です」と答えている，1 It's my favorite place. が正解となります。

No. 2 Answer 3

☆ Hi, Mike.

★❶ Hi, Tracy. Is that a new phone?

☆ Yeah, ❷ I bought it yesterday.

★1 I sent one this morning.

★2 Not yet.

★3 It looks cool.

訳

☆こんにちは，マイク。

★❶やあ，トレイシー。それ新しい携帯？

☆そうよ，❷昨日買ったの。

★1　今朝1つ送ったよ。

★2　まだだよ。

★3　かっこいいね。

Words

□look＋形容詞「～に見える」　□cool「かっこいい」

❶で男性が「新しい携帯」かどうかをたずねたのに対して，❷で女性はI bought it yesterdayと答えています。したがって，自然な会話の流れとしては，「それはかっこよく見えますね」と答えている，3 It looks cool. が正解となります。

No. 3 Answer 1

☆ **Have you seen this movie yet?**

★ **Yeah. I saw it last week.**

☆❶ **How was it?**

★ **1 It was funny.**

★ **2 Two and a half hours.**

★ **3 Only seven dollars.**

訳

☆この映画もう見た？

★うん。先週見たよ。

☆❶どうだった？

★1　おもしろかったよ。

★2　2時間半だったよ。

★3　たった7ドルだったよ。

Words

☐yet「（疑問文で）もう」

男性が「映画を先週見た」と答えたのに対して，女性が❶How was it? とその映画についての感想をたずねています。したがって，自然な会話の流れとしては，「おもしろかったよ」と感想を答えている，1 It was funny. が正解となります。

No. 4 Answer 1

☆ You look happy, Peter.

★ Yeah, I got into Carlton University.

☆ Well done! ❶ What are you going to study?

★ 1 European history.

★ 2 About three hours a day.

★ 3 I'll do my best.

訳
☆うれしそうだね，ピーター。
★うん，カールトン大学に合格したんだ。
☆よくやったわね！ ❶何を勉強するの？
★1 ヨーロッパ史だよ。
★2 1日3時間くらいだよ。
★3 最善を尽くすよ。

Words

□～ hours a day「1日に～時間」 □do *one's* best「最善を尽くす」

女性が❶ What are you going to study?「何を勉強するの？」と質問をしています。その質問に対する自然な答えとしては，1 European history. が正解となります。

No. 5 Answer 3

☆ Do you need help, Carl?

★ Yes. Can you try this soup?

☆ Hmm. ❶ I think there isn't enough pepper.

★ 1 I like Italian food.

★ 2 I went to the supermarket.

★ 3 I'll put some more in, then.

訳

☆手伝おうか，カール？

★うん。このスープを味見してくれる？

☆うーん。❶コショウが足りないかな。

★1　イタリア料理が好きなんだ。

★2　スーパーに行ったんだ。

★3　じゃあ，もう少し入れてみるよ。

Words

□not enough「十分でない」　□some more「もう少し」

会話の最後に❶ I think there isn't enough pepper.「コショウが足りないかな」とあります。その言葉に対する自然な答えとしては，**3 I'll put some more in, then.** が正解となります。some more の後に pepper が，in の後に this soup が省略されています。

No. 6　Answer　2

☆ You look lost. What's wrong?

★ I'm looking for the Garden Hotel.

☆❶ It's on the next block.

★ 1　On business.

★ 2　Thanks for your help.

★ 3　He was late.

Script

訳

☆道に迷っているようですね。どうかしたのですか？

★ガーデンホテルを探しているんです。

☆❶次のブロックにありますよ。

★1　仕事が目的です。

★2　助けてくれてありがとう。

★3　彼は遅刻しました。

Words

□ lost「道に迷った」　□ look for ～「～を探す」

□ Thanks for ～「～をありがとう」

ホテルを探している男性に対して，女性は❶ It's on the next block.「次のブロックにありますよ」と教えています。その言葉に対する自然な答えとしては，**2** Thanks for your help. が正解となります。**1** と **3** に関しては会話の流れとして当てはまらないため不適切です。

No. 7 Answer 2

☆ Alex, where are you going?

★ To the park to play soccer.

☆ OK, but ❶ let's have dinner at six.

★ 1 I've been there, Mom.

★ 2 I'll be home by then.

★ 3 That's my soccer ball, Mom.

訳

☆アレックス，どこに行くの？

★サッカーをしに公園へ行くよ。

☆わかった，でも❶夕食は6時にしましょう。

★ 1　そこに行ったことがあるよ，お母さん。

★ 2　それまでには帰るよ。

★ 3　それ僕のサッカーボールだよ，お母さん。

Words

□ have「食べる」

□ have been＋to＋場所「（場所）に行ったことがある」※ there はこの単語だけで「そこに」という意味なので to は不要。

会話の最後に❶ let's have dinner at six「夕食は6時にしましょう」とあります。その言葉に対する自然な答えとしては，**2** I'll be home by then. が適切です。ここでいう by then「それまでに」は「6時までに」を意味します。

No. 8 Answer 1

☆ **Could you take this chair outside?**

★ **Sure.**

☆ **You're so helpful. ❶ Thanks.**

★ **1 My pleasure.**

★ **2 In the garden.**

★ **3 Me, too.**

Script

訳

☆このイスを外に出していただけませんか？

★もちろん。

☆とても助かります。❶ありがとう。

★1　どういたしまして。

★2　庭で。

★3　私もです。

Words

☐helpful「役に立つ」　☐pleasure「喜び，光栄」

会話の最後に❶ Thanks. とあります。その言葉に対する応答としてよく使われるのは You're welcome. ですが，今回は，**1** My pleasure. が適切な答えとなります。My pleasure. も「どういたしまして」と訳しますが，「役に立ててうれしい」といったニュアンスを含んでいます。**3** Me, too. と迷うところですが，Thanks. に対する応答としては適切とは言えません。

No. 9 Answer 3

★ **Jane, how was your trip to Mexico?**

☆ **Great!**

★❶ **Will you go again?**

☆ 1 **Enjoy your trip.**

☆ 2 **A new passport.**

☆ 3 **Maybe next year.**

Script

訳

★ジェーン，メキシコ旅行はどうだった？

☆最高よ！

★❶もう一度行くつもりかい？

☆ 1　楽しんできてね。

☆ 2　新しいパスポートよ。

☆ 3　たぶん来年かな。

Words

□ passport「パスポート」　□ maybe「おそらく」

❶ Will you go again?「もう一度行くつもりかい？」という質問に対する自然な答えとしては **3 Maybe next year.** が適切です。**1** Enjoy your trip. はこれから旅行に行く人に対して言う言葉であるため，今回の答えとしては不適切です。

No. 10 Answer 1

Script

☆ **Dad, can you please bring me a red pencil?**

★ **Sure. Why?**

☆❶ **I'm drawing a picture.**

★ 1 I'd love to see it.

★ 2 **On the desk.**

★ 3 **We can go together.**

訳

☆お父さん，赤鉛筆を持ってきてくれる？

★もちろん。なぜ？

☆❶絵を描いているの。

★1　ぜひそれを見たいな。

★2　机の上だよ。

★3　一緒に行けるよ。

Words

□ draw「(絵など) を描く」　□ I'd：I would の短縮形。

❶ I'm drawing a picture.「絵を描いているの」という言葉に対する自然な応答としては **1** I'd love to see it. が適切な答えとなります。この it は❶の a picture を指します。**2** On the desk. はもし赤鉛筆がどこにあるか（where）を聞かれた場合には適切な答えになりますが，今回はそうではないため不適切です。

一次試験　リスニング　第2部

No. 11　Answer　3

★＝男性　☆＝女性　（以下同）

☆❶ You look sad, Bob. What's wrong?

★❷ My friend Mike called. He can't come to my birthday party tonight.

☆ Oh no! Why not?

★ He caught a cold.

Question : Why is Bob sad?

訳

☆❶悲しそうね，ボブ。どうかしたの？

★❷友人のマイクから電話があったんだ。今夜の誕生日パーティーに来られないって。

☆まあ！　どうして来られないの？

★風邪をひいたんだ。

質問の訳　ボブはなぜ悲しんでいるのですか？

選択肢の訳	
1	彼はプレゼントを買うのを忘れた。
2	彼の母親が風邪をひいた。
3	マイクは彼のパーティーに来られない。
4	だれも彼の誕生日ケーキを好きではなかった。

Words

☐ look＋形容詞「～に見える」　☐ What's wrong?「どうしましたか？」

☐ Why not? : Why can't he come?「どうして来られないのですか？」の省略形。

☐ caught a cold : catch a cold「風邪をひく」の過去形。

母親とボブが話をしていますが，❶で母親は「ボブが悲しそうにしている理由」をたずねているのに対して，ボブは❷で「友人のマイクが自分の誕生日パーティーに来ることができない」と答えています。したがって，**3 Mike can't come to his party.** が正解となります。

No. 12 Answer 3

☆ **Do you want to go to a movie?**

★ **Sure, Mom. But I want to finish my homework first.**

☆ **OK. ❶ The movie starts at three.**

★ **Let's leave at 2:30.**

Question : What time does the movie start?

訳

☆映画に行きたい？

★うん，お母さん。でも先に宿題を終わらせたいんだ。

☆いいわよ。❶映画は3時に始まるわよ。

★2時30分に出発しようよ。

質問の訳　映画は何時に始まりますか？

選択肢の訳			
1	1時。	**2**	2時30分。
3	3時。	**4**	3時30分。

Words

□ go to a movie「映画を見に行く」　□ leave「出発する」

母親と息子が映画に行く話をしています。「映画は何時に始まりますか」という質問に対する情報は❶にあり，母親が「映画は3時に始まる」と言っています。したがって，**3 At 3:00.** が正解となります。

No. 13 Answer 2

★❶ Are you going to the concert tomorrow night, Sue?

☆❷ Yes, my aunt and I are going together. How about you, Tom?

★ I can't go, but my brother and my cousin are going.

☆ I see.

Question : Who will Sue go to the concert with?

訳

★❶明日の夜はコンサートに行くの，スー？

☆❷そうよ，おばさんと私とで一緒に行くの。あなたはどう，トム？

★僕は行けないんだけど，弟といとこが行くんだ。

☆わかったわ。

質問の訳　スーは誰とコンサートに行きますか？

選択肢の訳	
1	彼女の弟。
2	彼女のおば。
3	トム。
4	トムのいとこ。

Words

☐ How about you?「あなたはどうですか？」　☐ cousin「いとこ」

トムの❶の質問に対して，スーは❷で「おばと一緒に行く」と答えています。したがって，2 Her aunt. が正解となります。

No. 14 Answer 4

★ Is there any dessert today, Mom?

☆ Yes. I made an apple pie.

★❶ Can I have some now?

☆ No, Bob. You have to wait until dinnertime.

Question : What does Bob want to do now?

訳
★今日はデザートはあるの，お母さん？
☆ええ。アップルパイを作ったわよ。
★❶今ちょっと食べてもいい？
☆だめよ，ボブ。夕食の時間まで待ってね。

質問の訳　ボブは今何をしたいですか？

選択肢の訳	
1	外に遊びに出かける。
2	自分の夕食を作る。
3	母親の手伝いをする。
4	デザートを食べる。

Words

□ dessert「デザート」

□ Can I have some?「いくつか（＝ここでは「少し」程度の意味）食べてもいいですか？」

□ until「～まで（ずっと）」

ボブが❶で「（アップルパイを）今ちょっと食べてもいい？」とたずねているのに対して，母親は「夕食まで待つ」ように伝えています。したがって，4 Eat some dessert. が正解となります。

No. 15 Answer 3

☆ Hello, Mary Smith speaking.

★ Hi. It's Todd. Sorry, I can't come to work today.

☆ Oh. What's the matter?

★❶ My son has a fever. I need to take care of him.

Question : What will Todd do today?

訳
☆もしもし，メアリー・スミスです。

★やあ。トッドだよ。ごめん，今日は出勤できないんだ。

☆あら。どうしたの？

★❶息子が熱を出したんだよ。看病が必要なんだ。

質問の訳　トッドは今日，何をしますか？

選択肢の訳	
1	遅くに働き始める。
2	早めに職場を出る。
3	息子の世話をする。
4	医者に診てもらう。

Words

□ come to work「職場に来る（＝出勤する）」

□ What's the matter?「どうしましたか？」　□ have a fever「熱がある」

□ take care of ～「～の世話をする」

トッドが電話で「今日は出勤できない」と伝えているのに対して，メアリーは「どうしたの？」とたずねています。そして，トッドは❶で「息子が熱を出して，世話をする必要がある」と伝えています。したがって，3 Look after his son. が正解となります。look after ～ は take care of ～ と同様に「～の世話をする」という意味になります。

No. 16 Answer 2

★ I need notebooks for my project, Mom.

☆ I have two here.

★ Thanks, but I need five.

☆ OK, ❶ I'll buy three more tonight.

Question : How many notebooks will the woman buy?

訳
★課題でノートが必要なんだ，お母さん。
☆ここに 2 冊あるわよ。
★ありがとう，でも 5 冊必要なんだ。
☆わかったわ，❶今夜，あと 3 冊買うわね。

質問の訳　女性は何冊のノートを買いますか？

選択肢の訳			
1	2 冊。	**2**	3 冊。
3	4 冊。	**4**	5 冊。

Words

☐ notebook「ノート」　☐ project「研究課題，企画」

数字を聞き取る問題です。必要なノートの冊数は 5 冊ですが，すでに 2 冊は家にあります。したがって，母親が❶で I'll buy three more tonight.「今夜，3 冊買う」と言っている内容が答えとなります。2 Three. が正解です。

No. 17 Answer 1

☆ Hey, Mark. What's wrong?

★❶ I can't find my pen.

☆ Is it in your bag?

★ No, I think it's on my desk at home.

Question : What is the boy's problem?

Script

訳

☆ねえ，マーク。どうしたの？

★❶ペンが見つからないんだ。

☆カバンの中にあるんじゃないの？

★いや，家の机の上だと思うんだ。

質問の訳 少年の問題は何ですか？

選択肢の訳	
1	彼は今ペンを持っていない。
2	彼はカバンを失くした。
3	彼は机を壊してしまった。
4	彼の教科書が家にある。

Words

□What's wrong?「どうしましたか？」 □textbook「教科書」

少女がマークに，「どうしたの？」とたずねているのに対して，マークは❶で「ペンが見つからない」と伝えています。カバンの中や家の机の上などの情報が語られていますが，会話の時点ではまだペンは見つかっていません。したがって，1 He doesn't have his pen now. が正解となります。

No. 18 Answer 1

☆❶ Is that a new watch?

★❷ Yes. My mom bought it for me.

☆ I want a watch like that.

★ You should ask for one for your birthday.

Question : Who has a new watch?

訳

☆❶それって新しい腕時計？

★❷そうだよ。お母さんが僕に買ってくれたんだ。

☆私もそんな時計が欲しいな。

★誕生日に買ってもらうといいよ。

質問の訳 新しい腕時計を持っている人はだれですか？

選択肢の訳	
1 少年。	2 少女。
3 少年の母親。	4 少女の母親。

Words

□ like that「そのような」　□ ask for ～「～を求める」

❶で「それは新しい腕時計？」とたずねているのは少女の方であり，それに対して❷「母親が自分に買ってくれた」と答えているのは少年の方です。したがって，1 The boy. が正解となります。

No. 19 Answer 2

★ I hope I do well on the math test.

☆ Me, too. ❶ It's in two days. Are you ready?

★ Almost. I should study for three or four more hours.

☆ Good luck!

Question : When is the math test?

訳
★数学のテストがうまくいくといいな。
☆私もよ。❶2日後だね。準備はできてる？
★もう少し。あと3，4時間勉強しないと。
☆がんばってね！

質問の訳　数学のテストはいつですか？

選択肢の訳	
1　1日後。	2　2日後。
3　3日後。	4　4日後。

Words

□I hope (that) ～「～ということを望む」　□in＋時間「～後に」
□almost「ほとんど（＝もうあと少しである）」

少年が「数学のテストでうまくいく」ことを願う話で始まっており，少女が❶で「（テストは）2日後である」と言っています。したがって，2 In two days. が正解となります。

No. 20 Answer 2

★ You'll be 12 next month, Ellie. Do you want to have a party?
☆ Yes, I want to invite 15 friends!
★ Our apartment isn't very big. ❶ How about 10?
☆❷ OK, Dad.

Question : How many friends will Ellie invite?

Script

訳
★来月には12歳になるね，エリー。パーティーをしたいかい？
☆うん，友達を15人呼びたい！
★私たちのアパートはあまり大きくないよ。❶10人でどうだい？
☆❷いいよ，お父さん。

質問の訳　エリーは何人の友達を招待しますか？

選択肢の訳	
1　5 人。	**2**　10 人。
3　12 人。	**4**　15 人。

Words

☐invite「～を招待する」　☐apartment「アパート，マンション」

☐How about ～?「～はどうですか？」

誕生日パーティーに，エリーは 15 人の友達を招待したいと言っていますが，父親は自分たちの住まいがそれほど大きくないので❶で，「10 人でどうか」とたずねています。それに対してエリーは❷で同意しています。したがって，**2 10.** が正解となります。

一次試験　リスニング　第 3 部

No. 21　Answer　1

☆Kazu is good at sports. He is on the swimming team at his high school, and he plays golf on weekends. ❶ He hopes to become a professional golfer after university.

Question : What does Kazu want to do in the future?

訳　カズはスポーツが得意です。高校では水泳部に所属していて，週末にはゴルフをします。❶大学卒業後はプロゴルファーになることを希望しています。

質問の訳　カズは将来に何をしたがっていますか？

選択肢の訳
1　プロゴルファーになる。
2　水泳部に入る。
3　子どもにスポーツを教える。
4　大学で働く。

Words

☐ be good at ～「～が得意である」 ☐ on ～ team「～チームに所属して」

☐ hope to＋動詞の原形「～することを望む」 ☐ professional「プロの」

質問は「カズが将来に何をしたがっているか」です。❶で「彼は大学卒業後にプロゴルファーになることを希望している」と言っています。したがって，1 Become a professional golfer. が正解となります。

No. 22 Answer 2

★ The weather has been strange this week. ❶ It was sunny and warm on Tuesday, but the next day it snowed. Then, it rained all Thursday and Friday.

Question : When did it snow?

訳 今週は変わった天気が続いています。❶火曜日は晴れて暖かかったのに，翌日は雪が降りました。そして，木曜日と金曜日はずっと雨でした。

質問の訳 雪が降ったのはいつですか？

選択肢の訳			
1	火曜日に。	2	水曜日に。
3	木曜日に。	4	金曜日に。

Words

☐ weather「天気」 ☐ strange「奇妙な」

質問は「雪が降ったのはいつですか」です。❶で「火曜日の翌日に雪が降った」と言っています。したがって，2 On Wednesday. が正解となります。

No. 23 Answer 3

★ George usually washes his mother's car on Saturdays. ❶ Last Saturday, he had a football game, so he asked his sister to wash it. ❷ She wasn't happy, but she did it.

Question : Who washed the car last Saturday?

訳　ジョージはたいてい土曜日には母親の車を洗っている。❶先週の土曜日は，フットボールの試合があったので，彼は妹に洗車を頼んだ。❷彼女は不満そうだったが，やってくれた。

質問の訳　先週の土曜日，だれが車を洗いましたか？

選択肢の訳	
1　ジョージ。	2　ジョージの母親。
3　ジョージの妹。	4　ジョージの父親。

Words

□ ask＋人＋to＋動詞の原形「（人）に～するよう頼む」

質問は「土曜日にだれが車を洗ったか」です。❶に「ジョージは先週の土曜日は妹に洗車を頼んだ」とあり，❷で「妹は不満そうだったが，やってくれた」と言っています。したがって，3 George's sister. が正解となります。

No. 24 Answer 4

★ Sarah went to a film festival and saw three movies. On the first day, she saw a musical. The next day, she saw a horror movie. ❶ But her favorite was a comedy about a dog.

Question : Which movie did Sarah like the most?

訳　サラは映画祭に行き，3本の映画を見た。初日はミュージカルを見た。翌日はホラー映画を見た。❶しかし，彼女のお気に入りは，イヌのコメディーだった。

質問の訳　サラはどの映画が一番好きでしたか？

選択肢の訳	
1　ホラー映画。	**2**　アクション映画。
3　ミュージカル。	**4**　コメディー。

Words

☐film festival「映画祭」　☐on the first day「初日」

質問は「サラはどの映画が一番好きか」です。3本の映画を見ていますが，❶で「サラのお気に入りはイヌのコメディーだった」と言っています。したがって，**4 The comedy.** が正解となります。

No. 25 Answer 1

★**I love music. I play the piano, and I also play the drums in a band. ❶ <u>However, I can't sing well, so I started taking lessons.</u> My teacher is great.**

Script

Question : What is the man trying to do?

訳　私は音楽が大好きだ。私はピアノを弾くし，バンドでドラムもたたく。❶<u>でも，歌がうまく歌えないので，レッスンを受け始めた。</u>私の先生は素晴らしい。

質問の訳　この男性は何をしようとしていますか？

選択肢の訳	
1　歌い方を学ぶ。	**2**　音楽の先生になる。
3　彼のピアノを売る。	**4**　バンドに加わる。

Words

☐however「しかしながら」　☐start＋動名詞「～し始める」

☐take lessons「レッスンを受ける」

質問は「男性が何をしようとしているのか」です。❶に「歌がうまく歌えないのでレッスンを受け始めた」とあります。このレッスンはもちろん歌のレッスンです。したがって，**1 Learn how to sing.** が正解となります。

No. 26 Answer 4

★I had lunch with my sister yesterday. ❶She told me about her new math teacher. After that, I told her about my new basketball coach and my field trip to the art museum.

Question : What did the boy's sister talk about yesterday?

訳 昨日，僕は姉と一緒に昼食を食べた。❶彼女は新しい数学の先生について話してくれた。そのあと，僕は新しいバスケットボールのコーチのことと，美術館への遠足のことを話した。

質問の訳 昨日，少年の姉は何について話しましたか？

選択肢の訳	
1	彼女のお気に入りの美術館。
2	彼女のバスケットボールのコーチ。
3	彼女の遠足。
4	彼女の数学の先生。

Words

☐ field trip「遠足」 ☐ art museum「美術館」

質問は「少年の姉が何について話をしたか」です。❶に「新しい数学の先生について話した」とあります。その他の話題はすべて少年が姉に話した内容です。したがって，4 Her math teacher. が正解となります。

No. 27 Answer 3

☆❶Jim had a headache this morning, so he asked his sister to bring him some tea from the convenience store. She bought him some mango ice cream, too.

Question : What did Jim ask his sister to do?

訳 ❶ジムは今朝，頭痛がしていたので，妹にコンビニでお茶を買ってくるように頼んだ。彼女はマンゴーアイスクリームも買ってきてくれた。

質問の訳　ジムは妹に何をするよう頼みましたか？

選択肢の訳	
1　お店で彼に会う。	2　フルーツを切る。
3　お茶を買う。	4　医者に電話をする。

Words

- □ have a headache「頭痛がする」
- □ ask＋人＋to＋動詞の原形「（人）に～するよう頼む」

質問は「ジムは妹に何をするよう頼んだのか」です。❶で「お茶を買ってくる」ように頼んでいることから，3 Buy some tea. が正解となります。「彼女はマンゴーアイスクリームも買ってきた」とありますが，これはお茶に加えて買ってきたもので，ジムが頼んだわけではありません。

No. 28　Answer　1

★❶ Cathy's uncle made some beef soup for dinner today. Cathy doesn't eat meat, so she made some salad and rice. Cathy's mother made apple pie for dessert.

Question : What did Cathy's uncle make?

訳　❶キャシーのおじさんは今日の夕食に牛肉のスープを作ってくれた。キャシーは肉を食べないので，サラダとご飯を作った。キャシーのお母さんはデザートにアップルパイを作った。

質問の訳　キャシーのおじさんは何を作りましたか？

選択肢の訳	
1　スープ。	2　ご飯。
3　サラダ。	4　アップルパイ。

Words

□ uncle「おじ」　□ beef「牛肉」　□ dessert「デザート」

質問は「キャシーのおじさんは何を作ったか」です。❶に「キャシーのおじさんは牛肉のスープを作った」とあります。したがって，**1** Some soup. が正解となります。

No. 29 Answer 1

☆ Everyone, please follow me. ❶ First, we'll see the monkeys and gorillas. Then we'll see some other animals from Africa, like lions and elephants.

Question : Where is the woman talking?

Script

訳　皆さん，私についてきてください。❶まず，サルとゴリラを見ます。それから，ライオンやゾウなど，アフリカの他の動物を見ます。

質問の訳　女性はどこで話をしていますか？

選択肢の訳	
1　動物園。	2　学校。
3　コンサート。	4　書店。

Words

□ follow「～の後についていく」　□ like「～のような」

質問は「女性はどこで話をしているか」です。❶に「サルとゴリラ，それから，ライオンやゾウといったアフリカの動物を見る」とあります。したがって，**1** At a zoo. が正解となります。

No. 30 Answer 2

☆❶ Brianna took two tests on Friday, and then she had a soccer tournament on Saturday. ❷ She feels tired and a little sick now. ❸ Her mother told her to rest at home today, so she will.

Question : Why is Brianna staying home today?

Script

訳 ❶ブリアンナは金曜日に2つのテストを受け，それから土曜日にはサッカーの大会があった。❷彼女は疲れていて，今は少し気分が悪い。❸母親が彼女に今日は家で休むように言ったので，そのようにするだろう。

質問の訳　なぜブリアンナは今日，家にいるのですか？

選択肢の訳	
1	テストに向けて勉強をするため。
2	休息するため。
3	母親の面倒を見るため。
4	大会に備えるため。

Words

- □tired「疲れた」　□tell＋人＋to＋動詞の原形「(人) に～するように言う」
- □rest「休息する」　□get some rest「休息する」

質問は「なぜブリアンナは今日家にいるのか」です。❶に「ブリアンナはテストを受け，サッカーの大会に参加」し，❷に「疲れて今気分が悪い」とあります。それに対して，❸で「母親が彼女に休息するように言い，彼女はそのようにする」とあります。したがって，2 To get some rest. が正解となります。

二次試験　面接　問題カードD

Baseball Caps

Baseball caps are popular in Japan. Baseball fans often wear them at stadiums when they watch their favorite teams. ❶ <u>Some people worry about strong sunlight, so they wear baseball caps on hot summer days.</u>

訳

野球帽《ぼう》

野球帽《ぼう》は日本で人気がある。野球ファンは自分のお気に入りのチームを観戦するときに，よくそれらを球場でかぶる。❶<u>強い日差しを心配している人もいるので，彼らは暑い夏の日には野球帽《ぼう》をかぶる。</u>

Words

- ☐ cap「帽子《ぼうし》」
- ☐ popular「人気の」
- ☐ wear「～を身につける，～をかぶる」
- ☐ stadium「スタジアム，球場」
- ☐ favorite「お気に入りの」
- ☐ Some＋人＋動詞「～する（人）もいる」
- ☐ sunlight「日差し」

質問の訳

No. 1　本文を見てください。なぜ人々の中には暑い夏の日に野球帽《ぼう》をかぶる人もいるのですか？

No. 2　イラストを見てください。何人の人が木の下に座っていますか？

No. 3　髪の長い少女を見てください。彼女は何をするつもりですか？

No. 4　あなたはたいてい何時に寝ますか？

No. 5　あなたは動物園に行ったことがありますか？

はい → もっと話してください。

いいえ → あなたは冬には何をするのが好きですか？

No. 1 Answer **Because they worry about strong sunlight.**

訳 彼らは強い日差しを心配しているからです。

❶ **Some people** worry about strong sunlight, so they **wear baseball caps on hot summer days.** の下線部分が質問（Why do **some people wear baseball caps on hot summer days**?）と同じであることに注目します。so の前の Some people worry about strong sunlight の部分が理由となります。主語の Some people は they に変えて，Because をつけて答えましょう。

No. 2 Answer **Two people are sitting under the tree.**

訳 2人が木の下に座っています。

How many people ～? は人数を問う表現です。イラスト中で木の下に座っているのは2人なので，two people を解答に入れましょう。ただし，文にして答えたいので，質問（**How many people** are sitting under the tree?）の How many people を Two people に置き換え，are sitting under the tree を付けて答えます。質問と重複する表現を省略して，Two are. と答えることもできますが，動詞部分の are まで省略して，単に数字だけで Two. と答えないようにしましょう。

No. 3 Answer **She's going to throw the ball.**

訳 彼女はボールを投げるつもりです。

イラスト中には少女は1人しか描かれていませんが，木の下にいる女性とまぎらわしいので，質問では the girl with long hair とよりわかりやすく表現しています。髪の長い少女は，ボールを投げる姿を思い浮かべています。「ボールを投げる」は throw the〔a〕 ball と表現します。質問（What **is she going to do**?）の下線部分を使い，She is going to throw the〔a〕 ball. と答えましょう。

No. 4 Answer **I go to bed at ten.**

訳 私は10時に寝ます。

What time ～? は「何時に～？」と時間を問う表現です。go to bed は「寝る」という意味です。時間を答える際には，at を付け加えるのを忘れないようにしましょう。単に時間だけを答えて，Ten. や At ten. としないようにしましょう。

No. 5 Answer

(Yes. → Please tell me more.)

I visited a zoo on Sunday.

(No. → What do you like to do in winter?)

I go skiing with my friends.

訳 (Yes. の場合 → もっと話してください。)
私は日曜日に動物園へ行きました。
(No. の場合 → あなたは冬には何をするのが好きですか？)
私は友人とスキーに行きます。

質問 (Have you ever been to a zoo?) に対し，まずは Yes. / No. で，あなたがこれまでに動物園に行ったことがあるかどうかを伝えます。

Yes. と答えると，Please tell me more. と言われるので，これまでに動物園に行った経験について答えます。具体的な動物園の名前を答えてもかまいません。また，質問には have been to ～「～に行ったことがある」という，現在完了という時制が使われています。質問に合わせる形で have been to を使ってもかまいませんが，went to と過去形で答えてもよいでしょう。また，「毎年行っている」などとする場合には現在形で答えることも可能です。動物園でいつも見ている好きな動物について答えてもいいでしょう。

例：I have been to Asahiyama Zoo in Hokkaido twice.「私は北海道にある旭山動物園に2回行ったことがあります」，I go to Maruyama Zoo in Sapporo every spring.「私は毎年春に札幌の円山動物園に行きます」，I like to see elephants in a zoo.「私は動物園でゾウを見るのが好きです」

No. と答えると，冬に何をするのが好きかを問われます。質問（What do you **like to do** in winter?）の下線部分を使って〈I like to＋動詞の原形～.〉の表現で答えたり，単純に現在形の動詞を使って答えたりしてもかまいません。冬にやっていることであればどのような内容でもいいでしょう。

例：I like to hold a Christmas party with my friends.「私は友人たちとクリスマスパーティーをするのが好きです」，I see my grandparents in Kyoto.「私は京都にいる祖父母に会います」，I watch figure skating on TV.「私はテレビでフィギュアスケートを見ます」

二次試験　面接　問題カードＪ

Flower Shops

There are many flower shops in Japan. They sell different types of colorful flowers. ❶ Many people like to keep beautiful flowers in their homes, so they go shopping for flowers each season.

訳

花屋

日本には多くの花屋がある。彼らはさまざまな色とりどりの花を販売している。❶多くの人々が美しい花を家に飾りたいと考えているので，彼らは季節ごとに花を買いに行く。

Words

- □ there are ～「～がある」
- □ sell「～を売る」
- □ keep「～を維持する」
- □ each「それぞれの」

質問の訳

No. 1　本文を見てください。なぜ多くの人々が季節ごとに花を買いに行くのですか？

No. 2　イラストを見てください。ネコはどこにいますか？

No. 3　髪の長い女性を見てください。彼女は何をしようとしていますか？

No. 4　平日にはたいてい何時に起きますか？

No. 5　あなたは学生ですか？

はい → もっと話してください。

いいえ → あなたは今晩は何をしますか？

No. 1 Answer Because they like to keep beautiful flowers in their homes.

訳 美しい花を家に飾りたいからです。

❶ Many people like to keep beautiful flowers in their homes, so they go shopping for flowers each season. の下線部分が質問（Why do many people go shopping for flowers each season?）と同じであることに注目します。so の前の Many people like to keep beautiful flowers in their homes の部分が理由となります。主語の Many people は they に変えて，Because をつけて答えましょう。

No. 2 Answer It's on the chair.

訳 イスの上にいます。

Where ～? は場所を問う表現です。イラスト中でネコはイスの上にいるので，the chair を解答に入れましょう。ただし，文にして答えたいので，質問（Where is the cat?）の the cat を代名詞に変えて主語にし，「～の上」を意味する前置詞 on を付けて答えます。省略して，On the chair. と答えることもできますが，主語と動詞を使用した答えを心がけましょう。

No. 3 Answer She's going to open a box.

訳 彼女は箱を開けるつもりです。

イラスト中の髪の長い女性は，自分が箱を開けている姿を思い浮かべています。「箱を開ける」は，open a box と表現します。箱は１つなので a box と答えるようにしましょう。質問（What is she going to do?）の下線部分を使い，She is going to open a box. と答えましょう。

No. 4 Answer I get up at seven.

訳 ７時に起きます。

What time ～? は「何時に～？」，get up は「起きる」という意味です。usually は頻度《ひんど》を表す単語で「たいてい」という意味です。質問（What time **do you usually get up** on weekdays?）に対する答えなので，I（usually） get up ～という形で答えます。たずねられているのは時刻なので，at を付けて数字で答えるようにしましょう。

時刻を答える表現：
at seven thirty「7 時半」，at eleven twenty five「11 時 25 分」

No. 5 Answer

（Yes. → Please tell me more.）

I like to study math.

（No. → What are you going to do this evening?）

I'm going to read a book.

訳
（Yes. の場合 → もっと話してください。）
私は数学を勉強するのが好きです。
（No. の場合 → あなたは今晩は何をしますか？）
本を読む予定です。

質問（Are you a student?）に対し，まずは Yes. / No. であなたは学生かどうかを伝えます。

Yes. と答えると，Please tell me more. と言われるので，学校に関することや教科に関することから 1 つ，英語で表現できそうなものを答えるとよいでしょう。答える際には，〈I am ～.〉や〈I like ～.〉などのシンプルな形で答えましょう。

例：I am a junior high school student.「私は中学生です」，I like to eat school lunch.「私は給食を食べるのが好きです」

No. と答えると，今晩は何をする予定かを問われます。What are you going to ～? は「何をするつもりか」と予定を問う表現です。this evening は「今晩」という意味です。答える際には，質問（What **are you going to do** this evening?）の下線部分を使用し，〈I am going to ～.〉の形で答えるか，〈I will ～.〉で答えるようにしましょう。Study. や Soccer. などと，単に内容だけを答えないようにしましょう。

Grade 3

2023年度 第1回

Answer

筆記

1	(1)	(2)	(3)	(4)	(5)	(6)	(7)	(8)	(9)	(10)
	2	3	1	4	2	3	3	2	4	1
	(11)	(12)	(13)	(14)	(15)					
	3	1	2	4	3					

2	(16)	(17)	(18)	(19)	(20)
	4	3	1	2	3

3	A	(21)	(22)			
		1	3			
	B	(23)	(24)	(25)		
		1	2	4		
	C	(26)	(27)	(28)	(29)	(30)
		4	3	2	1	2

4（ライティング）の解答例は p. 21（◆）を参照。

リスニング

第1部	No.1	No.2	No.3	No.4	No.5	No.6	No.7	No.8	No.9	No.10
	2	2	1	1	1	3	3	3	2	3

第2部	No.11	No.12	No.13	No.14	No.15	No.16	No.17	No.18	No.19	No.20
	2	1	1	2	2	4	3	1	1	3

第3部	No.21	No.22	No.23	No.24	No.25	No.26	No.27	No.28	No.29	No.30
	2	4	1	4	1	3	2	4	1	4

一次試験　筆記　1

(1) Answer 2

訳　A：お母さん，このパンは古くなっていると思うわ。
B：そうね。ごみの中に放り込んでおいて。

選択肢の訳	
1 future「将来」	2 garbage「ごみ」
3 lesson「授業，課，教訓」	4 north「北」

空所前の throw it in は throw＋物＋in ～で「(物) を～に投げ入れる」の意味で，it は this bread を指します。古くなったパンを投げ入れる先としてふさわしいのは **2 garbage** です。

(2) Answer 3

訳　インターネットにはたくさんの役立つ情報があるので，人々は海外旅行に行く前にその場所について知るためにそれをよく利用する。

選択肢の訳	
1 breakfast「朝食」	2 police「警察」
3 information「情報」	4 smell「におい」

空所後の so people often use it の it は，The Internet を指します。人々がインターネットを利用するのは，インターネット上にはたくさんの役立つ **3 information** があるからです。

(3) Answer 1

訳　A：今週末，農場でボランティア活動をする予定なんだ。
B：それはおもしろそうだね。

選択肢の訳	
1 sound(s)「～に聞こえる」	2 hope(s)「～を望む」
3 explain(s)「説明する」	4 grow(s)「成長する，～を栽培する」

空所前の That は A がボランティア活動をすることを指し，空所後に

interesting「興味深い」とあることから，1 sounds を入れます。sound ＋形容詞で「～に聞こえる，～のようだ」の意味になります。

(4) Answer 4

訳 ハリーは今朝，傘《かさ》を持っていくのを忘れた。激しく雨が降ったので，学校に着いたとき，彼は濡《ぬ》れていた。

選択肢の訳	
1 light「軽い」	2 narrow「狭い」
3 deep「深い」	4 wet「濡《ぬ》れた」

forget to＋動詞の原形で「～し忘れる」という意味です。激しい雨の中，傘《かさ》を忘れて登校すると 4 wet の状態になります。

(5) Answer 2

訳 A：どのくらいの頻度《ひんど》で運動しているの，おじいちゃん？
B：毎日だよ。毎朝１時間，犬の散歩をしているんだ。

選択肢の訳	
1 introduce「～を紹介する，導入する」	2 exercise「運動する」
3 happen「起こる」	4 keep「～を持ち続ける」

AはBに How often ～?「どのくらいの頻度《ひんど》で～？」とたずねています。それに対し，Bは「毎朝１時間，犬の散歩をする」と答えています。Aがたずねたのは運動についてだと考えられます。よって，2 exercise が正解です。

(6) Answer 3

訳 その人気歌手がコンサートを開始すると，人々はみな静かになった。彼らは彼女の歌を聞いて楽しんだ。

選択肢の訳	
1 fast「速い」	2 low「低い」
3 silent「静かな，無言の」	4 expensive「(値段が) 高い」

コンサート開始時の観衆の様子を表す語としては，3 silent が適切です。

(7) Answer 3

訳 A：お母さん，僕の財布を見なかった？　買い物に行くんだ。

B：台所のテーブルの上で見かけたわよ。

選択肢の訳	
1 garden「庭」	2 museum「博物館」
3 wallet「財布」	4 gym「体育館，ジム」

空所に入る語は，Aが買い物に行こうとしている様子から 3 wallet が正解です。Bが「テーブルの上で見かけた」と言っていることからも，**3** 以外にはありえないとわかります。

(8) Answer 2

訳 A：すみません，図書館はどこですか？

B：ここから遠くはありませんよ。あちらの方向に2分歩くだけです。

選択肢の訳	
1 through「～を通して」	2 from「～から」
3 across「～を横切って」	4 over「～を超えて」

Bは図書館までの道のりを「2分歩くだけ」と言っているので，「そこ（＝図書館）はここから遠くはない」とわかります。よって，2 from を入れます。

(9) Answer 4

訳 　初めのうちは，その少年少女らは一緒にうまく歌うことができなかった。しかし，1カ月にわたって熱心に練習した後，見事に歌った。

選択肢の訳	
1 stick「小枝，棒」	2 minute「（時間の）分」
3 time「時間」	4 first：at first で「初めは」

But の前後で「うまく歌えなかったが，1カ月後にはうまく歌った」と，変化が見られることから，4 first を入れて，At first とするのが正解です。at first は後ろに「しかし」という意味の語（but や however）を伴い，「初めのうちは～だったが（今は違う）」と，変化を表す表現です。

(10) Answer 1

訳 A：なんであの映画が気に入ったの，カレン？

B：そうね，小さな女の子の夢が叶《かな》ったのよ。有名な歌手になったの。

選択肢の説明
1 came：come「来る，～（という状態）になる」の過去形
2 grew：grow「成長する」の過去形
3 had：have「～を持っている」の過去形・過去分詞
4 went：go「行く，～（という状態）になる」の過去形

come true で「（夢・願望が）本当になる，叶《かな》う」という意味です。したがって，**1** came が正解です。**4** の go にも「～（という状態）になる」という意味がありますが，go は go bad「腐《くさ》る」のように後ろに悪い意味の形容詞を伴います。

(11) Answer 3

訳 タカヒロは英語のスピーチ中にいくつかミスをしたが，彼の両親はそれでも彼のことをとても誇らしく思った。

選択肢の説明
1 did：do「～をする」の過去形
2 bought：buy「～を買う」の過去形・過去分詞
3 made：make「～を作る」の過去形・過去分詞
4 spent：spend「（時間・お金）を費やす」の過去形・過去分詞

make a mistake で「ミスをする」という意味です。**3** made を入れます。

(12) Answer 1

訳 A：君の新しい自転車，すごくいいね。

B：ありがとう。兄のものと同じなんだ。

空所後の my brother's「兄のもの」とは my brother's bike のことです。the same as ～ で「～と同じもの」という意味になるため，**1** as が正解です。

⒀ Answer 2

訳 A：あなたは今朝もう朝食を食べたわよね？

B：うん，お母さん。今からピアノのレッスンに行ってくるよ。

「～だよね？」（付加疑問文）という表現は，メインの文（You already had breakfast this morning）を疑問文の形（Did you have breakfast … ?）にして，その文頭の2語（Did you）を用いて作ります。メインの文が肯定文なら否定（didn't you）に，否定文なら肯定（did you）にします。よって，**2 didn't** が正解です。

⒁ Answer 4

訳 A：もっと大きな声でしゃべってくれない？ よく聞こえないのよ。

B：もちろんいいよ，おばあちゃん。

loud「大きな声で」の比較変化は，loud—louder—loudest です。祖母と孫が会話する中で，孫の声がよく聞こえない場合，祖母は「(今より）もっと大きな声で話して」と頼むはずです。よって，比較級の **4 louder** が正解です。**2** more loud も比較級の形ではありますが，loud は短い単語なので louder とするのが適切です。

⒂ Answer 3

訳 A：もうヘンリーに電話した？

B：7時だから，彼に電話するには早すぎるよ。8時に電話するよ。

空所前に too early があることがヒントになります。too ～ to … で「…するには～すぎる，～すぎて…できない」という意味です。よって，**3 to call** を選びます。

一次試験　筆記　2

(16) Answer 4

訳
息子：あのクッキーはおいしそうだね。いつ作ったの？
母親：今日の午後よ。一つ食べてみない？
息子：うん，ちょうだい！

選択肢の訳
1　「あなたの友達はそれらを気に入ってくれた？」
2　「何枚食べたの？」
3　「時間は十分にある？」
4　「一つ食べてみない？」

Words

- □ look＋形容詞「～に見える」
- □ delicious「おいしい」
- □ enough「十分な」
- □ would like to＋動詞の原形「～したい」

息子の Yes, please! という返答に合う疑問文を選びます。Yes, please. は「～がほしい？」と聞かれた場合の返答です。よって，4 Would you like to try one? が正解です。この one は a cookie を指します。

(17) Answer 3

訳
少女 1：どのくらい私たちは走っているかな？
少女 2：50 分よ。少し歩きましょうよ。疲れてきたわ。
少女 1：いいアイデアね。

選択肢の訳
1　「私はあなたの運動靴《ぐつ》が気に入ってるの」
2　「私は時計を持ってこなかったの」
3　「少し歩きましょうよ」
4　「私は 4 年前に始めたの」

Words

□ How long ～?「どのくらい～？」 □ get tired「疲れる」

□ for a while「しばらく，少しの間」

少女1の Good idea. より，空所にはランニング中の2人にとっての何かいいアイデアが入ると考えられます。空所後の I'm getting tired.「疲れてきた」より，休憩をとる意味で **3 Let's walk for a while.** と入れるのが正解です。

(18) Answer 1

訳 母親：ダン，今日は5時にピアノのレッスンがあるわよ。**遅刻しないでね。**
息子：しないよ，お母さん。そこには時間通りに行くよ。

選択肢の訳
1 「遅刻しないでね」
2 「そこに行ってはだめよ」
3 「ピアノの練習をやめなさい」
4 「先生によろしく伝えてね」

Words

□ be there「そこにいる」 □ on time「時間通りに」 □ late「遅れて」

□ say hello to ～「～によろしく伝える」

空所後の息子の発言 I won't に注目します。I won't（＝will not）の後ろには，前で述べられている動詞の原形が省略されています。続く I'll be there on time.「そこ（＝ピアノのレッスン）には時間通りに行くよ」から，息子は I won't (be late)「(レッスンに遅刻) しないよ」と言っているとわかります。よって，**1 Don't be late.** が正解です。

(19) Answer 2

訳
夫：この近くに郵便局はある？
妻：よくわからないわ。あの警察官に聞いてみましょう。

選択肢の訳	
1 「気を付けてね」	2 「よくわからないわ」
3 「切手はいくつかあるわ」	4 「それをしてはいけないわよ」

Words

- □ post office「郵便局」
- □ police officer「警察官」
- □ careful「注意深い」
- □ sure「確信している」
- □ stamp「切手」

郵便局の場所をたずねられた妻は，空所後で「あの警察官に聞いてみましょう」と提案しています。妻が郵便局の場所を知らないということがわかります。したがって，2 I'm not sure. が正解です。

(20) Answer 3

訳
男性：サラ，このコーヒーメーカーの使い方を知ってるかい？
女性：簡単よ。そのボタンを押すだけよ。

選択肢の訳	
1 「いいえ，結構です」	2 「それは向こうにあるわ」
3 「簡単よ」	4 「砂糖を入れてください」

Words

- □ how to＋動詞の原形「～する方法」
- □ machine「機械」
- □ need to＋動詞の原形「～する必要がある」
- □ push「～を押す」
- □ button「ボタン」

コーヒーメーカーの使い方をたずねる男性に，女性は You just need to push that button.「そのボタンを押すだけよ」と使い方を教えています。just「ただ～だけ」から，使い方が簡単だとわかるので，3 It's easy. を選びます。

一次試験　筆記　3 A

Take Photos on the Art Club Trip!

On May 10, the Bloomville Junior High School Art Club will go on a trip to Rabbit River. Any student can come! ❶ You can borrow a camera from the club on that day and take beautiful photos of the area.

If you want to come, you have to talk to Mr. Edwards, the art teacher, by May 3.

There are many bugs near the river, so please wear long pants. Also, you must bring your own lunch.

❷ On May 17, the club will have a party after school. You can see the pictures that the club took. Please come if you can!

訳

美術部の旅で写真を撮ろう！

5月10日，ブルームビル中学校の美術部はラビット川への旅行に行くことになっています。どの生徒も参加できます！　❶当日は，美術部からカメラを借りて，現地の美しい写真を撮ることができます。

参加希望の場合，5月3日までに美術教師のエドワード先生に申し出てください。

川の近くには虫がたくさんいますので，長ズボンを履《は》いてきてください。また，自分の昼食は持参してください。

❷5月17日，美術部は放課後にパーティーを開く予定です。部で撮影した写真を見ることができます。よろしければ，ぜひお越しください！

Words

☐art「美術，芸術」 ☐any「どんな～でも」 ☐borrow「～を借りる」
☐area「地域，場所」 ☐have to＋動詞の原形「～しなければならない」
☐talk to ～「～に話しかける」 ☐by＋日・時間「～までに（は）」
☐bug(s)「虫」 ☐river「川」 ☐wear「～を着る」 ☐pants「ズボン」
☐own「自身の」 ☐after school「放課後に」 ☐if you can「できれば」

⑵1 Answer 1

質問の訳 **旅行当日，美術部は生徒たちに何を貸し出しますか？**

選択肢の訳	
1 カメラ。	2 写真。
3 長ズボン。	4 弁当箱。

Words

☐lend「～を貸す」 ☐lunch box「弁当箱」

❶ You can borrow a camera from the club on that day より，美術部が貸し出すものは 1 A camera. です。

⑵2 Answer 3

質問の訳 **5月17日のパーティーで，生徒たちは（　　）ことができる。**

選択肢の訳
1 新しいズボンを買う
2 川で泳ぐ
3 旅の写真を見る
4 虫を見る

❷ On May 17, the club will have a party after school. You can see the pictures that the club took. の下線部分がパーティー当日にできることです。したがって，3 look at pictures of the trip. が正解です。

一次試験　筆記　3 B

From: Melissa Baker
To: Rick Thompson
Date: April 8
Subject: Class trip

Hi Rick,
I'm so excited about our class trip to the city aquarium next week. You said that you went to the aquarium last year. What's it like? Is it cold inside the aquarium? And ❶ what should I wear? Do I need to wear a jacket or a warm sweater? I'm interested in seeing the fish and other sea animals there. I'm really looking forward to seeing the penguins. I hear that people can take pictures with the penguins at the aquarium. Is that true?
Your friend,
Melissa

From: Rick Thompson
To: Melissa Baker
Date: April 8
Subject: The aquarium

Hello Melissa,
Our class trip to the aquarium is going to be so much fun! Yes, ❷ I went to the aquarium with my family last summer. My cousins visited us, and we all went together. I also went with my parents when I was only five years old. The aquarium has two parts. One part is inside, and the other is outside. It isn't very cold inside, but you'll need a jacket for the outside part. It's so cold this month! The penguins are in the outside part. Two years ago, people could take pictures with the penguins, but the aquarium changed its rule. ❸ People can't take pictures with them now.
Your friend,
Rick

From: Melissa Baker
To: Rick Thompson
Date: April 8

Subject: Thanks

Hi Rick,
Thanks for telling me about your trips to the aquarium. I'll remember to take a jacket. Thanks for telling me about the aquarium's new rule, too. I won't be able to take pictures with the penguins, but it'll be fun to watch them. I can't wait! ❹ I'm going to buy a toy penguin, too.
Your friend,
Melissa

訳 （メール１）
送信者：メリッサ・ベイカー
宛先：リック・トンプソン
日付：４月８日
件名：クラス遠足
こんにちは，リック，
来週の市立水族館へのクラス遠足，とっても楽しみだわ。あなたは，その水族館に去年行ったって言ってたわね。そこってどんな感じかしら？　水族館の中は寒い？　それから，❶何を着ていったらいいかしら？　上着や暖かいセーターを着ないといけないかしら？　そこで魚や他の海の動物たちを見るのに興味があるわ。ペンギンを見るのを本当に楽しみにしているの。水族館ではペンギンと一緒に写真を撮ることができるって聞いたのよ。それって本当なの？
あなたの友達,
メリッサ

（メール２）
送信者：リック・トンプソン
宛先：メリッサ・ベイカー
日付：４月８日
件名：水族館
やあ，メリッサ,
水族館へのクラス遠足はきっとすごく楽しいものになるだろうね！　そう，❷僕は去年の夏に家族でその水族館に行ったんだ。いとこがうちに遊びに来て，みんなで一緒に行ったんだよ。僕はまだ5歳だった頃に両親と一緒に行ったこともあるよ。水族館には2つのエリアがあるんだ。1つは屋内で，もう1つは屋外だよ。屋内はあまり寒くはないけど，屋外では上着が必要だろうね。今月はとても寒いからね！　ペンギンは屋外エリアにいるよ。2年前はペンギンと一緒に写真を撮ることができたけど，水族館がその規則を変更したんだ。❸今はペンギンと一緒に写真を撮ることはできないよ。
君の友達，
リック

（メール3）
送信者：メリッサ・ベイカー
宛先：リック・トンプソン
日付：4月8日
件名：ありがとう
こんにちは，リック，
あなたが水族館に行ったときのことを教えてくれてありがとう。上着を持っていくのを忘れないようにするわ。水族館の新しい規則についても教えてくれてありがとう。ペンギンと一緒に写真を撮ることはできないけれど，ペンギンを見るのはきっと楽しいでしょうね。待ち遠しいわ！　❹私はおもちゃのペンギンも買うつもりよ。
あなたの友達，
メリッサ

Words

▶**メール1**　□trip「旅，遠足」　□excited「わくわくした」　□aquarium「水族館」
□said：say「～と言う」の過去形。
□What is＋主語＋like?「（主語）はどのようなものか？」
□inside「～の内部に，内側（の）」　□wear「～を着る」
□need to＋動詞の原形「～する必要がある」　□jacket「上着」
□warm「暖かい」　□sweater「セーター」
□be interested in～「～に興味がある」
□look forward to＋動詞 -ing 形「～するのを楽しみにする」
□penguin「ペンギン」　□true「本当の」

▶メール 2　□ fun「楽しいもの」　□ went：go「行く」の過去形。
□ cousin「いとこ」　□ visit「～を訪問する」　□ together「一緒に」
□ also「～もまた」　□ parent(s)「(両) 親」　□ part「部分」
□ outside「外側（の）」　□ month「月」　□ rule「規則」

▶メール 3　□ remember to＋動詞の原形「～するのを覚えておく，忘れない」
□ Thanks for＋動詞 -ing 形「～してくれてありがとう」
□ won't：will not の短縮形。　□ toy「おもちゃ」

---

(23) Answer 1

質問の訳　メリッサはリックに（　　　）についてたずねた。

選択肢の訳
1　水族館に着ていくのに最適な服装
2　水族館で最も危険な海の動物
3　学校の新しい制服
4　学校の教室にいる魚

メリッサは❶ what should I wear? Do I need to wear a jacket or a warm sweater? で，リックに水族館にどんな服を着ていけばいいかたずねています。よって，**1** the best clothes to wear to the aquarium. が正解です。

(24) Answer 2

質問の訳　リックがいとこと一緒に水族館を訪れたのはいつですか？

選択肢の訳	
1　先週。	2　去年の夏。
3　２年前。	4　５歳の頃。

❷ I went to the aquarium with my family last summer. My cousins visited us, and we all went together. の we all「私たちみんな」は，リックの家族といとこを指します。よって，**2** Last summer. が正解です。

⑵⑸ Answer 4

質問の訳　**メリッサは水族館で何をするつもりですか？**

選択肢の訳
1　新しい規則についてスタッフに聞く。
2　ペンギンと一緒に写真を撮る。
3　新しい上着を買う。
4　おもちゃのペンギンを手に入れる。

❹ I'm going to buy a toy penguin, too. から，4 Get a toy penguin. が正解です。2は，リックから❸ People can't take pictures with them（=penguins）now. と知らされており，写真撮影をすることはできないので，不適切です。

一次試験　筆記　3C

Ann Lowe

Ann Lowe was an African American fashion designer. She was born in Alabama in the United States around 1898. When she was a child, ❶Lowe's mother and grandmother taught her how to make clothes. Both her mother and her grandmother had jobs. They made clothes for rich people in Alabama, and Lowe often helped them with their work.

Lowe's mother died in 1914. When she died, Lowe's mother was making some dresses in Alabama. The dresses weren't finished, so Lowe finished making them. In 1916, she met a rich woman from Florida in a department store. Lowe was wearing clothes that she made, and the woman really liked them. So, Lowe became a dressmaker for her in Florida. After that, ❷Lowe went to live in New York in 1917.

In New York, Lowe went to the S.T. Taylor School of Design. Lowe was the only African American student at the school, and ❸she couldn't join the class with the other students. She took classes in a room by herself. She finished studying at the design school in 1919, and she opened her own store in Florida.

After that, Lowe made dresses for many years. ❹Her dresses

were special because they had beautiful flower designs on them. She made dresses for some rich and famous people, but not many people knew about her work. Also, she sometimes didn't get much money for her dresses. Lowe became more famous after she died in 1981. Many people today know that ❺she was a very good fashion designer and dressmaker.

訳

アン・ロウ

アン・ロウはアフリカ系アメリカ人のファッションデザイナーであった。彼女は1898年頃にアメリカのアラバマで生まれた。子どもの頃，❶ロウの母親と祖母は彼女に服の作り方を教えた。彼女の母と祖母はどちらも仕事をしていた。彼女たちはアラバマの裕福な人々のために服を作っており，ロウはよく彼女たちの仕事を手伝っていた。

ロウの母親は1914年に亡くなった。亡くなった時，ロウの母親はアラバマで数枚のドレスを制作している途中だった。それらのドレスは仕上がっていなかったので，ロウがそれらを仕上げた。1916年，彼女は百貨店でフロリダから来たある裕福な女性と出会った。ロウは自分で作った服を着ており，その女性はその服をたいそう気に入った。それで，ロウはフロリダで彼女専用の洋裁師になった。その後，❷ロウは1917年にニューヨークに移住した。

ニューヨークで，ロウはS.T. テイラー・デザイン学校に通った。ロウはその学校で唯一のアフリカ系アメリカ人の学生で，❸他の学生と一緒に授業に参加することはできなかった。彼女は教室で一人ぼっちで授業を受けたのである。彼女は1919年にそのデザイン学校での学業を終え，フロリダで自分の店を開いた。

その後，ロウは長年にわたってドレスを制作した。❹彼女のドレスには美しい花柄があしらわれていたため，特別なものであった。彼女は数人の裕福な有名人たちのためにドレスを作ったが，彼女の仕事について知る人は多くはいなかった。また，彼女はドレスを作っても，時にはあまり多くのお金をもらえないこともあった。ロウは1981年に亡くなった後，より有名になった。今日の多くの人々は，❺彼女がとてもすばらしいファッションデザイナーであり，洋裁師であったことを知っている。

Words

▶第１段　□African American「アフリカ系アメリカ人（の）」

□designer「デザイナー」　□be born「生まれる」

□around＋数詞「～頃」　□taught：teach「～を教える」の過去形。

□how to＋動詞の原形「～する方法，～の仕方」　□clothes「衣服」

□both *A* and *B*「*A* と *B* の両方とも」

□help＋人＋with＋物「（人）の（物）を手伝う」

▶第２段　□die「死ぬ」　□finish「～の仕上げをする」

□met：meet「～に出会う」の過去形。　□department store「百貨店」

□wear「～を着る」

□clothes［that she made］「彼女が作った服」：that は関係代名詞。she made は clothes を修飾。

□dressmaker「洋裁師，仕立屋」　□went：go「行く」の過去形。

□go to live in ～「～に移住する」

▶第３段　□took：take「～を持っていく，（授業）を受ける」の過去形。

□by herself：by *oneself*「一人で」　□own「自身の」　□store「店」

▶第４段　□special「特別な」　□famous「有名な」　□also「また」

⑵⑹ Answer 4

質問の訳　**アン・ロウの母親と祖母は何をしましたか？**

選択肢の訳	
1	ロウをフロリダへ送り出した。
2	ロウがアラバマに行くのを止めた。
3	ロウに仕事をするようにと言った。
4	ロウに服の作り方を教えた。

❶ Lowe's mother and grandmother **taught her how to make clothes.** の her はロウを指します。4 They taught Lowe how to make clothes. が正解です。

(27) Answer 3

質問の訳 **ロウはいつニューヨークに行きましたか？**

選択肢の訳			
1 1898年。	2 1914年。	3 1917年。	4 1981年。

❷ Lowe went to live in New York in 1917. より，3 In 1917. が正解です。

(28) Answer 2

質問の訳 **ロウがS.T.テイラー・デザイン学校に通っていた時に起こったことは何ですか？**

選択肢の訳
1 クラスでよい成績をとることができなかった。
2 他の学生たちと一緒に勉強することができなかった。
3 先生とけんかした。
4 好きなファッションデザイナーに出会った。

❸ she couldn't join the class with the other students. She took classes in a room by herself に，他の学生たちと一緒に授業に参加できず，一人きりで授業を受けた，とあります。2 She couldn't study with the other students. が正解です。

(29) Answer 1

質問の訳 **ロウのドレスは（　　）ため，特別であった。**

選択肢の訳
1 美しい花柄があしらわれていた
2 おもしろい色合いだった
3 多くの人々によって作られていた
4 作るのに何時間もかかった

❹ **Her dresses were special because** they had beautiful flower designs on them. の下線部分が質問文に一致します。because 以下が

1 they had beautiful flower designs. に一致するため，これが正解です。

(30) Answer 2

質問の訳 **この話は何についてのものですか？**

選択肢の訳
1 ニューヨークの人気のドレス店。
2 すばらしい洋裁師の女性。
3 ファッションの学校の先生。
4 アメリカにあるデザイン学校。

本文は，タイトルにあるアン・ロウという女性の一生について語られています。アン・ロウは❺で she was a very good fashion designer and dressmaker と表現されているため，**2 A woman who was a great dressmaker.** が正解です。

一次試験　筆記　4

Answer 1　**Baseball is the most exciting sport for me. First, I enjoy seeing famous baseball players at the stadium. Second, I'm very happy when my favorite team wins a big game.**（30 語）

訳　私にとっては野球が最もおもしろいスポーツです。第一に，私はスタジアムで有名な野球選手を見て楽しみます。第二に，自分の好きなチームが大事な試合に勝つと，私はとてもうれしいです。

Answer 2　**Badminton is the most exciting sport for me. Playing badminton makes me very happy, and it is a fun sport to play with my friends.**（25 語）

訳　私にとってはバドミントンが最もおもしろいスポーツです。バドミントンをしていると，私はとても幸せな気持ちになり，また，友達と一緒にするのに楽しいスポーツです。

Answer 3　**Figure skating is more exciting than any other sport for me because I like watching figure skaters dancing on ice. Moreover, their spins and jumps are wonderful.**（27 語）

訳　私にとってはフィギュアスケートがほかのどのスポーツよりもおもしろいです。なぜなら，私はフィギュアスケートの選手たちが氷の上で踊っているのを見るのが好きだからです。また，彼らのスピンやジャンプはとてもすばらしいです。

質問の訳　**あなたにとって最もおもしろいスポーツは何ですか？**

What is the most exciting sport for you? という質問なので，第 1 文は，“スポーツ名” is the most exciting sport for me. とします。

スポーツ名の例：

tennis「テニス」 table tennis「卓球」 soccer「サッカー」 volleyball「バレーボール」 basketball「バスケットボール」 rugby「ラグビー」 swimming「水泳」 surfing「サーフィン」 track and field「陸上競技」 marathon「マラソン」 gymnastics「体操競技」 wrestling「レスリング」 Japanese archery「弓道」

一次試験　リスニング　第1部

No. 1　Answer　2

★＝男性　☆＝女性　（以下同）

☆ Do you need something?

★ Yes, ❶ is Mr. Williams here?

☆❷ I think he's in the library.

★1　Yes, that's my favorite book.

★2　Thanks, I'll look for him there.

★3　No, it's on his desk.

訳

☆何かご用ですか？

★はい，❶ウィリアムズ先生はこちらにいらっしゃいますか？

☆❷彼なら図書館にいると思いますよ。

★1　はい，それは私が好きな本です。

★2　ありがとうございます。そこで彼を探してみます。

★3　いいえ，それは彼の机の上にあります。

Words

☐Do you need something?「何が必要ですか？」→「何かご用ですか？」

☐library「図書館」　☐favorite「お気に入りの」　☐look for ～「～を探す」

❶ is Mr. Williams here? から，話題はウィリアムズ先生の居場所であるとわかります。女性は❷ I think he's in the library. とウィリアムズ先生がいそうな場所を答えていることから，それに対してお礼を言っている 2 Thanks, I'll look for him there. が正解です。him は Mr. Williams, there は library を指します。

No. 2 Answer 2

★ Are you going home now, Jane?

☆ No, I still have some work to do.

★❶ Do you want any help?

☆1 No, I wasn't at the office.

☆2 No, I'll finish soon.

☆3 No, I can't find it.

訳

★もう家に帰るのかい，ジェーン？

☆いいえ，まだやらないといけない仕事があるの。

★❶何か手伝おうか？

☆1　いいえ，私は職場にはいなかったわ。

☆2　いいえ，もうすぐ終わるわ。

☆3　いいえ，それが見つからないのよ。

Words

□ still「まだ」　□ office「職場」　□ soon「もうすぐ，まもなく」

仕事をしている女性に対して，男性が❶ Do you want any help? と手伝いを申し出ています。どの選択肢も No で始まりますが，男性の手伝いの申し出を断る理由としてふさわしいのは，2 No, I'll finish soon. です。

No. 3 Answer 1

☆ What will the music club do for the school festival?

★ We'll sing some Spanish songs.

☆❶ Are you practicing a lot?

★1 Yes, every day after lunch.

★2 Yes, it's next to my radio.

★3 Yes, I've been there before.

訳

☆音楽部は文化祭で何をする予定なの？

★スペインの歌を数曲歌うよ。

☆❶たくさん練習をしているの？

★1　うん，毎日昼食後にね。

★2　うん，それは僕のラジオの隣にあるよ。

★3　うん，そこには以前行ったことがあるんだ。

Words

☐ school festival「文化祭，学園祭」　☐ Spanish「スペインの」

☐ practice「練習する」　☐ a lot「たくさん」　☐ next to ～「～の隣に」

女性は❶で，たくさん練習しているのかとたずねています。選択肢はすべて Yes で始まりますが，たくさん練習している様子を伝える発言としては，1 Yes, every day after lunch. がふさわしいです。

No. 4　Answer　1

☆ Where are the ninth-grade students today?

★❶ They're on a school trip.

☆ Oh. ❷ Where did they go?

★1　On a hike in the mountains.

★2　In their classroom.

★3　At yesterday's meeting.

Script

訳

☆今日，9年生の生徒はどこにいるの？

★❶遠足に行ってるよ。

☆わあ。❷どこに行ったの？

★1　山へハイキングに行ったよ。

★2　教室だよ。

★3　昨日の会議でね。

Words

□ninth-grade「９年生（日本の中学３年生）の」　□school trip「遠足，修学旅行」

□hike「ハイキング」　□meeting「会議」

❶ They're on a school trip.「遠足に行っている」と❷ Where did they go?「どこに行ったの？」から，遠足の行き先としてふさわしい1 On a hike in the mountains. を選びます。

No. 5 Answer 1

☆ **Dad, I'm hungry.**

★ **I just ordered a pizza.**

☆ **Great. ❶ When will it arrive?**

★ **1 In about 20 minutes.**

★ **2 Mushroom and cheese.**

★ **3 From the restaurant in town.**

訳

☆お父さん，おなかがすいたわ。

★ピザを注文したところだよ。

☆やった。❶いつ届くの？

★1　20分後くらいかな。

★2　マッシュルームとチーズだよ。

★3　街のレストランに（頼ん）だよ。

Words

□hungry「空腹の」　□order「～を注文する」　□in＋時間「～後に」

❶ When will it arrive? より，時を表す語を含む1 In about 20 minutes. が正解です。When will it の部分が聞き取りにくいかもしれませんが，arrive「到着する」が聞き取れれば，注文したピザが届く時間をたずねていると推察できます。

No. 6 Answer 3

☆ Excuse me. Could you help me?

★ Sure.

☆❶ Where is the hospital?

★ 1 You should see a doctor.

★ 2 That's too bad.

★ 3 It's right over there.

訳

☆すみません。手助けしていただけますか？

★いいですよ。

☆❶病院はどこにありますか？

★ 1 あなたはお医者さんに診てもらったほうがいいですよ。

★ 2 それは残念ですね。

★ 3 すぐそこですよ。

Words

□ Could you help me?：Can you help me? のていねいな表現。

□ see a doctor「医者に診てもらう」 □ right「ちょうど」

女性は❶ Where is the hospital? と病院の場所をたずねているので，返答は病院の場所を表す 3 It's right over there. がふさわしいです。

No. 7 Answer 3

☆ What are you doing tomorrow?

★ I have a basketball game.

☆ Great. ❶ I hope your team wins.

★ 1 It's your turn.

★ 2 I heard about that.

★ 3 I think we will.

訳

☆明日は何をする予定なの？

★バスケットボールの試合があるんだ。

☆いいわね。❶あなたのチームが勝つことを祈ってるわ。

★1　君の番だよ。

★2　それについては聞いたよ。

★3　そのつもりだよ。

Words

□hope「～を望む」　□win「勝つ」　□turn「順番」

❶I hope your team wins. という応援メッセージに対する返答としてふさわしいのは，3 I think we will. です。will の後ろには win が省略されており，I think we will (win).「僕たちが勝つつもりだよ」という意味になります。

No. 8 Answer 3

★Do you have any plans this weekend?

☆I want to go to the art museum.

★❶Let's go together.

☆1 OK, it's on Wednesday.

☆2 OK, I'm at work.

☆3 OK, that sounds fun.

訳

★今週末に何か予定はある？

☆私は美術館に行きたいと思っているわ。

★❶一緒に行こうよ。

☆1　いいわよ，それは水曜日にあるわよ。

☆2　いいわよ，私は仕事中よ。

☆3　いいわよ，それは楽しそうね。

Words

- □ plan「計画，予定」 □ weekend「週末」 □ art museum「美術館」
- □ together「一緒に」 □ be at work「仕事中である」
- □ sound+ 形容詞「～に聞こえる」 □ fun「楽しいこと，おもしろいこと」

週末に美術館に行きたいという女性に対し，男性は❶で一緒に行こうと誘っています。3 OK, that sounds fun. が続けば，「それ（＝一緒に行くこと）は楽しそうね」という意味になり，会話が自然な流れになります。

No. 9 Answer 2

☆ You look happy.

★❶ I'm excited about our P.E. class.

☆❷ Why is that?

★1 Because there's a math test.

★2 Because we'll play baseball today.

★3 Because I like hamburgers.

Script

訳

☆うれしそうね。

★❶体育の授業が楽しみなんだ。

☆❷それはどうして？

★1 数学のテストがあるからだよ。

★2 今日は野球をするからだよ。

★3 ハンバーガーが好きだからだよ。

Words

- □ look＋形容詞「～に見える」 □ excited「わくわくした」 □ P.E.「体育」
- □ math「数学」

❷で少女が Why is that? とたずねているのは，❶で少年が体育の授業を楽しみだと言っている理由です。体育の授業に関連する語を含む 2 Because we'll play baseball today. を選びます。

No. 10 Answer 3

★ Mom, ❶ I had a science test today.
☆ How was it?
★❷ I thought it was difficult.

☆ 1 I hope it's warm.
☆ 2 I'll look for it later.
☆ 3 I'm sure you did well.

訳
★お母さん，❶今日は理科のテストがあったんだ。
☆どうだった？
★❷難しいと思ったよ。

☆ 1 暖かいといいわね。
☆ 2 後でそれを探してみるわね。
☆ 3 きっとうまくいってるわよ。

❶より，話題は少年が受けた理科のテストについてです。少年はテストについて，❷で難しかったと言っています。それに対する母親の返事としては，励《はげ》ます意味となる 3 I'm sure you did well. がふさわしいです。1 と 2 は理科のテストと関係のない内容なので，不適切です。

一次試験 リスニング 第2部

No. 11 Answer 2

☆ Who did you go shopping with?
★ Kate. ❶ She bought a bag, and ❷ I got a pair of gloves.
☆ Did you look for soccer shoes, too?
★ Not today.

Question : What did the boy buy today?

訳
☆だれと一緒に買い物に行ってきたの？
★ケイトだよ。❶彼女はカバンを買って，❷僕は手袋を買ったよ。
☆サッカーシューズも探したの？
★今日は探さなかったよ。

質問の訳　今日，少年は何を買いましたか？

選択肢の訳	
1　カバン。	**2**　手袋。
3　サッカーボール。	**4**　靴《くつ》。

Words

□ go shopping「買い物に行く」　□ bought：buy「～を買う」の過去形。
□ got：get「～を買う」の過去形。　□ a pair of ～「一対の～」　□ gloves「手袋」
□ look for ～「～を探す」　□ shoes「靴《くつ》」

会話の中でそれぞれの選択肢が何を意味するのかをメモしながら聞きましょう。
❶より **1** A bag は「ケイトが買ったもの」
❷より **2** A pair of gloves は「少年が買ったもの」
だとわかります。質問の主語の the boy より，**2 A pair of gloves.** が正解です。

No. 12　Answer　1

☆ **Can you wash the dishes, Bill?**
★❶ **I've got a lot of homework, Mom. Can Patty or Dad do them?**
☆ **They're busy, too, and** ❷ **it's your turn.**
★❸ **All right.**

Question : Who will wash the dishes?

Script

訳
☆お皿を洗ってくれない，ビル？
★❶たくさん宿題があるんだ，お母さん。パティかお父さんにやってもらえないかな？

☆彼らも忙しいし，それに❷あなたの番でしょう。

★❸わかったよ。

質問の訳　だれがお皿を洗いますか？

選択肢の訳			
1　ビル。	2　ビルの母。	3　ビルの父。	4　パティ。

Words

□dish(es)「皿」　□turn「順番」　□All right.「わかった」

皿洗いをするよう言われたビルは❶で断りますが，❷で母親に「あなたの番だ」と言われ，❸で了承しています。皿洗いをすることになったのは **1 Bill.** です。

No. 13　Answer　1

☆ Hello?

★ Hi, Sally. This is Ben's father. Is Ben at your house?

☆ Yes, we're doing our math homework.

★❶ Can you tell him to come home by six?

☆ Sure.

Question : What does Ben's father want Ben to do?

訳

☆もしもし？

★こんにちは，サリー。ベンの父です。ベンは君の家にいるかな？

☆はい，数学の宿題を一緒にやっているんです。

★❶６時までに家に帰るよう彼に伝えてくれるかな？

☆わかりました。

質問の訳　ベンの父親はベンにどうしてもらいたいのですか？

選択肢の訳	
1　６時までに家に到着する。	2　サリーの父に電話する。
3　サリーの数学の教科書を返す。	4　サリーの宿題を手伝う。

Words

☐ This is＋自分の名前「（電話での会話で）こちらは～です」　☐ math「数学」

☐ tell＋人＋to＋動詞の原形「（人）に～するよう伝える」　☐ by＋時間「～までに」

☐ want＋人＋to＋動詞の原形「（人）に～してほしい」

❶でベンの父親はサリーにベンへの伝言をたのんでいます。come home by six より，**1 Arrive home by six o'clock.** が正解です。

No. 14 Answer 2

☆ Dad, ❶ <u>can you help me with this box? I can't move it by myself.</u>

★ Where do you want to put it?

☆ Outside, by my bike.

★ Sure.

Question : What does the girl want to do?

訳

☆お父さん，❶<u>この箱を運ぶのを手伝ってくれない？　一人じゃ動かせないの。</u>

★どこに置きたいの？

☆外よ，私の自転車のそばなの。

★いいよ。

質問の訳　少女は何をしたいのですか？

選択肢の訳			
1	自転車を買う。	2	箱を移動させる。
3	自転車に乗る。	4	本を見つける。

Words

☐ help＋人＋with＋物「（人）の（物）を手伝う」　☐ move「～を動かす」

☐ by myself：by *oneself*「一人で」　☐ outside「外に」　☐ by「～のそばに」

少女は❶で「箱を一人で運べないので手伝ってほしい」と言っているので，**2 Move a box.** が正解です。

No. 15 Answer 2

☆ Hello?

★ Hello, this is Mike. Is Karen home?

☆ Sorry, she's out now. Can I take a message?

★❶ <u>She left her pencil case in the art room.</u> The teacher has it.

☆ Thank you. I'll tell her.

Script

Question : Where did Karen leave her pencil case?

訳

☆もしもし？

★もしもし，マイクです。カレンはいますか？

☆ごめんなさい，彼女は今，出かけているの。何か伝言はある？

★❶<u>彼女は美術室に筆箱を忘れていたんです。</u>先生が持っています。

☆ありがとう。彼女に伝えておくわね。

質問の訳　カレンは筆箱をどこに忘れたのですか？

選択肢の訳	
1　彼女の部屋に。	**2**　美術室に。
3　少年の家に。	**4**　彼女の先生の家に。

Words

□be 動詞＋home「家にいる」　□be 動詞＋out「外出中で」

□take a message「伝言を預かる」

□left：leave「～を残す，置き忘れる」の過去形。

質問は <u>**Where did Karen leave**</u> her pencil case? と，カレンが筆箱を忘れた場所をたずねているため，❶より 2 **In the art room.** が正解です。その他の選択肢にある場所は会話中に登場しません。

No. 16 Answer 4

☆ Why do you always have that camera, Bob?

★❶ I like taking photos.

☆ Can you take ❷ one of my dog?

★ Sure.

Question : What is Bob's hobby?

訳

☆なぜあなたはいつもあのカメラを持っているの，ボブ？

★❶写真を撮るのが好きなんだ。

☆私の犬の❷写真を撮ってくれない？

★もちろん。

質問の訳 ボブの趣味は何ですか？

選択肢の訳			
1	犬を散歩させること。	2	動物関連の本を読むこと。
3	カメラを集めること。	4	写真を撮ること。

Words

☐ take a photo「写真を撮る」 ☐ hobby「趣味」 ☐ collect「～を集める」

質問の hobby は「趣味」，つまり，好きなことを意味します。❶より，4 Taking pictures. が正解です。ちなみに，❷の one は a photo を意味します。

No. 17 Answer 3

☆ Excuse me. ❶ I bought this TV last week, but it doesn't work.

★ I'm sorry.

☆ Can you please give me my money back?

★ I'll ask my manager.

Question : What is the woman's problem?

訳

☆すみません。❶先週このテレビを買ったんですが，動かないんです。

★申し訳ございません。

☆返金していただけますか？

★責任者に聞いてみます。

質問の訳　女性の問題は何ですか？

選択肢の訳	
1	彼女は今日働かなければならない。
2	彼女は自分のお金を見つけることができない。
3	彼女のテレビが壊れている。
4	彼女のテレビの音量が大きすぎる。

Words

- □ bought：buy「～を買う」の過去形。
- □ work「動く，機能する」
- □ Can you please＋動詞の原形？「～していただけませんか？」
- □ give＋人＋物＋back「（人）に（物）を返す」
- □ manager「支配人，管理者」
- □ broken：break「～を壊す」の過去分詞。
- □ loud「（音量が）大きい」

女性は❶で買ったばかりのテレビが動かないと言っていて，テレビが壊れていることがわかります。3 Her TV is broken. が正解です。

No. 18　Answer　1

☆ Luke, when will you get home from school today?

★❶ Classes end at four, but ❷ I have a basketball game until six.

☆ So, ❸ you'll be home by seven?

★❹ Yes.

Question : When do Luke's classes end?

Script

訳

☆ルーク，今日は学校からいつ家に帰ってくる予定なの？

★❶授業は4時に終わるけど，❷6時までバスケットボールの試合があるんだ。

☆じゃあ，❸7時までには家に帰れる？

★❹うん。

質問の訳　ルークの授業はいつ終わりますか？

選択肢の訳			
1　4時。	2　5時。	3　6時。	4　7時。

Words

☐ get home「帰宅する」　☐ until「～まで」　☐ by「～までには」

❶より 1 At four. は「授業が終わる時間」，❷より 3 At six. は「バスケットボールの試合が終わる時間」，❸と❹より 4 At seven. は「ルークが帰宅する時間」だとわかります。質問の Luke's classes end より，1 At four. が正解です。

No. 19　Answer　1

☆❶ I love this red jacket! It's so cute.

★❷ That blue one is cheaper. It looks warmer, too.

☆ But I really want this red one.

★ OK.

Question : Why does the woman like the red jacket?

訳

☆❶この赤い上着が気に入ったわ！　すごくかわいい。

★❷あの青いやつのほうが安いよ。そのほうが暖かそうだし。

☆でも，私はこの赤いのが本当にほしいの。

★わかったよ。

質問の訳　なぜ女性は赤い上着が気に入っているのですか？

選択肢の訳	
1　それはかわいい。	2　それは暖かい。
3　それは安い。	4　それは長い。

Words

- □jacket「上着」 □cute「かわいい」 □cheaper：cheap「安い」の比較級。
- □look＋形容詞「～に見える」 □warmer：warm「暖かい」の比較級。

❶より **1** It is cute. は「女性が気に入った赤い上着」，❷より **2** It is warm. と **3** It is cheap. は「男性が勧《すす》める青い上着」だとわかります。質問の the woman like the red jacket より，**1** It is cute. を選びます。

No. 20 Answer 3

☆ **I saw you this morning. ❶ You were riding a bicycle.**

★ **Where were you?**

☆❷ **In my husband's car. He drives me to work every day.**

★❸ **I ride my bike or walk to work.**

Question : How does the woman go to work?

訳

☆私は今朝，あなたを見たわよ。❶あなたは自転車に乗っていたわ。

★君はどこにいたの？

☆❷夫の車の中よ。彼が毎日職場まで車で送ってくれているのよ。

★❸僕は自転車か徒歩で仕事に行ってるよ。

質問の訳 女性はどうやって職場に通っていますか？

選択肢の訳							
1	電車で。	2	自転車で。	3	車で。	4	徒歩で。

Words

- □saw：see「～を見る」の過去形。 □riding：ride「～に乗る」の -ing 形。
- □drive＋人＋to＋場所「（人）を（場所）まで車で送る」 □on foot「徒歩で」

❶と❸より **2** By bike. は「男性の今朝・普段の交通手段」，❷より **3** By car. は「女性の今朝・毎日の交通手段」，❸より **4** On foot. は「男性の普段の交通手段」だとわかります。質問の主語は the woman なので，**3** By car. が正解です。

一次試験　リスニング　第3部

No. 21　Answer　2

☆Robert is learning to cook. ❶He watches a cooking program on TV every Tuesday, and ❷on Wednesdays he takes a cooking class after work. ❸He makes dinner for his family on Fridays.

Script

Question : When does Robert take a cooking class?

訳　ロバートは料理の勉強をしている。❶彼は毎週火曜日にテレビで料理番組を見て，❷毎週水曜日に仕事の後に料理教室に通っている。❸彼は毎週金曜日に家族のために夕食を作っている。

質問の訳　ロバートはいつ料理教室に通っていますか？

選択肢の訳	
1　毎週火曜日に。	2　毎週水曜日に。
3　毎週木曜日に。	4　毎週金曜日に。

Words

□program「番組」　□on＋曜日s「毎週～曜日に」

□take a class「授業を受ける」

選択肢に並ぶ曜日に何をするか，メモを取りながら聞き取りましょう。

❶より 1　On Tuesdays. は「料理番組の視聴」

❷より 2　On Wednesdays. は「料理教室」

❸より 4　On Fridays. は「夕食作り」

をしている曜日だとわかります。質問には When と take a cooking class が含まれるので，2　On Wednesdays. を選びます。

No. 22 Answer 4

★ **Good morning, everyone, and ❶ welcome to the Riverside Museum. ❷ Please follow me for a free tour of our main attractions. Today, we have a special show about the pyramids in Egypt on the second floor. This way, please.**

Question : Who is talking?

訳 みなさん，おはようございます，そして，❶リバーサイド博物館へようこそ。当博物館の見どころを紹介する❷無料ツアーにご参加されるお客様は，私の後についてきてください。今日は2階でエジプトのピラミッドについての特別展があります。こちらにどうぞ。

質問の訳 **話をしているのはだれですか？**

選択肢の訳	
1　学生。	2　音楽家。
3　店員。	4　博物館のガイド。

Words

☐ museum「博物館」 ☐ follow「～の後についていく」 ☐ free「無料の」
☐ main「主な」 ☐ attraction「人々を惹《ひ》きつけるもの」 ☐ pyramid「ピラミッド」
☐ Egypt「エジプト」 ☐ the＋序数＋floor「～階」

❶が博物館に来た人々に対する挨拶《あいさつ》であること，❷の Please follow me for a free tour がツアー参加者への案内であることから，話をしているのは博物館の人であるとわかります。よって，4 A museum guide. が正解です。

No. 23 Answer 1

☆❶ I usually take the bus to school, but this morning, I got up late. ❷ I asked Dad to drive me to school, but he had to go to work. So ❸ I borrowed my brother's bike.

Question : How did the girl get to school this morning?

訳　❶私は普段はバスで通学しているが，今朝は寝坊した。❷父に学校まで車で送ってくれるよう頼んだが，彼は仕事に行かなければならなかった。なので，❸私は兄の自転車を借りた。

質問の訳　**少女は今朝，どうやって学校に行きましたか？**

選択肢の訳			
1	彼女は自転車に乗った。	2	彼女はバスに乗った。
3	彼女の父が連れて行った。	4	彼女の兄が連れて行った。

Words

□ got up：get up「起きる」の過去形。

□ ask＋人＋to＋動詞の原形「（人）に～するよう頼む」　□ borrow「～を借りる」

❶より **2** She took the bus. は「普段の交通手段」，❷より **3** Her father took her. は「頼んだがしてもらえなかったこと」，❸より **1** She rode a bike. は「今日の交通手段」だとわかります。質問の How と this morning より，今朝の交通手段となる **1 She rode a bike.** が正解です。

No. 24 Answer 4

☆Peter had to write a report about Japanese temples for his history class. He couldn't find any good books at the library, so he looked ❶ on the Internet. ❷ He found lots of useful information there.

Question : How did Peter learn about Japanese temples?

訳　ピーターは歴史の授業で日本の寺院についてレポートを書かなければならなかった。図書館ではよい本がまったく見つからなかったので，❶インターネットで調べた。❷彼はそこで有益な情報をたくさん見つけた。

質問の訳　**ピーターは日本の寺院についてどうやって学びましたか？**

選択肢の訳	
1　歴史の先生にたずねた。	2　日本を訪問した。
3　本を読んだ。	4　インターネットで調べた。

Words

☐temple「寺」　☐history「歴史」

☐can't find any＋物「（物）がまったく見つからない」　☐look「調べる」

☐lots of ～「たくさんの～」　☐useful「役立つ」　☐information「情報」

❷ He found lots of useful information **there**.「有益な情報をたくさん見つけた」の there は❶ on the Internet を指します。よって，4 He looked on the Internet. が正解です。

No. 25　Answer　1

★❶ Brian wanted to go hiking today, but it started to rain. He ❷ decided to go and see a movie instead. At the theater, he bought popcorn and a drink. He had a relaxing afternoon.

Question : What did Brian do today?

訳　❶ブライアンは今日，ハイキングに行きたかったが，雨が降り始めた。代わりに❷映画を見に行くことにした。映画館で，彼はポップコーンと飲み物を買った。彼はのんびりした午後を過ごした。

質問の訳　**今日ブライアンは何をしましたか？**

選択肢の訳	
1　映画に行った。	2　ハイキングに行った。
3　家でポップコーンを作った。	4　レストランで食事をした。

Words

- □ go hiking「ハイキングに行く」
- □ decide to＋動詞の原形「～することに決める」
- □ go and see ～「～を見に行く」
- □ instead「代わりに」
- □ theater「劇場，映画館」
- □ bought：buy「～を買う」の過去形。
- □ relaxing「のんびりとした」

❶より **2** He went hiking. は「したかったができなかったこと」，❷より **1** He went to a movie. は「今日したこと」だとわかります。質問では今日したことが問われているので，**1** He went to a movie. が正解です。

No. 26 Answer 3

★ I enjoy spending time alone. ❶ In the mornings, I drink tea and read the news. ❷ After dinner, I like to jog in the park.

Question : What does the man like to do after dinner?

訳　私は一人で時間を過ごすのを楽しんでいる。❶午前中にはお茶を飲んでニュースを読む。❷夕食後は公園でジョギングをするのが好きだ。

質問の訳　**男性は夕食後に何をするのが好きですか？**

選択肢の訳			
1	お茶を飲む。	**2**	デザートを食べる。
3	ジョギングに行く。	**4**	ニュースを読む。

Words

- □ spend「（時間）を過ごす」
- □ alone「一人で」
- □ jog「ジョギングをする」

❶より **1** Drink tea. と **4** Read the news. は「午前中にすること」，❷より **3** Go jogging. が「夕食後にすること」だとわかります。質問の after dinner より，**3** Go jogging. が正解です。

No. 27 Answer 2

☆ I'm a doctor. One of the other doctors at my hospital was sick today, so I was very busy. ❶ I usually finish at 6:30, but today I had to work until 8:30.

Script

Question : What happened today?

訳 私は医者である。うちの病院の他の医者の一人が今日は体調不良だったので，私はとても忙しかった。❶普段は 6 時 30 分に終わるが，今日は 8 時 30 分まで仕事をしなければならなかった。

質問の訳 今日は何が起こりましたか？

選択肢の訳	
1 新しい医者が働き始めた。	2 女性が遅くまで働いた。
3 女性が病気になった。	4 病院が早く閉まった。

Words

□ doctor「医者」 □ one of the＋複数名詞「～のうちの１つ（人）」
□ hospital「病院」 □ sick「病気の」 □ until ～「～まで」 □ late「遅く」

❶で「普段は 6 時 30 分に終わるが，今日は 8 時 30 分まで仕事をした」と言っているため，女性がいつもより遅くまで働いたことがわかります。よって，2 The woman worked late. が正解です。

No. 28 Answer 4

★ It's Saturday today. I don't have any homework, so I'll go to the park. ❶ My friend Rob and I will go skating there. Then ❷ I'll have lunch with my dad at home.

Script

Question : What is the boy going to do in the park?

訳　今日は土曜日だ。宿題がないので，公園に行こうと思っている。❶友人のロブと私はそこにスケートをしに行くつもりだ。それから，❷家でお父さんと一緒に昼食を食べる予定だ。

質問の訳　**少年は公園で何をするつもりですか？**

選択肢の訳	
1　昼食を食べる。	2　宿題をする。
3　父とゲームをする。	4　**友人とスケートをする。**

Words

□ not have any＋物「（物）がまったくない」　□ go skating「スケートをしに行く」

❶の there は the park を指します。よって，❶より 4 Skate with his friend. は「公園でやること」，❷より 1 Eat lunch. は「家でやること」だとわかります。質問の in the park より 4 Skate with his friend. を選びます。

No. 29　Answer　1

★ Simon makes lunch every day. ❶ He made a ham sandwich on Monday and ❷ tuna salad yesterday. ❸ Today, he'll make beef soup.

Question : What is Simon going to make for lunch today?

Script

訳　サイモンは毎日昼食を作っている。❶彼は月曜日にハムのサンドイッチを作り，❷昨日はツナサラダを作った。❸今日，彼は牛肉のスープを作る予定だ。

質問の訳　**サイモンは今日の昼食に何を作るつもりですか？**

選択肢の訳	
1　牛肉のスープ。	2　ツナサラダ。
3　ハムのサンドイッチ。	4　鶏肉のサンドイッチ。

Words

□tuna「ツナ，マグロ」　□beef「牛肉」

❶より **3**　A ham sandwich. は「月曜日に作ったもの」

❷より **2**　Tuna salad. は「昨日作ったもの」

❸より **1**　Beef soup. は「今日作るもの」

だとわかります。質問の today より，**1 Beef soup.** を選びます。

No. 30　Answer　4

★ **When Michael got home last night, he couldn't find his house key. ❶ It wasn't in his bag or in his car. Finally, ❷ he went back to his office and found it on his desk.**

Question : Where did Michael find his key?

訳　昨夜マイケルは帰宅したとき，家の鍵が見つからなかった。❶それはカバンの中にも車の中にもなかった。最終的に，❷彼は職場まで戻り，机の上でそれを見つけた。

質問の訳　**マイケルは鍵をどこで見つけましたか？**

選択肢の訳	
1　カバンの中。	**2**　車の中。
3　家のイスの上。	**4**　**職場の机の上。**

Words

□get home「帰宅する」　□key「鍵」　□not ～ or …「～でも…でもない」

□finally「最終的に」　□go back to ～「～に戻る」　□office「事務所，仕事場」

□found：find「～を見つける」の過去形。

❶より **1**　In his bag. と **2**　In his car. では「鍵は見つからなかった」

❷より **4**　On his desk in his office. で「鍵は見つかった」

とわかります。質問では鍵を見つけた場所が問われているため，**4 On his desk in his office.** を選びます。

二次試験　面接　問題カードD

Pets

Many people want to have a pet dog. Playing with dogs can be relaxing. ❶ Some people don't have time to take dogs for walks, so they get pets such as hamsters or birds.

訳

ペット

多くの人がペットの犬を飼いたがっている。犬と遊ぶとリラックスできる。❶中には犬を散歩に連れて行く時間がない人もいるので，彼らはハムスターや鳥といったペットを飼う。

Words

- ☐ play「遊ぶ」　☐ relaxing「くつろいだ気分にさせる」
- ☐ Some＋人＋動詞「～する（人）もいる」
- ☐ take ～ for a walk〔walks〕「～を散歩に連れて行く」　☐ such as ～「～といった」
- ☐ hamster「ハムスター」　☐ bird「鳥」

質問の訳

No. 1　本文を見てください。なぜハムスターや鳥といったペットを飼う人もいるのですか？

No. 2　イラストを見てください。ぼうしをかぶっている人は何人いますか？

No. 3　男性を見てください。彼は何をしていますか？

No. 4　先週の日曜日にあなたは何をしましたか？

No. 5　あなたは時間のあるときに買い物をするのが好きですか？
はい → 何を買うのが好きですか？
いいえ → あなたはこの夏に何をしたいですか？

No. 1 Answer **Because they don't have time to take dogs for walks.**

訳 彼らには犬を散歩に連れて行く時間がないからです。

❶ Some people don't have time to take dogs for walks, so they get pets such as hamsters or birds. の下線部分が質問（Why do some people get pets such as hamsters or birds?）と同じであることに注目します。～, so … は「～なので…」という意味なので，下線部分の理由が so の前に来ます。よって，so の前の don't have time to take dogs for walks を解答に入れましょう。主語の Some people は They に変えて答えます。

No. 2 Answer **Three people are wearing hats.**

訳 3人がぼうしをかぶっています。

How many people ～? は人数を問う表現です。wear は「～を着用する」，hat は「ぼうし」という意味です。イラスト中でぼうしをかぶっているのは3人なので，three people を解答に入れましょう。ただし，文にして答えたいので，質問（How many people are wearing hats?）の How many people を Three people に置き換え，are wearing hats をつけて答えます。

No. 3 Answer **He's cooking.**

訳 彼は料理をしています。

イラスト中の男性は，ソーセージを焼いています。この様子は cook「料理をする」や cook sausages「ソーセージを焼く」などと表現します。質問（What is he doing?）の下線部分を使って，He is〔He's〕cooking (sausages). と答えましょう。

No. 4 Answer **I played with my cousins.**

訳 私はいとこたちと一緒に遊びました。

📖 先週の日曜日にやったことを答えますが，必ずしも事実を伝える必要はありません。正しく発音できる表現を用い，過去形で答えましょう。

📖 使える表現：played soccer with my friends「友達とサッカーをした」，studied English for this exam「この試験に向けて英語の勉強をした」，watched videos on YouTube「ユーチューブで動画を見た」，went hiking with my family「家族でハイキングに行った」，read a book at home「家で読書をした」

No. 5 Answer

（Yes. → What do you like to buy?）

I like to buy books.

（No. → What do you want to do this summer?）

I want to go to a foreign country.

訳 （Yes. の場合 → 何を買うのが好きですか？）
私は本を買うのが好きです。
（No. の場合 → あなたはこの夏に何をしたいですか？）
私は外国へ行ってみたいです。

📖 質問（Do you like shopping in your free time?）に対し，まずは Yes. / No. で，あなたが時間のあるときに買い物に行くのが好きかどうかを伝えます。

📖 Yes. と答えると，What do you like to buy?「何を買うのが好きですか？」と問われるので，あなたが買い物に行くときによく買うものや，買い物をするときに選んでいて楽しいものを答えます。質問（What do you **like to buy**?）の下線部分を用いて，〈I like to buy 〜.〉の形で答え，〜の部分に買うのが好きなものを複数形で入れましょう。

📖 買うのが好きなものの例：
clothes「服」，snacks「おやつ」，comic books「漫画」，magazines「雑誌」，toys「おもちゃ」，video games「ゲーム」，stationery「文房具」（不可算名詞のため，s はつけません），accessories「アクセサリー」，bread「パン」

No. と答えると，この夏に何をしたいかを問われます。質問（What do you <u>want to do</u> this summer?）の下線部分を用いて，〈I want to＋動詞の原形〉の形で答えましょう。

夏にやることの例：

swim in a river〔lake / pool / the sea〕「川〔湖・プール・海〕で泳ぐ」, go camping「キャンプに行く」, have a barbecue「バーベキューをする」, enjoy fireworks (displays)「花火（大会）を楽しむ」, visit my grandparents「祖父母の家に行く」, go to a summer festival「夏祭りに行く」

二次試験　面接　問題カード J

Singing

Singing can be a good way to relax. ❶<u>Some people enjoy performing in front of many people, so they join singing groups or bands.</u> Taking singing lessons can help people to sing better.

訳

歌うこと

歌うことはリラックスする良い方法である。❶<u>中には多くの人の前で歌を披露《ひろう》するのを楽しむ人もいるので，彼らは合唱団やバンドに参加する。</u>歌のレッスンを受けることは，人々がもっと上手に歌うのに役立つ。

Words

- □ way「方法」　□ relax「くつろぐ，リラックスする」
- □ Some＋人＋動詞「～する（人）もいる」　□ perform「演奏する」
- □ in front of ～「～の前で」　□ join「～に参加する」　□ singing group「合唱団」
- □ take a lesson「レッスンを受ける」
- □ help＋人＋to＋動詞の原形「（人）が～するのを助ける，（人）が～するのに役立つ」

□ better：well「上手に」の比較級。

質問の訳

No. 1　本文を見てください。なぜ合唱団やバンドに参加する人もいるのですか？

No. 2　イラストを見てください。ベンチの上には本が何冊ありますか？

No. 3　少年を見てください。彼は何をしていますか？

No. 4　あなたが週末によく行く場所はどこですか？

No. 5　あなたは今までに海岸に行ったことがありますか？

はい → もっと話してください。

いいえ → 寒いとき，あなたは何をするのが好きですか？

No. 1　Answer　**Because they enjoy performing in front of many people.**

訳　彼らはたくさんの人の前で歌を披露《ひろう》するのを楽しむからです。

❶ Some people enjoy performing in front of many people, so they join singing groups or bands. の下線部分が質問（Why do some people join singing groups or bands?）と同じであることに注目します。～, so … は「～なので…」という意味なので，下線部分の理由が so の前に来ます。よって，so の前の enjoy performing in front of many people を解答に入れましょう。主語の Some people は They に変えて答えます。

No. 2　Answer　**There are two books on the bench.**

訳　ベンチの上には本が２冊あります。

How many ～? は数を問う表現です。bench「ベンチ」はイラストの右上に描かれています。ベンチの上に本は２冊あるので，two books を解答に入れましょう。ただし，文にして答えたいので，質問（How many books are there on the bench?）の are there を There are ～の語順にして答えましょう。

No. 3 Answer **He's drawing.**

訳 彼は絵を描いています。

イラスト中の少年は，絵を描いています。「絵を描く」は，draw（a picture）やpaint（a picture）と表現します。質問（What is he doing?）の下線部分を使って，He is〔He's〕drawing〔painting〕（a picture）. と答えましょう。writeは「(文字を) 書く」場合に使う語なので，不適切です。

No. 4 Answer **I go to the shopping mall.**

訳 私はショッピングモールに行きます。

週末によく行く場所を答えます。〈I go to＋場所〉の形で答えましょう。動詞の前にoftenを入れてもかまいません。

よく行く場所の例：the park near my house「近くの公園」，the library「図書館」，my friend's house「友達の家」，the playground「遊び場」，the cram school「塾」，school for club activity「部活をしに学校に行く」，the supermarket「スーパーマーケット」

No. 5 Answer

(Yes. → Please tell me more.)

I went to a beach in Chiba.

(No. → What do you like to do when the weather is cold?)

I go jogging.

訳
(Yes. の場合 → もっと話してください。)
私は千葉の海岸に行きました。
(No. の場合 → 寒いとき，あなたは何をするのが好きですか？)
私はジョギングに行きます。

質問（Have you ever been to a beach?）に対し，まずはYes. / No. で，あなたが今までに海岸に行ったことがあるかどうかを伝えます。

Yes. と答えると，Please tell me more.「もっと話してください」と言われるので，海岸の場所や行った時期，頻度《ひんど》，だれと行ったかなどを伝えるとよいでしょう。

例：I went to a beach last summer.「去年の夏に海岸に行きました」，I go to a beach every summer.「毎年夏には海岸に行きます」，I enjoy walking along a beach with my dog.「犬と海岸沿いを歩いて楽しみます」，I like to go to the beach near my house.「家の近くにある海岸に行くのが好きです」

No. と答えると，寒いときに何をするのが好きかと問われます。 Answer のように「すること」を現在形で答えてもいいですし，質問（What do you **like to** do …?）の下線部分を用いて，〈I like to＋動詞の原形〉の形で答えてもよいでしょう。

例：eat something hot「何か温かいものを食べる」，wrap myself in a blanket「毛布にくるまる」，go skiing「スキーに行く」，stay home「家にいる」，go to a hot spring「温泉に行く」，build a fire「たき火をする」

Grade 3

2022年度 第3回

Answer

筆記

大問										
1	(1)	(2)	(3)	(4)	(5)	(6)	(7)	(8)	(9)	(10)
	3	1	2	3	4	1	4	2	3	1
	(11)	(12)	(13)	(14)	(15)					
	4	2	2	3	4					

大問					
2	(16)	(17)	(18)	(19)	(20)
	2	3	2	2	3

大問						
3	A	(21)	(22)			
		1	3			
	B	(23)	(24)	(25)		
		1	3	2		
	C	(26)	(27)	(28)	(29)	(30)
		4	3	2	1	1

4（ライティング）の解答例は p. 21（♣）を参照。

リスニング

部										
第1部	No.1	No.2	No.3	No.4	No.5	No.6	No.7	No.8	No.9	No.10
	2	2	1	2	3	1	2	1	3	1
第2部	No.11	No.12	No.13	No.14	No.15	No.16	No.17	No.18	No.19	No.20
	3	2	3	2	4	4	1	2	1	3
第3部	No.21	No.22	No.23	No.24	No.25	No.26	No.27	No.28	No.29	No.30
	2	3	1	3	3	2	4	1	3	4

一次試験　筆記　1

(1)　Answer　3

訳　A：お母さんへの誕生日プレゼントをもう包んだの？
B：いいえ，今夜それをするつもりよ。

選択肢の訳	
1　contact(ed)「～と連絡を取る」	2　invite(d)「～を招待する」
3　wrap(ped)「～を包む」	4　climb(ed)「～に登る」

空所の後にある present「プレゼント」につなげるためには「～を包んだ」とするのが自然です。**3　wrapped** が正解です。

(2)　Answer　1

訳　先週の金曜日，私たちはチームの新しいメンバーを歓迎するために，**特別な**昼食を食べた。彼は会社で働き始めたばかりだ。

選択肢の訳	
1　special「特別な」	2　deep「深い」
3　weak「弱い」	4　low「低い」

空所の後に lunch「昼食」があるので，どのような昼食なのかを考えます。新しいメンバーの歓迎会ということから，**1　special** にするのが正解です。

(3)　Answer　2

訳　A：もう食器の後片付けは終わったの？
B：うん，もうそれは終わったよ。それに台所の床もきれいにしたよ。

選択肢の訳	
1　soon「まもなく」	**2　already「もう，すでに」**
3　out「外へ」	4　ago「(数字のあとで)～前に」

空所の前後の I've (＝I have) done that は現在完了の形です。現在完了の文に使うことのできる語の１つが **2　already** で，「もうすでに～した」という意味になります。なおＡの発言も現在完了で，疑問文や否定文で用いる yet を使っています。

(4) Answer 3

訳 明日，私たちは子どもたちのために動物園に行く。彼らはそこでいくらかの動物に触れることができる。

選択肢の訳	
1 build「～を建てる」	2 close「～を閉める」
3 touch「～に触れる，～をさわる」	4 shout「～を叫ぶ」

空所の後の some of the animals に合う動詞は，3 touch だけになります。

(5) Answer 4

訳 人々の中には毎日およそ 30 分走ることが好きな人もいる。なぜなら彼らはそれが健康によいと思っているからだ。

選択肢の訳	
1 afraid「恐れる」	2 expensive「高価な」
3 crowded「混み合った」	4 healthy「健康によい」

空所の前の it is の it は文の前半の「毎日およそ 30 分走ること」を指しています。したがって，走ることが好きな理由としては 4 healthy を入れるのが正解です。

(6) Answer 1

訳 私の友人のピーターは頭がいい。彼はいつも数学のテストで良い点数を取る。

選択肢の訳	
1 clever「頭がよい，かしこい」	2 sunny「晴れている，天気のよい」
3 clear「きれいな」	4 early「早い」

第 2 文に「数学のテストで良い点数を取る」とあることをヒントにして，ピーターがどのような人かを考えると，1 clever がふさわしいです。

(7) Answer 4

訳　このマンガの本はおもしろい。私はそれを読んでいるとき大いに笑った。

選択肢の訳	
1 drove：drive「～を運転する」の過去形	**2** borrow(ed)「～を借りる」
3 heard：hear「～を聞く」の過去形	**4** **laugh(ed)「笑う」**

第 1 文に「このマンガの本はおもしろい」とあるので，それを読んだときの反応としては **4 laughed** が自然です。

(8) Answer 2

訳　ケイタがカナダに引っ越したとき，彼はあまり英語を話すことができなかった。しかし今，彼は英語をとても上手に話す。

選択肢の訳	
1 absent「欠席の，不在の」	**2** **able「～することができる」**
3 angry「怒った，腹を立てて」	**4** another「もう一つの」

第 2 文の「今は上手に話す」という内容が But で始まるので，第 1 文はそれと逆の意味の文になります。したがって，**2 able** を選び，wasn't able to speak とすれば「話せなかった」という意味になります。

(9) Answer 3

訳　トムの母親は彼に伝言を残した。彼女は彼に，夕食の前に犬を散歩に連れて行くようにと言った。

選択肢の訳
1 met：meet「～に会う」の過去形
2 close(d)「～を閉じる」
3 **left：leave「～を残す」の過去形**
4 held：hold「～を持っている」の過去形

空所の後の message「メッセージ」の内容が第 2 文に示されています。このメッセージは，母親がトムに残しておいたものだと考えると意味が通ります。したがって，**3 left** が正解です。

(10) Answer 1

訳 A：あなたがこのヨーグルトを作ったの，おばあちゃん？
B：そうよ，簡単なのよ。それは牛乳から作られているのよ。

選択肢の訳	
1 from「～から」	**2** under「～の下に」
3 before「～の前に」	**4** over「～を越えて」

Bの第2文のIt's madeはIt（＝yogurt）is made「それは作られている」という受け身の文。空所の後のmilk「牛乳」はyogurt「ヨーグルト」の原料なので，**1 from**を入れてつなぎます。

(11) Answer 4

訳 ミホは昼食にあまりお金を使わない。なぜなら彼女はいつも家から自分の昼食を持ってくるからだ。

選択肢の訳	
1 catch「～をつかむ」	**2** stay「滞在する」
3 know「～を知っている」	**4** spend「（お金，時間など）を使う」

空所の後にmuch moneyがあるので，**4 spend**を入れるとbecause以下の内容に合います。

(12) Answer 2

訳 昨日，マークは病気で寝込んでいた。だから彼は今日仕事に行かなかった。

選択肢の訳	
1 above「～の上の方に」	**2** in「～の中に」
3 across「～を横切って」	**4** on「～の上に接して」

空所の前にwas sick「病気だった」とあるので，**2 in**を入れて「ベッドの中にいる（＝寝込んでいた）」とするのがふさわしいです。

(13) Answer 2

訳 A：あなたは本当にすてきな家を持っているのね，ボブ。
B：ありがとう。それは僕の祖父によって建てられたんだよ。

選択肢の説明
1 build：原形もしくは現在形「～を建てる」
2 built：過去形「～を建てた」もしくは過去分詞「建てられた」
3 to build：不定詞
4 building：現在分詞「～を建てている」もしくは動名詞「～を建てること」

Bの第2文のIt（＝house）was（　　）byは受け身の形です。そこで過去分詞の**2 built**を入れて文を完成させます。

⒁ Answer 3

訳　私たちの学校はプラスチックボトルを集めるためのイベントを計画している。地元の芸術家がそれらを再利用して芸術作品にする。

選択肢の説明
1 recycles：三人称単数が主語のときの現在形
2 recycled：過去形もしくは過去分詞
3 recycle：原形もしくは現在形「～を再利用する」
4 recycling：現在分詞「～を再利用している」もしくは動名詞「～を再利用すること」

空所の前にwillがあるので，その後には原形の**3 recycle**を入れて，未来のことを表す形を完成させます。

⒂ Answer 4

訳
A：あなたは空港行きの次のバスがいつ出発するか知っていますか？
B：はい。15分のうちにです。

選択肢の訳	
1 which「どれが（を，に）」	**2** who「だれが（を）」
3 where「どこに（へ，を）」	**4** when「いつ」

Aの質問に対してBは「15分のうちに」と答えているので，Aはバスが出発する「時」についてたずねていると考えることができます。したがって，**4 when**が正解です。

一次試験　筆記　2

(16) Answer 2

訳
父親：君はもう宿題を終えたのかい？
娘　：いいえ，まだよ。夕食後にそれを終えるつもりなの。

選択肢の訳	
1 「それほど悪くないわ」	2 「まだよ」
3 「私はお腹がいっぱいなの」	4 「私はここの出身よ」

Words

- □ finish「～を終える」　□ homework「宿題」　□ after dinner「夕食後に」
- □ full「いっぱいの，満腹の」

父親が娘に向かって「もう終えたのか」と現在完了の形の文を用いてたずねたのに対して，娘は No と答えています。そこで現在完了の否定の文にふさわしい yet を用いて 2 not yet. と続けるのが自然です。この表現は I haven't finished it yet. を簡単な形にしたものです。

(17) Answer 3

訳
女性：すみません。私はこのぼうしが気に入っています。試着してもいいですか？
店員：いいですよ。鏡はあそこにあります。

選択肢の訳	
1 「ご親切にありがとうございます」	2 「いい日をお過ごしください」
3 「鏡はあそこにあります」	4 「それはいつでも開いています」

Words

- □ Excuse me.「すみません（声をかけるときの言葉）」
- □ try ～ on（または try on ～）「～を試着する」
- □ Certainly.「いいですよ（相手の頼みを聞き入れるときの言葉）」

女性は店員に「（ぼうしを）試着してもいいですか」とたずね，店員は「いいですよ」と答えています。そのあとの空所で，店員は女性が試着するのに必要なものを示していると考えられます。鏡のある場所を答えている **3 The mirror is over there.** が自然です。

(18) Answer 2

訳

少女1：あなたがバイオリンを持っているとは知らなかったわ。あなたはどのくらいよくそれを演奏するの？

少女2：月に1度か2度だけよ。

選択肢の訳
1 「あなたはいつそれを手に入れたの？」
2 「あなたはどのくらいよくそれを演奏するの？」
3 「それは贈り物だったの？」
4 「それは高価なものなの？」

Words

- ☐ violin「バイオリン」 ☐ only「～だけ」 ☐ once「1度」 ☐ twice「2度」
- ☐ expensive「高価な，値段が高い」

少女2は少女1が空所でたずねたことに対して「月に1度か2度だけ」と回数（頻《ひん》度《ど》）を答えているので，回数や頻《ひん》度《ど》をたずねる疑問文 How often ～? の形の文が必要です。したがって，**2 How often do you play it?** が正解です。

回数の表し方は，「月に1度」は once a month,「週に3度」は three times a week などと表します。

(19) Answer 2

訳

係員：グリーンウッド・ジャズフェスティバルへようこそ。チケットはお持ちですか，お客様？

女性：いいえ。それをどこで買えますか？

係員：あちらの青いテントです。

選択肢の訳

1 「それらは何色ですか？」	**2** 「それをどこで買えますか？」
3 「私の座席はどこですか？」	**4** 「それらはいくらですか？」

Words

□ Welcome to ～「～へようこそ」　□ festival「フェスティバル，祭り」

□ ticket「チケット，切符」

□ ma'am：madam を省略した形で，特に年上の女性への呼びかけに用いる言葉。

□ tent「テント」　□ over there「あちらに（の）」　□ seat「座席」

係員の「チケットをお持ちですか」との問いかけに女性は No. と答え，さらに何かをたずねています。係員はそれに「あちらの青いテント（で）」と答えているので，チケットを持っていない女性が何かの場所をたずねたのだと考えるのが自然です。したがって，**2 Where can I buy one?** が正解です。one は a ticket を指します。

⑳ Answer 3

訳
母親：あなたの野球帽はなぜソファの上にあるの？　あなたの部屋へ持って行きなさい。
息子：今日それをかぶるつもりなんだ。3時に練習があるんだよ。

選択肢の訳

1 「僕たちはまた勝ったよ」	**2** 「あちらのほうを探したの？」
3 「今日それをかぶるつもりなんだ」	**4** 「見に来るの？」

Words

□ baseball cap「野球帽」　□ sofa「ソファ」　□ take「～を持って行く」

□ practice「練習」　□ won：win「勝つ」の過去形。　□ look for ～「～を探す」

□ wear「～を身につける」　□ watch「～を見る」

息子は野球帽を自分の部屋に持って行くようにと母親に言われています。息子は3時に野球の練習に行くときにその野球帽をかぶると母親に説明して，「だから部屋に持って行くことはしない」と伝えていると考えられます。したがって，**3 I'm going to wear it today.** が正解です。

一次試験　筆記　3A

Ice-Skating Lessons

❶ Do you want to try a new activity after school?

❷ The Berryl City Sports Center has afternoon lessons for students. You don't need to be good at ice-skating. Beginners are welcome. If you practice hard, you will become very good at skating!

Place : First Floor, Berryl City Sports Center
Cost : $18 for a one-hour lesson
Lesson schedule : ❸ Every Tuesday, Thursday, and Friday from 4 p.m. to 5 p.m.
(❹ The sports center is closed on Wednesdays.)

If you are interested, please send Jenny Harding an e-mail or call her between 8 a.m. and 6 p.m. on weekdays.

Jenny Harding
Phone number : 555-8778
E-mail address : ice-skating@berrylsports.com

訳

アイススケートのレッスン

❶放課後，新しい活動を始めたいですか？

❷ベリルシティ・スポーツセンターには，学生のみなさんのための午後のレッスンがあります。アイススケートが得意である必要はありません。初心者を歓迎します。一生懸命に練習すれば，スケートがとても得意になりますよ！

場所：ベリルシティ・スポーツセンター１階

費用：１時間のレッスンにつき 18 ドル

レッスンの予定：❸毎週火・木・金曜日，午後４時～５時

（❹スポーツセンターは水曜日には閉館です）

興味があれば，ジェニー・ハーディング宛に e メールを送るか，または平日午前８時から午後６時の間に彼女に電話をしてください。

ジェニー・ハーディング

電話番号：555-8778

e メールアドレス：ice-skating@berrylsports.com

Words

- □ ice-skating「アイススケート」
- □ try「～を試してみる」
- □ activity「活動」
- □ after school「放課後」
- □ don't need to be ～「～である必要はない」
- □ be good at ～「～が得意だ」
- □ beginner(s)「初心者，始めたばかりの人」
- □ welcome「～を歓迎する」
- □ practice「練習する」
- □ first floor「１階」
- □ cost「費用」
- □ schedule「予定，スケジュール」
- □ closed「閉まっている」
- □ interested「興味がある」
- □ send「～を送る」
- □ between *A* and *B*「*A* と *B* の間に」
- □ weekday(s)「平日」

(21) Answer **1**

質問の訳　この掲示はだれのためのものですか？

選択肢の訳	
1	新しい活動をしてみたいと思っている学生。
2	新しい仕事を求めているアイススケートのコーチ。
3	古いアイススケート靴《くつ》を売りたいと思っている人々。
4	雪まつりに行きたいと思っている子どもたち。

質問の Who ～ for? は「だれが」ではなく「だれのためか」とたずねています。❶で Do you want to try a new activity「新しい活動を始めたいですか」と呼びかけ，❷に lessons for students「学生のためのレッスン」とあるので，1 Students who want to try a new activity. が正解です。

(22) Answer **3**

質問の訳 アイススケートのレッスンが開催されるのは（　　）

選択肢の訳	
1 平日の午前８時。	**2** 水曜日だけ。
3 週に３度。	**4** 週末の午後。

質問文には are held とあります。held は hold「（会などを）開催する」の過去分詞で，質問文は受け身の形です。❸の曜日の数から **3 three times a week.** が正解です。❹はスポーツセンターが閉まっている日の説明で，解答にはならないので読み間違うことのないようにしましょう。

一次試験　筆記　3 B

From: Beth Greene
To: The Book Worm
Date: September 4
Subject: Looking for a book

Hello,
My name is Beth, and I'm looking for a book called *Into the Forest*. It was written by my favorite writer, Charles Vance. I went to the Readers Rule bookstore in Bakersville last Friday, but they don't sell it. Charles Vance wrote it 30 years ago, so it's a little old. ❶ On Saturday, I went to my friend's house, and he told me about your store, The Book Worm. He said that you sold used books. I checked your website yesterday, and I found your e-mail address. Do you have *Into the Forest* in your store?
Sincerely,
Beth Greene

From: The Book Worm
To: Beth Greene
Date: September 5
Subject: Sorry

Hello Ms. Greene,
❷ I'm Sam Winters, and I'm the owner of The Book Worm. I

love Charles Vance's books, too. Sorry, but I don't have *Into the Forest* in my store right now. You should check some online stores. ❸ You can probably find it on www.warmwords.com. Also, have you looked for that book at the library? Maybe you can borrow it. People bring old books to my shop every day, and I often buy them. ❹ If someone brings *Into the Forest* to my store, I'll buy it, and then I'll send you an e-mail.
Best regards,
Sam Winters

From: Beth Greene
To: The Book Worm
Date: September 6
Subject: Thank you

Hello Sam,
Thanks for your e-mail. I checked the website you told me about. ❺ They have it, but it's too expensive for me. I also checked the library, but sadly, they don't have it. Please send me another e-mail if someone sells it to you.
Sincerely,
Beth Greene

訳 （メール１）
送信者：ベス・グリーン
宛先：ザ・ブックワーム
日付：９月４日
件名：本を探しています
こんにちは，
私の名前はベスで，私は『森の中へ』と呼ばれる本を探しています。それは私のお気に入りの作家であるチャールズ・ヴァンスによって書かれました。私は先週の金曜日に，ベイカーズビルにあるリーダーズルール書店に行きましたが，そこではそれを売っていません。チャールズ・ヴァンスはそれを 30 年前に書いたので，それは少し古いのです。❶土曜日に私は友人の家に行き，そしてその友人があなたの書店ザ・ブックワームについて話してくれました。あなたのお店は古本を売っていると彼は言っていました。私は昨日あなたのお店のウェブサイトを調べて，あなたのｅメールのアドレスを見つけました。あなたのお店には『森の中へ』がありますか？
よろしくお願いします。
ベス・グリーン

（メール２）
送信者：ザ・ブックワーム
宛先：ベス・グリーン
日付：9月５日
件名：残念ですが
こんにちはグリーンさん，
❷私はサム・ウィンターズで，ザ・ブックワームの店主です。私もチャールズ・ヴァンスの本が大好きです。残念ですが，私の店には現在『森の中へ』はありません。あなたはオンラインの店舗をいくつか調べてみるのがよいでしょう。❸おそらくそれを，www.warmwords.com で見つけることができるでしょう。また，あなたは図書館でその本を探してみましたか？　ひょっとするとあなたはそれを借りることができるかもしれません。人々は毎日，私の店に古い本を持ってきて，それらを私がしばしば購入します。❹もしもだれかが私の店に『森の中へ』を持ってきたら，私はそれを購入し，そのときにはあなたにｅメールを送ります。
失礼します，
サム・ウィンターズ

（メール３）
送信者：ベス・グリーン
宛先：ザ・ブックワーム
日付：9月６日
件名：ありがとうございます
こんにちはサム，
ｅメールをありがとうございます。私はあなたが私に教えてくださったウェブサイトを調べました。❺それらにはその本がありますが，私にはあまりにも高価です。図書館も調べましたが，残念なことに，そこにはそれはありません。もしもだれかがそれをあなたに売れば，どうか私にまたｅメールを送ってください。
よろしくお願いします。

■ ベス・グリーン

Words

▶**メール 1**
□ look for ～「～を探す」 □ called「～と呼ばれている」
□ forest「林，森」 □ written：write「～を書く」の過去分詞。
□ favorite「お気に入りの，大好きな」 □ writer「作家，著者」
□ sell「～を売る」 □ wrote：write の過去形。 □ a little ～「少し～」
□ sold：sell の過去形。 □ check(ed)「～を調べる」
□ website「ウェブサイト」 □ found：find「～を見つける」の過去形。

▶**メール 2**
□ owner「所有者，オーナー」 □ Sorry, but ～「すみませんが～」
□ right now「今のところ」 □ probably「たぶん，おそらく」
□ library「図書館」 □ maybe「ひょっとすると」
□ borrow「～を借りる」 □ bring＋物＋to ～「(物) を～に持ってくる」
□ buy「～を買う」

▶**メール 3**
□ Thanks for ～「～をありがとう」 □ told：tell「～を話す」の過去形。
□ too ～「あまりにも～」 □ expensive「高価な，値段の高い」
□ sadly「残念なことに，悲しいことに」 □ another「もう 1 つの，別の」
□ someone「だれか (は，が，を)」

(23) Answer 1

質問の訳 **だれがベスにサムの店のことを話したのですか？**

選択肢の訳	
1 彼女の友人。	2 チャールズ・ヴァンス。
3 リーダーズルールの店主。	4 有名な作家。

Words

□ famous「有名な」

質問文の Sam's store はメール 2 の❷からザ・ブックワームのことだと確認できます。その上でメール 1 の❶から，サムの書店についてベスに教えたのはベスの友人だとわかります。したがって，1 Her friend. が正解です。

(24) Answer 3

質問の訳　**もしだれかが『森の中へ』を彼に売ったらサムはどうしますか？**

選択肢の訳	
1　彼の家にそれを置いておく。	2　別の書店にそれを渡す。
3　ベスにeメールを送る。	4　図書館にそれを持って行く。

メール2の❹でサムは，その本を買い取ったあとでベスにeメールで知らせると言っています。したがって，**3 Send Beth an e-mail.** が正解です。

(25) Answer 2

質問の訳　**ベスはなぜ，www.warmwords.com で『森の中へ』を買わないつもりなのですか？**

選択肢の訳
1　彼らはそれを持っていないから。
2　それはあまりにも高価だから。
3　彼女は図書館でそれを見つけたから。
4　彼女はインターネットでの買い物が好きではないから。

質問文にある www.warmwords.com はメール2の❸にあります。サムが，『森の中へ』という本がありそうなウェブサイトを紹介しているところです。ところがベスはその提案に対してメール3の❺で，自分には高価すぎるので買おうとは考えていないと言っています。したがって，**2 It is too expensive.** が正解です。

一次試験　筆記　3 C

Lilian Bland

Lilian Bland was born in 1878. She was different from most girls at that time. Lilian enjoyed hunting, fishing, and riding horses. She also practiced a martial art and studied art in Paris. In 1900, she moved to Ireland with her father. ❶ By 1908, she was working for newspapers in London.

In 1909, Lilian's uncle sent her postcards. ❷ One of them had a picture of Louis Blériot on it. Blériot was a pilot, and he built his own plane. He was the first person to fly a plane across the English Channel. His plane had an accident when it landed, but Blériot wasn't hurt. His story soon became famous.

❸ Lilian saw the postcard and became interested in planes. She decided to design a plane and build it by herself. She used wood and simple things to build the body. Then, she bought an engine and put it on the plane. ❹ It took her one year to make the plane, and she finished it in 1910. She named the plane "Mayfly." Then, she flew it for the first time. It stayed 10 meters high in the air for 400 meters.

Lilian wanted to build a new plane. ❺ However, her father thought that flying was too dangerous for his daughter, so she stopped flying. Then, Lilian got married and moved to Canada. In 1935, she returned to England and enjoyed a simple life there until she died in 1971. ❻ Today, people remember her because she was the first woman to build and fly her own plane.

訳

リリアン・ブランド

リリアン・ブランドは1878年に生まれた。彼女は当時のほとんどの少女と違っていた。リリアンは狩りや釣り，それに乗馬を楽しんだ。彼女はまた武術を習い，パリで芸術を勉強した。1900年，彼女は父親と一緒にアイルランドに移った。❶ 1908年までには，彼女はロンドンの新聞社で働くようになっていた。

1909年，リリアンのおじさんが彼女にハガキを送ってきた。❷そのうちの1枚はルイ・ブレリオの写真が載ったものだった。ブレリオはパイロットで，彼は自分自身の飛行機を作った。彼は飛行機でイギリス海峡《かいきょう》を横断した最初の人だった。彼の飛行機は着陸したときに事故を起こしたが，ブレリオはけがをしなかった。彼の話はすぐに有名になった。

❸リリアンはそのハガキを見て，飛行機に興味を持つようになった。彼女は自分で飛行機を設計してそれを作ろうと決心した。彼女は飛行機の胴体を作るのに木材や簡素なものを使った。それから彼女はエンジンを買い，それを飛行機に取り付けた。❹彼女がその飛行機を作るのに1年かかり，1910年に彼女はそれを完成させた。彼女はその飛行機を『メイフライ』と名付けた。それから彼女は初めてそれを飛ばした。それは地上から10メートルの高さの空中に400メートルとどまった。

リリアンは新しい飛行機を作りたいと思った。❺しかし彼女の父親は，空を飛ぶことは彼の娘にとってあまりにも危険だと考えた。それで彼女は空を飛ぶことをやめた。それからリリアンは結婚し，カナダに移った。1935年，彼女はイギリスに戻り，1971年に亡くなるまで，そこで質素な暮らしを楽しんだ。❻彼女は自分自身の飛行機を作って飛んだ最初の女性だったので，今日も人々は彼女のことを覚えている。

Words

▶**第1段** □ was born「生まれた」 □ different from ～「～と違っている」

□ most「ほとんどの，たいていの」

□ at that time「当時（の），そのとき（の）」 □ enjoy「～を楽しむ」

□ hunting「狩り」 □ riding horses「乗馬」

□ practice「～を習う，練習する」

□ move to ～「～へ移る，引っ越す」 □ Ireland「アイルランド」

□ newspaper(s)「新聞，新聞社」

▶**第2段** □ uncle「おじ」 □ sent：send「～を送る」の過去形。

□ postcard(s)「ハガキ」 □ picture「写真，絵」

□ pilot「パイロット，操縦士」

□ his own ～：*one's* own ～「自分自身の～」

□ the first person to＋動詞の原形「～した最初の人」

□ fly「～を飛ばす」 □ plane「飛行機」

□ across「～を横切って，横断して」 □ accident「事故」

□ wasn't hurt「けがをしなかった」（hurt「～にけがをさせる」は変化をしない動詞で，本文では過去分詞が使われ受け身の形を作っている）

□ story「話，物語」　□ soon「すぐに」　□ famous「有名な」

▶第３段　□ saw：see「～を見る」の過去形。

□ became（become の過去形）interested in ～「～に興味を持ち始めた」

□ decide to ～「～しようと決心する」

□ design「～を設計する，デザインする」　□ build「～を作る，建てる」

□ by *oneself*「自分で，自分の力で」　□ use「～を使う」

□ wood「材木」　□ simple「簡素な，質素な，簡単な」

□ bought：buy「～を買う」の過去形。　□ engine「エンジン」

□ put＋物＋on＋場所「（物）を（場所）（の上）につける，置く」

□ It took（take の過去形）her one year to ～「彼女が～するのに１年かかった」（「時間がかかった」ということを表す文の形）

□ finish「～を終える」　□ name「～を（…と）名付ける」

□ flew：fly の過去形。　□ for the first time「初めて」

□ stay「とどまる」　□ high in the air「空高く」

▶第４段　□ thought：think「～と思う」の過去形。　□ flying「飛ぶこと」

□ too ～「あまりにも～，～すぎる」　□ dangerous「危険な」

□ stop「～をやめる」　□ got（get の過去形）married「結婚した」

□ Canada「カナダ」　□ return to ～「～へ戻る」

□ until「～まで（ずっと）」　□ die「死ぬ」

□ remember「～を覚えている」

---

(26) Answer 4

質問の訳　**リリアン・ブランドのロンドンでの仕事は何でしたか？**

選択肢の訳	
1　彼女は競馬で馬に乗っていた。	**2**　彼女は芸術家だった。
3　彼女は武術を教えていた。	**4**　彼女は新聞社で働いていた。

彼女のロンドンでの仕事は，第１段最後の❶に she was working for newspapers in London とあるように新聞社での仕事でした。したがって，**4 She worked for newspapers.** が正解です。

(27) Answer 3

質問の訳　**リリアンはどのようにして飛行機に興味を持つようになりましたか？**

選択肢の訳	
1	彼女は新聞で１つの物語を読んだ。
2	彼女は１人のパイロットと友人になった。
3	彼女は有名なパイロットのハガキを受け取った。
4	彼女はルイス・ブレリオにパリで会った。

リリアンが飛行機に興味を持ったというのは第３段の❸にあります。そのハガキがどのようなものだったのかは第２段の❷から，ブレリオというパイロットの写真つきのものだったとわかります。さらにこのパイロットが有名になったことも同じ段に説明があります。したがって，**3 She got a postcard of a famous pilot.** が正解です。

(28) Answer 2

質問の訳　**リリアンが『メイフライ』と名付けられた飛行機を作り終えたのは（　　）**

選択肢の訳							
1	1909年。	**2**	1910年。	**3**	1935年。	**4**	1971年。

第３段の❹から **2 1910.** が正解です。

(29) Answer 1

質問の訳　**リリアンはなぜ空を飛ぶのをやめたのですか？**

選択肢の訳	
1	彼女の父親が彼女にやめてほしいと思ったから。
2	彼女は結婚したかったから。
3	彼女のおじさんが，空を飛ぶのは危険だと言ったから。
4	彼女は新しい趣味を見つけたから。

第４段の❺に注目します。質問はリリアンが空を飛ぶのをやめた理由です。❺には途中に so「だから」があるので，その前の部分が理由を表します。

したがって，1 Her father wanted her to stop. が正解です。このように文の内容のつながりを示す語や語句は，その働きをしっかりと理解しておきましょう。

(30) Answer **1**

質問の訳 この話は何についてのものですか？

選択肢の訳	
1	自分自身の飛行機を作って飛ばした最初の女性。
2	イギリスにある有名な飛行機会社。
3	カナダにあるパイロットのための学校。
4	飛行機のエンジンの作り方。

タイトルが示す通り，主人公はリリアン・ブランドです。彼女が何をしたかは第 4 段の❻に要約されています。したがって，1 The first woman to make and fly her own plane. が正解です。

一次試験　筆記　4

Answer 1　**I like to watch TV on Sunday mornings. First, there are interesting TV programs on Sunday mornings. Second, I can enjoy watching TV with my friends because we don't have club activities on Sunday mornings.**（35 語）

訳　私は日曜日の午前中にテレビを見るのが好きです。第一に，日曜日の午前中には興味深いテレビ番組があります。第二に，私たちは日曜日の午前中には部活動がないので，私は友人と一緒にテレビを見て楽しむことができます。

Answer 2　**I like to take our dog, Jack, to the park on Sunday mornings. First, I am happy because I can talk with him. Second, we can enjoy playing with other dogs there.**（32 語）

訳　私は日曜日の午前中，私たちの犬のジャックを公園に連れて行くのが好きです。第一に，私は彼と話すことができるので楽しいです。第二に，私たちはほかの犬とそこで遊んで楽しむことができます。

Answer 3 **I like to make cookies with my mother on Sunday mornings. First, I am happy when my parents say that they are delicious. Second, it is interesting to think about new recipes for cookies.**（34 語）

訳 私は日曜日の午前中に母と一緒にクッキーを作るのが好きです。第一に，私は両親がそれらはおいしいと言うとうれしいです。第二に，新しいクッキーのレシピについて考えることはおもしろいです。

質問の訳　**あなたは日曜日の午前中に何をするのが好きですか？**

- 質問の形を正しく使って答えましょう。What do you like to do ～? の 2 つ目の do は，何をするのかという内容によって変えます。
- 日曜日の午前中にしたいと思うことをたずねていますから，平日にはなかなかできないことを思い浮かべるとよいでしょう。しかし理由を 2 つ書くことが必要ですから，きちんと理由を説明できるような内容を考えるように注意しましょう。
- 使える表現：

  go shopping「買い物に行く」 clean my room「自分の部屋をきれいにする」 visit my grandmother「祖母を訪ねる」 play a computer game「コンピュータゲームをする」

一次試験　リスニング　第1部

No. 1　Answer　2

★＝男性　☆＝女性　（以下同）

★ These grapes are delicious.

☆❶ You should take some home with you.

★❷ Is that OK?

☆ 1　I'm hungry.

☆ 2　Of course it is.

☆ 3　Great job.

Script

訳

★これらのブドウはおいしいね。

☆❶いくらか家に持って帰っていいわよ。

★❷いいのかい？

☆ 1　私はお腹が空いているの。

☆ 2　もちろんいいわよ。

☆ 3　よくやったわ。

Words

□ grapes「ブドウ」※ブドウは実がいくつもついているので，通常は複数形で用います。

□ delicious「おいしい」　□ should「～してもよい，～したほうがよい」

□ take ～ home「～を家に持って帰る」　□ hungry「お腹が空いた，空腹の」

□ Great job.「よくできたね（褒《ほ》め言葉）」

女性が❶で言ってくれた内容を男性は❷で確かめていて，その確認に対する返事なので，2 Of course it is. が正解です。❶にある should は「～すべき」という意味で覚えがちですが，「～したらいい」という相手におすすめや提案をするときにも用います。

No. 2 Answer 2

☆ This artist's paintings are really interesting.

★ I agree.

☆❶ Do you know where he's from?

★ 1 They're in the next room.

★ 2 I think he's Canadian.

★ 3 I like the colors.

訳

☆この画家の絵は本当に興味深いわね。

★僕もそう思うよ。

☆❶彼はどこの出身か知ってる？

★ 1　それらは隣の部屋にあるよ。

★ 2　彼はカナダ人だと僕は思うよ。

★ 3　僕はその色が好きなんだ。

Words

- ☐ artist「画家，芸術家」
- ☐ painting(s)「絵，絵画」
- ☐ agree「(～に) 賛成する」
- ☐ next「隣の，次の」
- ☐ Canadian「カナダ人」
- ☐ color(s)「色」

女性が❶で he と言っているのは最初の発言の This artist「この画家」のことで，Where ～ from? は出身地をたずねる表現です。したがって，2 I think he's Canadian. が正解です。カナダ人，つまりカナダ出身ということになります。

No. 3 Answer 1

★I hear ❶ you're moving to France.

☆ That's right.

★❷ What will you do there?

☆ 1 I'm going to teach at a university.

☆ 2 I like Spanish food the best.

☆ 3 I lost my passport.

訳

★❶君はフランスへ引っ越すと聞いているよ。

☆その通りよ。

★❷そこで君は何をするの？

☆ 1　大学で教えるつもりよ。

☆ 2　私はスペイン料理が一番好きなの。

☆ 3　私はパスポートを失くしたの。

Words

- □ I hear ～「～だと聞いている」
- □ moving to ～：move to ～「～に引っ越す」の現在分詞（進行形にして使うことで，未来のことを表すことができます）。
- □ That's right.「その通りです」
- □ university「大学」
- □ Spanish「スペインの」
- □ lost：lose「～を失くす」の過去形。
- □ passport「パスポート」

男性は❷で女性に,「そこで何をするのか」とたずねています。❶より「そこ」はフランスのことで，これから引っ越すことがわかるので，未来のこととして何をするかを答えるはずです。1 I'm going to teach at a university. が正解です。

No. 4 Answer 2

★❶ I'd like to send this package to Osaka.

☆ OK. Anything else?

★❷ No, that's all.

☆ 1 I've been there.

☆ 2 That'll be 800 yen.

☆ 3 It's over there.

Script

訳

★❶私はこの小包《こづつみ》を大阪に送りたいのです。

☆わかりました。ほかに何かありますか？

★❷いいえ，それで全部です。

☆ 1　私はそこに行ったことがあります。

☆ 2　それは800円です。

☆ 3　それはあちらにあります。

Words

- □ I'd like to＋動詞の原形「～したい」
- □ send「～を送る」
- □ package「小包《こづつみ》」
- □ anything else「ほかに何か」
- □ That's all.「それで全部です，それで終わりです」
- □ over there「あちらに」

男性は❶で小包《こづつみ》を送りたいと言い，❷で用件はそれで全部だと言っています。その応答としては，代金を示す 2 That'll be 800 yen. が適切です。

No. 5 Answer 3

☆ Thanks for going shopping.

★ No problem.

☆❶ What's this? Cookies weren't on the shopping list.

★ 1 For half an hour.

★ 2 I see many boxes.

★ 3 But I really wanted them.

訳

☆買い物に行ってくれてありがとう。

★どういたしまして。

☆❶これは何？　クッキーは買い物リストになかったわ。

★ 1 30分間だよ。

★ 2 たくさんの箱が見えるよ。

★ 3 でも僕はそれらが本当にほしかったんだ。

Words

- □ Thanks for ～「～してくれてありがとう」
- □ No problem.「どういたしまして，大丈夫です」
- □ cookie(s)「クッキー」
- □ shopping list「買い物リスト」
- □ half an hour「30分，半時間」
- □ box(es)「箱」

女性は❶で少年が買ってきた品物の中にリストになかったクッキーを見つけ，What's this?「これは何？」という言葉を使って「なぜクッキーを買ったの？」とたずねています。3 But I really wanted them. が正解です。このthemはcookiesを指します。

No. 6 Answer 1

☆ I made this dress.

★ Really?

☆ Yeah. ❶ What do you think of it?

★ 1 It looks wonderful.

★ 2 I bought it yesterday.

★ 3 The party just started.

訳

☆私がこのドレスを作ったのよ。

★本当？

☆ええ。❶どう思う？

★ 1　それは素敵に見えるよ。

★ 2　僕はそれを昨日買ったんだ。

★ 3　パーティーはちょうど始まったところだ。

Words

- dress「服，ドレス」
- What do you think of ～?「～をどう思いますか？」
- bought：buy「～を買う」の過去形。
- just「ちょうど～したところで」

女性は❶で「それをどう思う？」と男性の意見をたずねています。it とは this dress のことなので，1 It looks wonderful. が適切です。

No. 7 Answer 2

☆ Excuse me, Mr. Walker.

★ Hi, Tina. Can I help you?

☆❶ Is Ms. Harper in the teachers' room?

★ 1 No, but you're a student.

★ 2 No, but she'll be back soon.

★ 3 No, but I teach that subject.

訳
☆すみません，ウォーカー先生。
★こんにちは，ティナ。どうしましたか？
☆❶ハーパー先生は職員室にいらっしゃいますか？

★1　いいえ，でもあなたは学生です。
★2　いいえ，でも彼女はすぐに戻ってきます。
★3　いいえ，でも私はその教科を教えています。

Words

□Excuse me.「すみません」　□Can I help you?「どうしましたか？」
□teachers' room「職員室」　□be back「戻ってくる」　□subject「教科，科目」

女性が❶で，ハーパー先生が職員室にいるかどうかをたずねています。選択肢はすべてNo「いませんよ」で答えていて，そのあとにはハーパー先生のいる場所などを少し詳しく続けるのが自然なので，**2 No, but she'll be back soon.** が正解です。

No. 8　Answer　1

☆ Is there a post office on this road?
★ Yes.
☆❶ Which side of the road is it on?

★1 It's on the right.
★2 I like to drive.
★3 I sent a letter.

Script

訳
☆この道には郵便局があるのかしら？
★うん。
☆❶それは道路のどちら側にあるの？

★1　それは右側にあるよ。
★2　僕は車を運転するのが好きなんだ。
★3　僕は手紙を出したよ。

Words

☐ post office「郵便局」 ☐ on this road「この道に」 ☐ side「(右または左) 側」

☐ on the right「右側に」 ☐ sent：send「～を送る」の過去形。

女性は❶の Which side ～? で，郵便局が道路の右側と左側のどちら側にあるのかをたずねています。したがって，それに対するふさわしい返事は **1 It's on the right.** となります。

No. 9 Answer 3

☆ **Do you want some ice cream?**

★ **No, ❶ I've already had some today.**

☆❷ **When?**

★ **1 Every day for one hour.**

★ **2 When I was a student.**

★ **3 Just after lunch.**

Script

訳

☆アイスクリームがほしい？

★いいや，❶もう今日は食べたんだ。

☆❷いつ？

★1 毎日１時間だよ。

★2 僕が学生のときだよ。

★3 昼食のすぐあとだよ。

男性は❶で「(アイスクリームを) 今日はすでに食べた」と言っており，それに対して女性が❷で「いつ？」とたずねているのは「今日のいつ食べたのか」ということなので，**3 Just after lunch.** がふさわしいです。

No. 10 Answer 1

☆ What happened, Mark?

★❶ I hurt my leg at soccer practice.

☆ Oh no! ❷ I'll carry your bag.

★1 That's nice of you.

★2 It's a fun sport.

★3 You can play, too.

Script

訳

☆何があったの，マーク？

★❶サッカーの練習で足をけがしたんだ。

☆あらまあ！ ❷かばんを持ってあげるわ。

★1 親切にありがとう。

★2 それは楽しいスポーツだよ。

★3 君もプレイできるよ。

Words

□ What happened?「どうしたのですか？，何があったのですか？」

□ hurt：hurt「～をけがする，～を傷つける」の過去形（変化しません）。

□ leg「足」 □ practice「練習」 □ carry「～を持つ，運ぶ」

□ That's nice of you.「ありがとう（お礼の言葉）」 □ fun「楽しい，愉快な」

少年が❶でけがのことを話すと，少女は❷でかばんを持ってあげると言っています。そこで少年がお礼を言うと自然な会話になるので，1 That's nice of you. が正解です。

一次試験　リスニング　第2部

No. 11 Answer 3

☆ Mark, it's time for dinner. ❶ Are those Jessica's books on the table?

★ No, Mom. ❷ They're Dad's.

☆ Can you move them?

★ Sure.

Question : Whose books are on the table?

訳

☆マーク，夕食の時刻よ。❶テーブルの上にあるそれらはジェシカの本なの？

★違うよ，母さん。❷それらは父さんの本だよ。

☆それらをどけてくれる？

★いいよ。

質問の訳　テーブルの上にはだれの本がありますか？

選択肢の訳	
1　マークのもの。	2　ジェシカのもの。
3　父親のもの。	4　母親のもの。

Words

- □ It's time for ～「～の時間だ」
- □ Can you ～？「～してくれませんか？」
- □ move「～を動かす，移動させる」

母親は❶で，本がジェシカのものかとたずねていますが，息子のマークは❷で父親の本だと答えています。したがって，3 The father's. が正解です。なお選択肢の最後にはすべて「～のもの」を表す ～'s がついていることに注意しましょう。

No. 12 Answer 2

☆❶ Let's go running this weekend.

★ OK, but I'm busy on Sunday.

☆❷ How about after lunch on Saturday, then?

★❸ Perfect. I'll see you around two.

Question : When will they go running?

訳

☆❶この週末に走りに行きましょうよ。

★いいよ，でも僕は日曜日は忙しいんだ。

☆❷それなら土曜日の昼食のあとはどう？

★❸完璧《かんぺき》だ。2時頃に会おう。

質問の訳 彼らはいつ走りに行きますか？

選択肢の訳	
1 土曜日の午前中に。	2 土曜日の午後に。
3 日曜日の午前中に。	4 日曜日の午後に。

Words

□go running「走りに行く」 □How about ～?「～はどうですか？」

□then「それなら」 □perfect「完璧《かんぺき》な，完全な」 □around「～頃」

いつ走りに行くのかということについて，女性は❶でこの週末と提案し，さらに❷で土曜日の昼食後と続けています。男性は❸で，それでよいと返事をしているので，2 On Saturday afternoon. が正解です。

No. 13 Answer 3

☆❶ Ken, can you go to the store for me? I need some carrots.

★ Sure, Mom. What are you making for dinner?

☆ Beef and vegetable stew.

★ Sounds good.

Question : What does Ken's mother ask him to do?

訳

☆❶ケン，お店に行ってくれないかしら？　ニンジンが必要なの。

★いいよ，母さん。夕食に何を作っているの？

☆牛肉と野菜のシチューよ。

★いいね。

質問の訳　**ケンの母親は彼に何をするよう頼んでいますか？**

選択肢の訳	
1　夕食を作る。	**2**　肉を買ってくる。
3　ニンジンを買ってくる。	**4**　野菜を洗う。

Words

□carrot(s)「ニンジン」　□Sure.「いいですよ」　□stew「シチュー」

□Sounds good.「（相手の言葉を聞いて）よさそうですね，いいですね」

□get「～を手に入れる」　□buy「～を買う」　□wash「～を洗う」

ケンと母親のこの会話では，最初に❶で母親がケンにしてもらいたいことを言っています。**3 Buy some carrots.** が正解です。その後には母親が作っている料理の話が続くので，混乱しないよう注意しましょう。

No. 14　Answer　2

★ Mary, I can't study. ❶ Can you and your friends be quiet?

☆ I'm sorry. ❷ We'll go downstairs and watch TV.

★ Thanks.

☆ No problem.

Question : What does the boy ask Mary and her friends to do?

Script

訳

★メアリー，僕は勉強ができないよ。❶君とお友達は静かにできないかなあ？

☆ごめんなさい。❷私たちは１階へ行ってテレビを見るわ。

★ありがとう。

☆いいわよ。

質問の訳　**少年はメアリーとその友人たちに何をしてほしいと頼んでいますか？**

選択肢の訳	
1　テレビを見る。	2　静かにする。
3　彼と一緒に遊ぶ。	4　彼と一緒に勉強する。

Words

□quiet「静かな」　□go downstairs「階下（1階）に降りる」

少年はメアリーに❶で「静かにしてほしい」と頼んでいます。したがって，2 Be quiet. が正解です。メアリーはその頼みに応じて❷で「1階に行ってテレビを見る」と言っていますが，これは少年がそうしてほしいと頼んだことではないことに注意しましょう。

No. 15　Answer　4

☆ Let's take the bus to the gym today.

★ It's sunny, so why don't we ride our bikes?

☆ Sorry, mine is broken. ❶ Do you want to walk?

★❷ OK.

Question : How will they go to the gym?

Script

訳

☆今日はジムまでバスに乗って行きましょう。

★晴れているんだから，自転車に乗って行かない？

☆ごめんね，私の自転車は壊れているの。❶歩きたい？

★❷いいよ。

質問の訳　彼らはどのようにしてジムに行きますか？

選択肢の訳			
1　電車で。	2　自転車で。	3　バスで。	4　歩いて。

Words

□gym「（スポーツ）ジム」　□sunny「晴れている」

□Why don't we ～?「～しませんか？」　□bike(s) = bicycle(s)「自転車」

□mine「私のもの」　□broken：break「壊れる」の過去分詞。　□walk「歩く」

ジムに行く手段をいくつか話したあと，最後に女性が❶で歩いて行くことを提案し，❷で男性が賛成しているので，4 On foot. が正解です。

No. 16 Answer 4

★ You're good at playing the drums.

☆ Thanks. I practice for two hours every day.

★❶ I'm in a rock band. ❷ Do you want to join it?

☆ I'd love to.

Question : What does the boy want the girl to do?

訳

★君はドラムを演奏するのが上手だね。

☆ありがとう。私は毎日２時間練習するのよ。

★❶僕はロックバンドにいるんだ。❷それに参加しないか？

☆ぜひそうしたいわ。

質問の訳　少年は少女に何をしてほしいのですか？

選択肢の訳	
1	彼と一緒にロックコンサートに行く。
2	彼にドラムをあげる。
3	ドラムを演奏するのをやめる。
4	彼のバンドに参加する。

Words

☐ good at ～「～が得意な」　☐ drum(s)「ドラム，太鼓」

☐ practice「練習する」　☐ for two hours「２時間」

☐ rock band「ロックバンド」　☐ join「～に参加する」

☐ I'd love to.「（相手の提案に対して）ぜひそうしたいです，喜んでそうしたいです」

☐ concert「コンサート」

少年は❷で Do you want to join it? と少女を誘っていて，❶から it「それ」は少年がいるロックバンドのことだとわかります。したがって，4 Join his band. が正解です。

No. 17 Answer 1

☆ Have you been to the new café by the library?

★ Yes. ❶ The coffee is delicious.

☆ And how about the food?

★❷ It was expensive and not very healthy.

Question : What did the man say about the café?

訳

☆あなたは図書館のそばにある新しいカフェに行ったことがあるの？

★うん。❶コーヒーはおいしいよ。

☆じゃあ食べ物はどう？

★❷食べ物は値段が高かったし，あまり健康的ではなかったよ。

質問の訳　男性はカフェについて何と言いましたか？

選択肢の訳	
1	カフェにはおいしいコーヒーがあった。
2	カフェにはたくさんの雑誌があった。
3	カフェにはおいしい食べ物があった。
4	食べ物は安かった。

Words

- □ Have you been to ～?「～へ行ったことがありますか？」
- □ café「カフェ，喫茶店」 □ by「～の近くの（に）」 □ coffee「コーヒー」
- □ delicious「おいしい」 □ How about ～?「～はどうですか？」
- □ food「食べ物」 □ expensive「（値段が）高い」
- □ healthy「健康的な，体によい，ヘルシーな」 □ magazine(s)「雑誌」
- □ cheap「安価な，（値段が）安い」

男性はカフェについて❶と❷で，コーヒーはおいしいけれど，食べ物は高くて健康的でないと言っています。このいずれかに合う選択肢を選びます。1 It had good coffee. が正解です。

No. 18 Answer 2

☆❶ Those are cool shoes, Josh.

★ Thanks, Kristen. ❷ I got them yesterday at the mall by the hospital.

☆ How much were they?

★ Only $50.

Question : What did Josh do yesterday?

訳

☆❶それはかっこいい靴《くつ》ね，ジョシュ。

★ありがとう，クリステン。❷それは昨日，病院のそばのショッピングセンターで買ったんだ。

☆値段はいくらだったの？

★たった 50 ドルだったよ。

質問の訳　ジョシュは昨日，何をしたのですか？

選択肢の訳			
1	彼は病院へ行った。	2	彼は靴《くつ》を買った。
3	彼は 50 ドルを見つけた。	4	彼はクリステンを訪ねた。

Words

- □cool「かっこいい」　□mall「ショッピングセンター，商店街」
- □by「～の近くの（に）」　□hospital「病院」
- □How much ～?「～はいくらですか？（値段をたずねる表現）」
- □bought：buy「～を買う」の過去形。　□found：find「～を見つける」の過去形。
- □visit「～を訪ねる」

ジョシュは❷で「それらを昨日買った」と言っています。「それら」とは❶にある cool shoes を指します。したがって，2 He bought some shoes. が正解です。なお，靴《くつ》は左右 2 個で 1 足なので，普通は shoe という単数形ではなく shoes と複数形で使います。本文でも靴《くつ》を表す語として that ではなく those，it ではなく them，they を使っていることに注意しましょう。

No. 19 Answer 1

★❶ The sky is so blue and clear today.

☆❷ Yeah, there aren't any clouds. But tomorrow will be rainy.

★ Really? It just rained yesterday.

☆ The weather has been strange recently.

Question : How is the weather today?

訳

★❶今日は空がとても青いし澄《す》んでいるね。

☆❷そうね，雲が１つもないわ。でも明日は雨よ。

★本当に？　昨日雨が降ったばかりなのに。

☆お天気は最近おかしいわね。

質問の訳　今日の天気はどうですか？

選択肢の訳	
1　晴れている。	2　雨が降っている。
3　くもっている。	4　雪が降っている。

Words

□clear「澄《す》んでいる，きれいな」　□cloud(s)「雲」

□rainy「雨模様《もよう》の，雨が降っている」　□weather「天気」　□strange「変な」

□recently「最近，近頃」　□sunny「晴れている，日が照っている」

□cloudy「雲の多い，くもりの」　□snowy「雪が降っている」

今日の天気については，男性の❶，女性の❷の発言から空が青く雲もないので，晴れていると考えられます。したがって，1 Sunny. が正解です。雨なのは昨日と明日です。選択肢を先に見ておくと天気についてたずねられると予想できるので，いつがどの天気なのかに注意して聞き取りましょう。

No. 20 Answer 3

☆ Excuse me. ❶ What time does this store close today?

★❷ At seven.

☆ I see. Does it close at seven every night?

★ No. ❸ On Sundays, it closes one hour earlier, at six.

Question : What time does the store close on Sundays?

訳
☆すみません。❶このお店は今日何時に閉まりますか？

★❷７時です。

☆わかりました。毎晩７時に閉まるのですか？

★いいえ。❸日曜日にはそれより１時間早く，６時に閉まります。

質問の訳　店は日曜日には何時に閉まりますか？

選択肢の訳			
1　１時に。	2　５時に。	3　６時に。	4　７時に。

Words

□store「店，ストア」　□close「閉まる」　□every night「毎晩」

□one hour earlier「(それより)１時間早く」

❶と❷から，今日の閉店時間が７時だとわかります。❸で日曜日の閉店時間が他の曜日と異なって１時間早い６時だとわかります。たずねられているのは日曜日の閉店時間なので，3　At six. が正解です。

一次試験 リスニング 第3部

No. 21 Answer 2

★Last summer, Sarah and her family moved to a new city. At first, Sarah was lonely. But after she started school, she met many students. ❶ Now she has lots of friends, so she's happy.

Question : Why is Sarah happy now?

訳 去年の夏，サラと彼女の家族は新しい都市へ引っ越した。初めのうち，サラはさびしく思っていた。でも学校へ通い始めた後，彼女はたくさんの生徒に会った。❶今や彼女にはたくさんの友人がいるので，彼女は幸せだ。

質問の訳 サラは今なぜ幸せなのですか？

選択肢の訳	
1	彼女はまもなく引っ越すから。
2	彼女にはたくさんの友人がいるから。
3	彼女は学校を卒業したから。
4	彼女は古い友人に会ったから。

Words

- □last summer「去年（前）の夏」 □move to ～「～へ引っ越す」
- □at first「初めのうち」 □lonely「さびしい」
- □met：meet「～に会う」の過去形。 □lots of ～「たくさんの～」
- □soon「まもなく」 □made：make「～を作る」の過去分詞。
- □finish「～を終える」 □saw：see「～に会う」の過去形。

サラの今の様子は❶にあるように「友人がたくさんいて幸せだ」ということなので，**2 She has made many friends.** が正解です。なお**2**に現在完了が使ってあるのは，「友人を作って今も友人だ」と友情が今でも続いていることを表すためです。

No. 22 Answer 3

☆ The ski jackets in my favorite shop are over $300. ❶ But this week, they're 50 percent off. ❷ They're only $150. I'll buy one tomorrow.

Question : How much does a ski jacket cost this week?

訳 私のお気に入りの店のスキージャケットは 300 ドル以上する。❶でも今週，それらは 50％引きだ。❷たった 150 ドルである。私は明日 1 着買うつもりだ。

質問の訳 今週スキージャケットはいくらですか？

選択肢の訳			
1 50 ドル。	2 100 ドル。	3 150 ドル。	4 300 ドル。

Words

□ over「～以上の」 □ 50 percent off「50％引きの」 □ only「たった～」

質問はスキージャケットの今週の値段です。❶より今週は値引きがあり，その値段は❷より 150 ドルだとわかるので，3 $150. が正解です。

No. 23 Answer 1

☆ I always do my homework before dinner. ❶ After dinner, I like to call my friends from school. ❷ I enjoy talking with them about music and movies.

Question : What does the girl like to do after dinner?

訳 私はいつも夕食の前に宿題をする。❶夕食後，私は学校の友人たちと電話で話すのが好きだ。❷私は彼女らと音楽や映画について話して楽しむ。

質問の訳 少女は夕食後何をするのが好きですか？

選択肢の訳	
1 友人と話すこと。	2 映画を見ること。
3 音楽雑誌を読むこと。	4 宿題をすること。

Words

□call「～に電話をかける」　□enjoy talking「話をして楽しむ」

□talk with ～「～と話す」　□watch「～を見る」　□magazine「雑誌」

少女が夕食後にすることは❶にあるように友人と電話で話すことで，**1** Talk with her friends. が正解です。❷は話の内容を説明しているところだということに注意しましょう。

No. 24 Answer 3

☆ **Attention, everyone. ❶ The train to Hampton Zoo will arrive one hour late. We're very sorry. If you're in a hurry, please go to the bus station across the road and take the Number 5 bus.**

Question : What is the problem?

訳　聞いてください，みなさん。❶ハンプトン動物園行きの列車は１時間遅れて到着します。大変申し訳ありません。お急ぎでしたら，通りを渡ったところにあるバス停に行き，５番のバスにお乗りください。

質問の訳　**どんな問題があるのですか？**

選択肢の訳	
1　バスが混雑している。	**2**　動物園が閉園している。
3　列車が遅れる。	**4**　切符が売り切れている。

Words

□Attention「(呼びかけて) 聞いてください，注目！」　□arrive「到着する」

□one hour late「１時間遅れて」　□in a hurry「急いで」

□across「～を渡って」　□crowded「混み合った」　□closed「閉まった」

□sold：sell「～を売る」の過去分詞。　□be sold out「売り切れている」

❶に「列車が１時間遅れて到着する」と説明があり，これが「問題」の内容だとわかります。よって，**3** The train will be late. が正解です。その後は，急いでいる人への提案がされています。

No. 25 Answer 3

★❶ Many people thought Simon would play tennis in junior high school because his mother was a famous tennis player. ❷ But Simon joined the soccer club. In high school, he wants to try volleyball.

Question : Which club did Simon join in junior high school?

訳 ❶サイモンは，彼の母親が有名なテニス選手だったので，中学校でテニスをするのだろうと，多くの人々は考えていた。❷しかしサイモンはサッカー部に参加した。高校では彼はバレーボールをしてみたいと思っている。

質問の訳 サイモンは中学校でどんな部に参加していましたか？

選択肢の訳			
1 テニス部。	2 卓球部。	3 サッカー部。	4 バレーボール部。

Words

- ☐ thought：think「～と考える」の過去形。
- ☐ would：will「～するだろう」の過去形（もともとは未来を表す文に使うが，前にある thought に合わせて，will も過去形にする。これを「時制の一致」という）。
- ☐ junior high school「中学校」 ☐ famous「有名な」 ☐ join「～に参加する」
- ☐ club「部，クラブ」 ☐ volleyball「バレーボール」 ☐ table tennis「卓球」

質問はサイモンの中学校での部活動についてです。❶にあるようにサイモンは中学校でテニス部に入ると思われていましたが，❷にあるように実際にはサッカー部に入りました。3 The soccer club. が正解です。

No. 26 Answer 2

★❶ Jenny loves making cakes and cookies with her mother. They often listen to music while they bake. Her brother likes to help by cleaning the kitchen.

Question : What does Jenny like to do?

訳　❶ジェニーは彼女の母親とケーキやクッキーを作るのが大好きだ。彼女らはお菓子を焼きながら，しばしば音楽を聞く。彼女の兄は台所を片付ける手伝いをするのが好きだ。

質問の訳　**ジェニーは何をするのが好きですか？**

選択肢の訳	
1　歌を書くこと。	2　デザートを作ること。
3　台所を片付けること。	4　料理番組を見ること。

Words

□cake「ケーキ」　□cookie(s)「クッキー」　□listen to ～「～を聞く」

□while「～している間」　□bake「(パンや菓子など) を焼く」

□clean「～をきれいにする，掃除する」　□write「～を書く」

□dessert(s)「デザート，スイーツ」　□show(s)「ショー，テレビ番組」

ジェニーが好きなことは❶で紹介されています。cakes and cookies はまとめると「デザート，お菓子」のことだと考えましょう。したがって，2 Make desserts. が正解です。

No. 27　Answer　4

☆❶ **Oscar likes to paint pictures of bicycles and his dad's boat.** **His mom bought him a book about art, but his dad thinks he should study other subjects more.**

Question : What does Oscar enjoy doing?

Script

訳　❶オスカーは自転車や彼の父親のボートの絵を描くのが好きだ。彼の母親は美術についての本を彼に買ってあげたが，彼の父親は彼がほかの教科をもっと勉強するべきだと考えている。

質問の訳　**オスカーは何をして楽しみますか？**

選択肢の訳	
1　釣りに行く。	2　本を読む。
3　自転車に乗る。	4　絵を描く。

Words

□paint「～を描く」 □picture「絵，写真」 □bicycle「自転車」

□boat「ボート，船」 □bought：buy「～を買う」の過去形。

□art「芸術，美術」 □should「～すべきである」 □other「ほかの」

□subject(s)「教科，科目」 □more「もっと（たくさん）」：much の比較級。

□go fishing「釣りに行く」

オスカーが好きなことは❶で紹介されていて，**4 Painting pictures.** が正解です。❶には何の絵を描くのが好きかということも含まれているので，それらと混同しないよう気をつけましょう。

No. 28 Answer 1

☆❶ **I usually eat lunch with my friends at college, but my aunt and cousin are staying at my house now. ❷ Tomorrow, I'll meet my cousin for lunch. I'm going to take her to my favorite noodle shop.**

Question : Who will the girl have lunch with tomorrow?

訳 ❶私はたいてい大学で友人たちと一緒に昼食を食べるが，私のおばといとこが今，私の家に滞在している。❷明日，私は昼食を食べるためにいとこと会う。私は彼女を，私のお気に入りの麺《めん》類のお店に連れて行くつもりだ。

質問の訳　少女は明日だれと一緒に昼食を食べるのですか？

選択肢の訳	
1 彼女のいとこ。	**2** 彼女の友人。
3 彼女のおば。	**4** 彼女の先生。

Words

□at college「大学で」 □aunt「おば」 □cousin「いとこ」

□stay at ～「～に滞在する」 □take＋人＋to ～「（人）を～へ連れて行く」

□favorite「お気に入りの」 □noodle「麺《めん》類」

質問の「だれと一緒に昼食を食べるか」については，❶で普段のことが説明され，明日のことは❷にあります。**1 Her cousin.** が正解です。質問の tomorrow を聞き逃さないことが重要です。

No. 29 Answer 3

★I wanted to go out with my friends last night, but ❶ I stayed home because my son caught a cold. My wife will be home tomorrow, so I'm going to meet my friends to see a movie.

Question: Why did the man stay home last night?

訳　僕は昨日の夜，友人たちと出かけたかったが，❶息子が風邪《かぜ》を引いたので家にいた。明日は僕の妻が家にいる予定なので，僕は友人たちと映画を見に行くつもりだ。

質問の訳　**男性はなぜ昨日の夜，家にいたのですか？**

選択肢の訳
1 彼の友人たちが忙しかったから。
2 彼は夕食を作らなければならなかったから。
3 彼の息子が病気だったから。
4 彼は映画を見たかったから。

Words

- □go out with＋人「（人）と一緒に出かける」
- □last night「昨日の夜，昨夜」
- □stay home「家にいる」
- □caught：catch の過去形。
- □catch a cold「風邪《かぜ》を引く」
- □see a movie「映画を見る」
- □busy「忙しい」
- □need to ～「～しなければならない」
- □cook「～を料理する」
- □sick「病気の」
- □watch「～を見る」

❶に，男性が昨日の夜，家にいたこととその理由があります。したがって，**3 His son was sick.** が正解です。caught a cold「風邪《かぜ》を引いた」が was sick「病気だった」と言い換えられていることに注意しましょう。

No. 30 Answer 4

☆❶ Tomorrow, I'm going to a music festival with my friend from college. ❷ My friend lives far from my house, so we'll meet at the museum and walk from there. I'm really looking forward to it.

Question : Where will the girl meet her friend?

Script

訳 ❶明日，私は大学の友人と音楽祭に行くつもりだ。❷私の友人は私の家から遠いところに住んでいるので，私たちは博物館で会ってそこから歩くつもりだ。私はそれをとても楽しみにしている。

質問の訳 少女はどこで彼女の友人と会うのですか？

選択肢の訳			
1 彼女の家で。	2 大学で。	3 音楽祭で。	4 博物館で。

Words

- □ music festival「音楽祭」
- □ college「大学」
- □ far from ～「～から遠い」
- □ museum「博物館」
- □ look forward to ～「～を楽しみにしている」

質問は「友人とどこで会うか」です。❶にあるように少女と友人は音楽祭に行く予定ですが，待ち合わせる場所は❷にあるように博物館で，そこから歩くと言っています。したがって，4 At the museum. が正解です。質問をしっかり聞いて，聞かれていることにあわてずに答えましょう。

二次試験　面接　問題カードD

Umbrellas

Umbrellas are very useful. They help people to stay dry on rainy days. ❶ Department stores sell different kinds of colorful umbrellas, and convenience stores are good places to buy cheap and simple ones.

訳

傘《かさ》

傘《かさ》はとても役に立つ。それらは雨の日に人々がぬれないようにしておくのに役立つ。❶百貨店は異なった種類の色とりどりの傘《かさ》を売っていて，コンビニは安くて手軽な傘《かさ》を買うのによい場所である。

Words

- ☐ umbrella(s)「傘《かさ》」　☐ useful「役に立つ」
- ☐ help people to＋動詞の原形「人々が～するのに役立つ」
- ☐ stay dry「ぬれない状態のままでいる，乾燥した状態を保つ」
- ☐ on rainy days「雨模様《もよう》の日に」　☐ department store(s)「百貨店，デパート」
- ☐ sell「～を売る」　☐ kind(s)「種類」　☐ colorful「色とりどりの，色彩豊かな」
- ☐ convenience store(s)「コンビニ」　☐ cheap「(値段が) 安い」
- ☐ simple「手軽な，簡単な」

質問の訳

No. 1　本文を見てください。百貨店は何を売るのですか？

No. 2　イラストを見てください。店の前には何台の車がありますか？

No. 3　ぼうしをかぶった少女を見てください。彼女は何をしているのですか？

No. 4　あなたは毎晩何時間寝ますか？

No. 5　あなたは旅行をするのが好きですか？

はい → もっと話してください。

いいえ → 明日は何をする予定ですか？

No. 1 Answer They sell different kinds of colorful umbrellas.

訳 それらは異なった種類の色とりどりの傘《かさ》を売っています。

Department stores sell は❶の文にあります。ただし質問に対しては，Department stores をそのまま使うのではなく，それを They に変えて言うのが自然な答え方になります。

No. 2 Answer There are two cars in front of the store.

訳 店の前には 2 台の車があります。

How many cars ～? は車の数をたずねる質問です。are there ～ とたずねているので，There are ～ で答えましょう。あわてて Two cars ～ と答え始めることのないようにしましょう。なお，場所を表す in front of the store は，There are ～ から始まる文には加えておくほうが自然です。

No. 3 Answer She's running.

訳 彼女は走っています。

質問は進行形なので，答える文も進行形にすることに気をつけましょう。She is〔She's〕running. で十分ですが，そのあとに on the street「通りを」などを加えてもよいでしょう。

No. 4 Answer I sleep about eight hours.

訳 私は約 8 時間寝ます。

毎晩の睡眠時間をたずねているので，現在形で答えます。日によって睡眠時間が違っている場合は，about「約，およそ」を使って平均的な時間を答えましょう。また，たとえば「7 時間半」は seven hours (and) thirty minutes のほかに，seven hours and a half や seven and a half hours とも言います。

No. 5 Answer

(Yes. → Please tell me more.)

I'd like to visit Kyushu.

(No. → What are you planning to do tomorrow?)

I'm planning to see a movie.

訳 (Yes. の場合 → もっと話してください。)
私は九州を訪れたいと思います。
(No. の場合 → 明日は何をする予定ですか？)
私は映画を見る予定です。

まず質問に対して Yes. か No. で，旅行が好きかどうかをはっきり答えましょう。

Yes. と答えた場合はさらに，(1)どこへ行きたいか，(2)どこへ行ったことがあるか，(3)なぜ旅行が好きなのか，などについて答えましょう。 Answer は(1)についての答えですが，(2) I have been to Hokkaido with my parents twice.「私は両親と北海道へ２度行ったことがあります」や，(3) I like to travel because I can see new places.「私は新しい場所を見ることができるので旅行が好きです」などと言うのもすばらしいです。

No. と答えた場合は，別の質問として「明日は何をする予定か」をたずねられます。いくつものことを頭に浮かべるとまとまらないので，英語でしっかり答えられることを１つだけ考えましょう。そして質問の形に合わせて I'm planning to ～ から始めます。「何を」だけではなく「どこで」「だれと」などを加えると一層よい答えになります。 Answer のほかに I'm planning to go fishing with my friends.「私は友人と釣りに行く予定です」などが考えられます。

二次試験　面接　問題カードＪ

Playing the Guitar

Playing the guitar is a popular hobby. ❶ Many people want to learn how to play their favorite songs, so they practice playing the guitar every day. Some people take lessons with a guitar teacher.

訳

ギターを弾くこと

ギターを弾くことは人気のある趣味である。❶多くの人々が自分のお気に入りの歌の演奏のしかたを学びたいと思っているので，彼らは毎日ギターを弾くことを練習する。中にはギターの先生とのレッスンを受ける人々もいる。

Words

- ☐ popular「人気のある」　☐ hobby「趣味」
- ☐ how to＋動詞の原形「～のしかた，方法」　☐ favorite「お気に入りの」
- ☐ practice「～を練習する」　☐ lesson(s)「レッスン，授業」

質問の訳

No. 1　本文を見てください。なぜ多くの人々は毎日ギターを弾くことを練習するのですか？

No. 2　イラストを見てください。木の下には何人の子どもがいますか？

No. 3　ぼうしをかぶった少年を見てください。彼は何をしようとしていますか？

No. 4　先週の週末，あなたは何をしましたか？

No. 5　あなたはよく映画館に行きますか？
はい → もっと話してください。
いいえ → なぜそうしないのですか？

No. 1 Answer **Because they want to learn how to play their favorite songs.**

訳 なぜなら彼らは自分のお気に入りの歌の演奏のしかたを学びたいからです。

質問は Why 〜?「なぜですか」と理由をたずねています。本文では❶の前半に「お気に入りの歌の（ギターの）演奏のしかたを学びたい」とあり，その後の so「だから」以下に「毎日ギターを弾くことを練習する」とあります。つまり，前半が理由，後半が結果ということになります。そこで，質問の答えには Because から始めて❶の前半の部分を続けるのが正しいです。その際，主語の Many people を they に変えて答えましょう。

No. 2 Answer **There are two children under the tree.**

訳 木の下には2人の子どもがいます。

How many children 〜? は子どもの人数をたずねる質問です。are there 〜 とたずねているので，There are 〜 と答えましょう。あわてて Two children から始めないように落ち着いて答えましょう。なお，場所を表す under the tree は，There are 〜 から始まる文には加えておくほうが自然です。

No. 3 Answer **He's going to kick the ball.**

訳 彼はボールをけろうとしています。

イラストにはぼうしをかぶった少年が，ボールをけることを頭の中で考えている場面が描かれています。したがって，kick the（または a）ball を使って答えるとよいでしょう。質問は is he going to 〜? という形で未来のことをたずねているので，それに合わせて He is going to 〜 から始めます。kick が浮かばなければ play soccer などの表現でもかまいません。あわてずに最後まできちんと言い終わるようにしましょう。

No. 4 Answer **I went to a basketball game.**

訳 私はバスケットボールの試合に行きました。

自分が先週の週末にしたことをよく思い出しましょう。特別なことでなくてもいいので，たとえば I helped my mother in the kitchen.「私は台所で母の手伝いをしました」や I went shopping with my brother.「私は兄と一緒に買い物に行きました」などもよい解答になります。

No. 5 Answer

(Yes. → Please tell me more.)

I go there with my friends.

(No. → Why not?)

I usually watch movies at home.

訳
(Yes. の場合 → もっと話してください。)
私はそこ（映画館）に友人たちと一緒に行きます。
(No. の場合 → なぜそうしないのですか？)
私はたいてい自宅で映画を見ます。

まず質問に対して Yes. か No. ではっきり答えましょう。

Yes. と答えた場合は Answer のように，だれと一緒に行くのか，どんな映画館かなどを続けることができます。

例：There is a nice movie theater near my house.「私の家の近くにはすてきな映画館があります」, I like to watch a movie in a big movie theater.「私は大きな映画館で映画を見るのが好きです」

No. と答えた場合は，続けて映画館に行かない理由をたずねられます。Because から始めて理由を説明することができます。

例：Because I'm not interested in movies.「私は映画に興味がありません」, Because I like to listen to the music at home better.「私は家で音楽を聞くことのほうが好きです」

Grade 3

2022年度 第2回

Answer

筆記

1	(1)	(2)	(3)	(4)	(5)	(6)	(7)	(8)	(9)	(10)
	3	2	1	4	1	1	3	4	2	1
	(11)	(12)	(13)	(14)	(15)					
	3	3	2	4	1					

2	(16)	(17)	(18)	(19)	(20)
	4	3	2	1	4

3						
	A	(21)	(22)			
		2	4			
	B	(23)	(24)	(25)		
		3	2	1		
	C	(26)	(27)	(28)	(29)	(30)
		1	4	1	3	1

4（ライティング）の解答例は p. 18（●）を参照。

リスニング

第1部	No.1	No.2	No.3	No.4	No.5	No.6	No.7	No.8	No.9	No.10
	1	1	3	3	1	1	2	2	2	1

第2部	No.11	No.12	No.13	No.14	No.15	No.16	No.17	No.18	No.19	No.20
	1	1	2	4	2	3	3	4	4	4

第3部	No.21	No.22	No.23	No.24	No.25	No.26	No.27	No.28	No.29	No.30
	3	2	3	1	4	2	4	2	1	3

一次試験　筆記　1

(1)　Answer　3

訳　校長先生はスピーチコンテストの入賞者たちに賞を贈《おく》った。

選択肢の訳	
1 design(s)「デザイン」	**2** mistake(s)「誤り」
3 prize(s)「賞」	**4** capital(s)「資本」

空所の前後で「スピーチコンテストの入賞者たちに（　　　）を贈《おく》った」とあります。したがって，**3** prizes が正解です。

(2)　Answer　2

訳
A：すみません。ベーカーズタウンへはどのようにして行けばいいですか？
B：とにかく 10 分ほど，この道をまっすぐに進んでください。

選択肢の訳	
1 suddenly「突然」	**2** straight「まっすぐに」
3 forever「永遠に」	**4** finally「最終的に，とうとう」

道をたずねている会話です。空所前に drive「（車を）運転する」とあるので，方角を示す **2** straight が正解です。down this road の down は「下っていく」という意味ではなく，話し手から「離れていく」という意味で使われています。

(3)　Answer　1

訳
A：明日の夜は忙しいですか？
B：はい。ピアノを夜遅くまで練習するつもりです。日曜日にピアノのコンテストに参加するんです。

選択肢の訳	
1 until「～まで（ずっと）」	**2** over「～以上」
3 about「およそ～」	**4** since「～以来」

空所後に late at night とあり，どのくらいピアノを練習するのかについ

て話しています。until late at night で「夜遅くまで」という意味になるので，**1 until** が正解です。over late at night や about late at night といった表現は存在しません。

(4) Answer 4

訳　カレンは今週末働かなければならないのでとても怒っている。彼女は日曜日にコンサートを見に行く計画をしていた。

選択肢の訳	
1 useful「便利な」	2 bright「明るい」
3 clean「清潔な」	**4 angry「怒った」**

空所後に「今週末働かなければならない」とあり，さらに2文目に「日曜日にコンサートを見に行く計画だった」とあることから，週末の予定がつぶれてしまったことがわかります。したがって，**4 angry** が正解です。

(5) Answer 1

訳　A：お母さん，僕にはメガネが必要だと思うんだ。黒板がはっきりと見えないんだ。

B：わかったわ。来週，眼科に行きましょう。

選択肢の訳	
1 clearly「はっきりと」	2 greatly「すばらしく」
3 quietly「静かに」	4 slowly「ゆっくりと」

空所前の文に「メガネが必要だ」とあり，空所を含む文は「黒板が（　　）見えない」という意味なので，**1 clearly** が正解です。

(6) Answer 1

訳　A：お会いできてうれしかったです。Eメールのアドレスを教えていただけますか？

B：もちろんです。私もちょうど同じことをお願いしようとしていました。

選択肢の訳	
1 address「アドレス」	2 ocean「海洋」
3 society「社会」	4 coat「コート」

空所前に「Eメール」とあり，それを「教えてくれますか」とお願いしていることから，**1 address** が正解です。Could I have ～? は直訳すると「～をいただけますか」という意味です。

(7) Answer 3

訳 A：本屋さんで何か見つけましたか？

B：はい，見つけました。音楽の歴史に関する本を買いました。

選択肢の訳	
1 nothing「何も…ない」	**2** nobody「誰も…ない」
3 anything「(疑問文で用いて) 何か」	**4** other「他の人，他のもの」

Aが「本屋さんで見つけましたか」とたずね，Bが「はい」と答えていることから，**3 anything** が正解です。

(8) Answer 4

訳 仕事帰りに雨が激しく降っていたので，ジャネットの友人は彼女を家まで車で送ってくれた。

選択肢の訳	
1 point「点」	**2** star「星」
3 view「眺め」	**4** ride「(自動車などによる) 移動」

give＋人＋a ride (to ～) で「(人) を車で (～まで) 送って行く」という意味になります。したがって，**4 ride** が正解です。ここでは to ～ の部分に home「家に」が使われています。

(9) Answer 2

訳 学校の初日，体育館はたくさんの新入生とその家族でいっぱいだった。

選択肢の訳	
1 pulled「引っ張られた」	**2** filled「満たされた」
3 ordered「命令された」	**4** showed「見せた」

空所前に「体育館は」とあり，空所後には「たくさんの新入生とその家族」とあります。**be filled with ～** で「～で満たされている，～でいっぱいである」という意味になります。したがって，**2 filled** が正解です。

⑽ Answer 1

訳 A：昨日の夜あなたに電話してみたんだよ。
B：ごめんね，妹と電話で話をしていたんだ。

Aの「電話をしてみた」に対して，Bは「ごめんね」「妹と話をしていた」と言っています。**on the phone** で「電話で」となるので，**1 on** が正解です。この on は，on TV「テレビで」，on the Internet「インターネットで」などの表現があります。

⑾ Answer 3

訳 その小さな男の子は木に大きなクモがいるのを見ると，母親のところへすばやく走り去った。

選択肢の訳
1 sat：sit「座る」の過去形・過去分詞
2 picked：pick「～を選ぶ，～を摘《つ》む」の過去形・過去分詞
3 ran：run「走る」の過去形
4 washed：wash「～を洗う」の過去形・過去分詞

3 ran を入れると，男の子が大きなクモを見つけて母親のもとへ「走り去った」となり，自然な文になります。away には「離れて」という意味があります。

⑿ Answer 3

訳 A：あなたとクリスはどうやって出会ったの？
B：僕たちはカナダで一緒に育ったんだ。実は，僕たちは 30 年以上前に出会ったんだよ。

選択肢の訳	
1 To「～の方へ」	**2** After「～の後で」
3 In：In fact で「実は，実際には」	**4** Near「～の近くで」

Bは，自分とクリスがどのようにして出会ったかについて答えています。**In fact「実は，実際には」**は，相手が知らない新しい情報を詳しく話すときに使います。したがって，**3 In** が正解です。

(13) Answer 2

訳　この野球のバットはあるプロ野球選手によって私に与えられた。

選択肢の説明
1 gave：過去形
2 given：過去分詞
3 give：原形もしくは現在形
4 giving：現在分詞「～を与えている」もしくは動名詞「～を与えること」

主語は「この野球のバット」であり，空所直前は be 動詞となっています。ここでは，受動態を用いて was given「与えられた」と表現するのが自然です。したがって，過去分詞である **2** given が正解です。

(14) Answer 4

訳　A：昨日の夜は最悪な映画をテレビで見たよ。とても退屈だったよ。
B：私も同じ映画を見たと思うわ。

選択肢の訳
1 too bad「ひどすぎる」
2 worse：bad の比較級「より悪い」
3 badly「ひどく」
4 worst：bad の最上級「最も悪い，最悪な」

A の発言から，boring「退屈な」映画を見たことがわかります。空所はそれを boring 以外の言葉で表現した内容になります。too bad や worse は意味の上ではつながりそうですが，空所前にある the の後に続けることができません。badly も「ひどく」という意味の副詞で名詞の「映画」にはつながりません。the worst「最悪な」とすれば，「最悪な映画」となります。したがって，**4** worst が正解です。

(15) Answer **1**

訳 A：リサ，赤ちゃんがまた泣いているのかい？
B：そうなの，マット。どうして眠ろうとしないのかわからないのよ。

選択肢の訳	
1 why「どうして〜か」	**2** then「その時，それから」
3 what「何を〜か」	**4** which「どちらを〜か」

AとBは赤ちゃんが泣いていることについて話しています。I don't know の後に，why を続ければ，「どうして眠ろうとしないのかわからない」となります。したがって，**1 why** が正解です。

一次試験　筆記　2

(16) Answer **4**

訳 男性：これまでにイギリスに行ったことはありますか？
女性：実は，**私はそこで生まれました**。私の家族は私が 8 歳の時に日本へ引っ越してきました。

選択肢の訳
1「私には時間がありません」
2「私には姉がいます」
3「英語の先生にたずねてみるつもりです」
4「**私はそこで生まれました**」

Words

□ Have you been to 〜?「〜へ行ったことがありますか」

□ actually「実は，実際に」　□ move to 〜「〜へ引っ越す」

男性が「これまでにイギリスに行ったことがあるか」とたずねているのに対して，女性は「8 歳の時に日本へ引っ越した」と答えています。この会話をつなぐ自然な文は **4 I was born there.** となります。この there は男性の発言の England を受けています。

(17) Answer 3

訳 女性：すみません。この地域にパン屋さんはありますか？
男性：ごめんなさい，わかりません。僕はここの出身ではないんです。

選択肢の訳	
1 「気に入ってくれてうれしいです」	2 「おいしいですよ」
3 「私はここの出身ではありません」	4 「私の番でした」

Words

□ bakery「パン屋」 □ delicious「おいしい」

女性が「パン屋はありますか」とたずねているのに対して，男性は「わかりません」と答えています。この会話に自然につながる文は，3 I'm not from here. となります。

(18) Answer 2

訳 少女 1：日曜日に私と一緒に水族館に行かない？
少女 2：ぜひ行きたいわ。魚にすごく興味があるの。

選択肢の訳	
1 「それは私のものではないわよ」	2 「ぜひよろこんで」
3 「今日はここまでよ」	4 「あなたはきっとうまくいくわ」

Words

□ aquarium「水族館」 □ I'd love to.「ぜひよろこんで」

□ That's all for today.「今日はここまで」

少女 1 が「一緒に水族館に行きませんか」と誘っているのに対して，空所後で少女 2 は「魚に本当に興味がある」と答えています。この会話を自然につなげる文は，2 I'd love to. です。I'd love to の後には go to the aquarium（with you on Sunday）が省略されています。

(19) Answer 1

訳
兄：図書館へ行く準備はできたかい？
妹：まだよ。お母さんが先にお皿を洗うように私に頼んだのよ。先に行ってちょうだい。
兄：わかった。向こうで会おう。

選択肢の訳	
1 「先に行ってちょうだい」	2 「がんばったね」
3 「それを持っておいていいよ」	4 「その本は読んでしまった」

Words

- □ ask＋人＋to＋動詞の原形「（人）に～するように頼む」
- □ go ahead「先に行く，先に始める」 □ Good job.「がんばったね」
- □ keep「～を持っておく」

兄が妹に「出かける準備はできたか」とたずねているのに対して，妹は「お母さんが私に，先にお皿を洗うように頼んだ」と伝えています。それに続く妹の発言としては，1 Please go ahead. が適切です。

(20) Answer 4

訳
姉：お母さんの誕生日にケーキを買おうよ。
弟：もっといい考えがあるんだ。ケーキを作ろうよ！

選択肢の訳	
1 「それは僕のパーティーだった」	2 「いいケーキ屋さんを知っているよ」
3 「彼女は失敗をしたんだ」	4 「もっといい考えがあるんだ」

Words

- □ make a mistake「失敗をする」

姉が Let's buy a cake「ケーキを買おう」と提案しているのに対して，弟は Let's make one「ケーキを作ろう」と別の提案をしています。ここでの one は前に述べられた名詞である a cake を指しています。したがって，会話を自然につなげる文は，4 I have a better idea. となります。

一次試験　筆記　3 A

A New Café in Leadville Bookstore

❶ From November 1, you'll be able to read books in Leadville Bookstore's new café. ❷ The café will be inside the bookstore on the second floor. Come and enjoy some cakes and drinks!

Cakes

Carrot cake, strawberry cake, chocolate cake

Drinks

Coffee, tea, soft drinks

❸ If you buy two books, you'll receive a cup of coffee or tea for free!

There are more than 30,000 books to choose from in our bookstore. We also sell calendars, magazines, and newspapers. The café will open at 6 a.m., so come in and read a newspaper before you go to work.

訳

リードビル書店に新しいカフェ

❶11月1日から，リードビル書店の新しいカフェで本を読むことができるようになります。❷カフェは書店内の2階になります。ご来店いただきケーキと飲み物をお楽しみください！

ケーキ

ニンジンケーキ，イチゴケーキ，チョコレートケーキ

飲み物

コーヒー，紅茶，ソフトドリンク

❸本を２冊購入していただくと，コーヒーまたは紅茶を１杯無料でもらえます！

私たちの書店では 30,000 冊以上の本からお選びいただけます。カレンダー，雑誌，そして新聞も販売しています。カフェは午前６時に開店しますので，仕事に行かれる前に来ていただき，新聞をお読みください。

Words

- □ inside「～の中」
- □ receive「～を受け取る」
- □ for free「無料で」
- □ choose from ～「～の中から選ぶ」

(21) Answer 2

質問の訳　この掲示は何についてのものですか？

選択肢の訳	
1	11月１日に閉店する書店。
2	書店の中で開店するカフェ。
3	カフェの所有者によって書かれた本。
4	たくさんのレシピが載《の》った雑誌。

❶ From November 1, you'll be able to read books in Leadville Bookstore's new café. とあり，続いて❷ The café will be inside the bookstore on the second floor. とあることから，2 A café that will open inside a bookstore. が正解です。タイトルもヒントになります。

(22) Answer 4

質問の訳　本を２冊買った人は，（　　　）を得ることができる。

選択肢の訳			
1	無料の雑誌。	2	無料の新聞。
3	無料のケーキ。	4	無料の飲み物。

❸ If you buy two books, you'll receive a cup of coffee or tea for free! とあり，本を２冊買えばコーヒーか紅茶が無料でもらえるとわかります。本文の a cup of coffee or tea for free を a free drink と言い換えている，4 a free drink. が正解です。

一次試験　筆記　3 B

January 3

Dear Grandma,

How are you and Grandpa doing? I hope you are both well and staying warm. The weather is so cold now. I missed you at Christmas this year. Thank you for sending a beautiful card and some money. ❶ I used the money to buy some nice paper and pens. When I use them, I always think of you.

I had a great winter vacation. Do you remember my friend Mia? You met her last year. Well, during the winter vacation, ❷ I went skiing in Yamanashi with Mia and her family. We traveled from Osaka to Yamanashi by car. On the way, we stopped in Nagoya. We went to Nagoya Castle and a train museum there. At night, Mia's mother bought us noodles for dinner. My noodles had fried beef in them. They were delicious.

We stayed in Nagoya for one night, and then we went to Yamanashi. On the first day in Yamanashi, I took a skiing lesson with Mia and her little sister. We fell over a lot, but it was a lot of fun. By the end of the trip, I could ski down the mountain really fast. We spent New Year's Eve in Yamanashi and went to a temple there on January 1.

❸ I didn't see you and Grandpa at Christmas, so I hope I can come and see you both in the summer. Do you think I can do that? I really hope so.

Love,
Sara

訳

1月3日

おばあちゃんへ

おばあちゃんとおじいちゃんは元気ですか？　2人が元気で暖かく過ごしていることを願っているわ。今は気候がとても寒いものね。この前のクリスマスにはあなたたちに会えなくて寂《さび》しかったわ。きれいなカードとお金を送ってくれてありがとう。❶お金はすてきな紙とペンを買うために使ったの。使う時にはいつもあなたたちのことを思い出すわ。

私はすばらしい冬休みを過ごしたの。友達のマイアを覚えているかしら？　去年彼女に会ったよね。あのね，冬休みの間に，❷マイアとそのご家族と一緒に山梨へスキーに行ったの。大阪から山梨まで車で旅行したのよ。途中で名古屋にも立ち寄ったわ。そこで名古屋城と鉄道博物館に行ったのよ。夜にはマイアのお母さんが夕食に麺《めん》類を買ってくれたの。私の麺《めん》には牛肉のフライが入っていたわ。どれもおいしかった。

名古屋で一泊して，それから山梨へ行ったの。山梨での初日はマイアとマイアの妹と一緒にスキーのレッスンを受けたの。私たちはたくさん転んだけれど，とても楽しかったわ。旅行の終わりには，山を本当に速くスキーで降りられるようになっていたのよ。大晦日《おおみそか》は山梨で過ごして，1月1日はそこでお寺に行ったの。

❸クリスマスにはあなたとおじいちゃんに会えなかったから，夏には会いに行けることを願っているわ。できると思う？　本当にそうしたいのよね。

愛を込めて，

サラ

Words

▶**第1段**
- ☐ I hope ～「～だといいのにと願っている」　☐ both「両方とも」
- ☐ stay warm「（体を）暖かく保って過ごす」
- ☐ miss「～に会えなくて寂《さび》しく思う」
- ☐ think of ～「～のことを思い出す，～のことを思う」

▶**第2段**
- ☐ vacation「休暇」　☐ remember「～のことを覚えている」
- ☐ met：meet「～に会う」の過去形。　☐ during「～の間に」
- ☐ on the way「途中で」　☐ stop in ～「～に立ち寄る」
- ☐ castle「城」　☐ fried beef「牛肉のフライ（油で炒《いた》めた牛肉）」

▶**第3段**
- ☐ stay in ～ for one night「～に一泊する，～に一晩滞在する」
- ☐ on the first day「初日に」　☐ fall over「転ぶ，転倒する」
- ☐ fell：fall「落ちる」の過去形。
- ☐ ski down ～「スキーで滑走して～を降りる」

▶**第4段**
- ☐ Love「愛を込めて（手紙の最後につける表現）」

⑵③ Answer 3

質問の訳　**サラは祖父母からのお金をどのように使いましたか？**

選択肢の訳	
1　休暇に出かけるため。	**2**　クリスマスケーキを買うため。
3　紙とペンを買うため。	**4**　友達へのプレゼントを買うため。

❶ I used the money **to buy some nice paper and pens**. とあり，前文より，この the money は祖父母がサラに送ったものだとわかるので，**3 To buy some paper and pens.** が正解です。

⑵④ Answer 2

質問の訳　**サラは山梨で何をしましたか？**

選択肢の訳	
1　彼女は城へ行った。	**2**　彼女はスキーへ行った。
3　彼女は麺《めん》類を食べた。	**4**　彼女は博物館へ行った。

質問の Yamanashi は第 2 段と第 3 段に何度か出てきます。❷に，**I went skiing in Yamanashi** with Mia and her family. とあるので，**2 She went skiing.** が正解です。**1**・**3**・**4** は名古屋でしたことです。

⑵⑤ Answer 1

質問の訳　**サラは夏に何をしたいと思っていますか？**

選択肢の訳	
1　彼女の祖父母を訪れる。	**2**　お寺に行く。
3　アルバイトを始める。	**4**　山梨に戻る。

質問の in the summer は❸に登場します。I didn't see you and Grandpa at Christmas, so **I hope I can come and see you both** in the summer. の下線部分より，**1 Visit her grandparents.** が正解です。下線部分の you both は，文前半の you and Grandpa を指します。

一次試験　筆記　3C

The Challenger Deep

Most people know the name of the highest place in the world. It is Mount Everest, and it is a mountain between Nepal and Tibet in Asia. ❶ But not many people know the lowest place in the world. It is called the Challenger Deep, and it is at the bottom of the Pacific Ocean. The Challenger Deep is about 10,984 meters deep in the ocean. ❷ It is to the south of Japan in a part of the Pacific Ocean called the Mariana Trench. ❸ This part of the ocean is about 2,550 kilometers long and 69 kilometers wide. The Challenger Deep is at the end of the Mariana Trench, near an island called Guam.

Scientists don't know much about the Challenger Deep. ❹ It isn't safe to go there because the water pressure is too high for most submarines. In the past, scientists thought that fish and other animals couldn't live in such a place. ❺ Also, there is no light from the sun, and the Challenger Deep is very cold. It is usually between 1℃ and 4℃.

❻ In 1960, two people traveled to the Challenger Deep for the first time. They went there in a special submarine. This submarine could move in areas with high water pressure. It took the people five hours to get to the bottom of the ocean, but they could only stay there for about 20 minutes. At that time, they saw two kinds of sea animals. Now, scientists know that animals can live in such deep places.

訳

チャレンジャー・ディープ

ほとんどの人々が世界で最も高い場所の名前を知っている。それはエベレスト山であり，アジアのネパールとチベットの間にある。❶しかし，世界で最も低い場所を知っている人は多くはない。それはチャレンジャー・ディープと呼ばれ，太平洋の底にある。チャレンジャー・ディープは，海洋の約 10,984 メートルの深さにある。❷それは日本の南方の，マリアナ海溝《かいこう》と呼ばれる太平洋の一部分にある。❸この部分は長さが約 2,550 キロメートル，幅が 69 キロメートルである。チャレンジャー・ディープはマリアナ海溝《かいこう》の端で，グアムと呼ばれる島のそばにある。

科学者たちはチャレンジャー・ディープについて多くを知ってはいない。❹ほとんどの潜水艦《せんすいかん》にとって水圧が高すぎるため，そこまで行くのは安全ではない。過去には，科学者たちは魚や他の動物たちはそのような場所で生きることができないと考えていた。❺また，太陽からの光はなく，チャレンジャー・ディープはとても寒い。たいていの場合，1度から4度の間である。

❻1960年に，2人の人物がチャレンジャー・ディープへ初めて（探索の）旅をした。彼らは特別な潜水艦《せんすいかん》でそこまで行った。この潜水艦《せんすいかん》は高水圧の地域でも移動が可能だった。その人たちが海洋の底に到達するまでに5時間かかったが，彼らはそこに約20分滞在することしかできなかった。その際に，彼らは2種類の海洋生物を見かけた。今では，科学者たちは動物がそのような深い場所で生きることができることを知っている。

Words

▶第1段
- □ not many people ～「～する人は多くはない」
- □ between *A* and *B*「*A* と *B* の間」　□ Nepal「ネパール（国名）」
- □ Tibet「チベット（国名）」　□ at the bottom of ～「～の底に」
- □ ～ meters deep「深さ～メートル」　□ to the south of ～「～の南方に」
- □ ～ kilometers long「長さ～キロメートル」
- □ ～ kilometers wide「幅（広さ）～キロメートル」
- □ at the end of ～「～の端に」

▶第2段
- □ much「（否定文で）それほど（～ない）」　□ safe「安全な」
- □ in the past「過去には」　□ light「光」

▶第3段
- □ travel to ～「～に旅に出る」　□ for the first time「初めて」
- □ move「移動する」　□ area「地域」
- □ It takes＋人＋時間＋to＋動詞の原形「（人）が～するのに（時間）がかかる」
- □ took：take の過去形。　□ sea animals「海洋生物」

(26) Answer 1

質問の訳 マリアナ海溝《かいこう》はどこにありますか？

選択肢の訳	
1 太平洋の中。	2 グアム島の上。
3 ネパールとチベットの間。	4 日本にある湖の底。

❷ It is to the south of Japan in a part of the Pacific Ocean called the Mariana Trench. とあり，「マリアナ海溝《かいこう》が太平洋の中に位置している」ことがわかります。したがって，**1 In the Pacific Ocean.** が正解です。

(27) Answer 4

質問の訳 マリアナ海溝《かいこう》の広さはどれくらいですか？

選択肢の訳	
1 約 2,550 メートル。	2 約 10,984 メートル。
3 約 20 キロメートル。	4 約 69 キロメートル。

❸ This part of the ocean is about 2,550 kilometers long and 69 kilometers wide. とあります。This part of the ocean とは，マリアナ海《かい》溝《こう》がある海洋部分を表しています。問われているのは，long「長さ」ではなく wide「広さ（幅）」なので **4 About 69 kilometers.** が正解です。

(28) Answer 1

質問の訳 なぜチャレンジャー・ディープは人々にとって危険なのですか？

選択肢の訳
1 水圧がとても高いから。
2 危険な動物と魚がそこに住んでいるから。
3 彼らの目には光が明るすぎるから。
4 彼らには水が熱すぎるから。

❹ It isn't safe to go there because the water pressure is too high for most submarines. とあります。there は the Challenger Deep を表しています。「多くの潜水艦《せんすいかん》にとって危険」とありますが，これには「潜水艦《せんすいかん》に乗る人々」が含まれていると考えます。無人探査用の潜水艦《せんすいかん》であれば「危

険」という表現はやや不自然となるためです。したがって，**1 The water pressure is very high.** が正解です。

(29) Answer **3**

質問の訳　1960 年に，2 人の人物が（　　　）

選択肢の訳	
1	特別な潜水艦《せんすいかん》を失った。
2	海底の地図を描いた。
3	チャレンジャー・ディープまで行った。
4	海面の下に山を見つけた。

❻ **In 1960, two people traveled to the Challenger Deep** for the first time. とあります。その後の文脈で特別な潜水艦《せんすいかん》に乗って 2 人はチャレンジャー・ディープにたどり着いたことがわかります。したがって，**3 went to the Challenger Deep.** が正解です。

(30) Answer **1**

質問の訳　この話は何についてのものですか？

選択肢の訳	
1	海洋の暗くてとても深い場所。
2	潜水艦《せんすいかん》の歴史。
3	特別でおいしい魚の一種。
4	アジアにあるハイキングに行く場所。

タイトルはチャレンジャー・ディープであり，それは❶では「世界で最も低い場所」，❺では「太陽の光がない」場所とされています。したがって，**1 A dark and very deep place in the ocean.** が正解です。

一次試験　筆記　4

Answer 1　**Yes, I do. This is because I can enjoy the fresh air while I eat in parks. Also, I can enjoy nice views in the park.**（25～35 語）

訳 はい，好きです。なぜかというと公園で食べている間に新鮮な空気を楽しめるからです。また，公園のすてきな眺めを楽しむこともできます。

Answer 2 **Yes, I do. I have two reasons. First, I like eating while I look at beautiful flowers. Second, food tastes better when I eat it outside on sunny days.** (25〜35 語)

訳 はい，好きです。理由が2つあります。1つ目は，私は美しい花々を見ながら食べるのが好きです。2つ目は，晴れた日に外で食べると，食べ物がよりおいしく感じられます。

Answer 3 **No, I don't. I don't like flies and they sometimes come near me while I eat in parks. Also, if I eat inside a building, I don't have to worry about the weather.** (25〜35 語)

訳 いいえ，好きではありません。私はハエが好きではなく，公園で食べていると時々私のそばに来ることがあります。また，屋内で食べると天候について気にする必要がありません。

質問の訳 **あなたは公園で食事をするのが好きですか？**

Do you like 〜? という質問に対する返答は，Yes, I do. / No, I don't. の形を使います。

「公園で食事をするのが好き」を選んだ場合に使える表現：

sit on a bench〔leisure seat〕「ベンチ〔レジャーシート〕に座る」 eat a boxed lunch「お弁当を食べる」 have a barbeque「バーベキューをする」 play in the park right after eating「食後にすぐに公園で遊ぶ」 enjoy looking at cherry blossoms「花見を楽しむ」 eat with my friends or family「友達や家族と一緒に食べる」

「公園で食事をするのが好きではない」を選んだ場合に使える表現：

be caught in a sudden shower「突然雨に降られる」 can't relax「ゆっくりできない」 birds or insects〔bugs〕come close to 〜「鳥や虫が〜に近づいてくる」 can't enjoy eating if the weather is not good「天気が良くないと食事が楽しめない」

一次試験　リスニング　第1部

No. 1　Answer　1

★＝男性　☆＝女性　（以下同）

★ I like the book you lent me.

☆ Did you finish it?

★ No. ❶ Can I keep it longer?

☆ 1　Sure. Give it back to me next week.

☆ 2　Yes. I always study hard.

☆ 3　OK. It was five dollars.

Script

訳

★君が僕に貸してくれた本，気に入っているよ。

☆読み終わった？

★まだだよ。❶もう少し持っていていいかい？

☆ 1　もちろんよ。来週に私に返してね。

☆ 2　いいわよ。私はいつも一生懸命に勉強しているのよ。

☆ 3　わかったわ。5ドルだったわ。

Words

□ the book [you lent me]「君が僕に貸してくれた本」：book と you の間に関係代名詞 which または that が省略されている。

□ keep「～を持っておく〔借りたままでいる〕」

□ give＋物＋back to＋人「（人）に（物）を返す」

❶で「それ（＝本）をもう少し持っていて〔借りていて〕もいいか」とたずねているため，「来週に返して」と答えている 1 Sure. Give it back to me next week. が正解です。この会話中の it はすべて男性が借りた本のことです。

No. 2 Answer 1

★How did you do on the science test?

☆I did well.

★❶ Did you study for a long time?

☆1 For about five hours.

☆2 It was difficult.

☆3 Math is my favorite subject.

訳

★理科のテストはどうだった？

☆うまくいったよ。

★❶長い時間勉強をしたの？

☆1　5時間くらいかな。

☆2　難しかったよ。

☆3　数学が一番好きな教科なの。

Words

□How did you do on ～?「～はどうでしたか（うまくいきましたか）？」

❶で「長い時間勉強をしましたか」と聞いているため，「5時間くらい」と答えている 1 For about five hours. が正解です。

No. 3 Answer 3

☆Excuse me.

★Yes, ma'am?

☆❶ Where are the lockers in this station?

★1 For 200 yen a day.

★2 To Kyoto and Osaka.

★3 Beside the ticket machines.

訳 ☆すみません。

★はい，どうなさいましたか？

☆❶この駅のロッカーはどこにありますか？

★1　1日200円です。

★2　京都と大阪行きです。

★3　券売機のそばです。

Words

☐ Excuse me.「（人に話しかける表現として）すみません」

☐ ma'am「奥様」 女性に対する呼びかけで用いる。ここでは，Excuse me. に対して，「どうなさいましたか？」程度の返事となります。

☐ beside「～のそばに」　☐ ticket machine「券売機」

❶で「ロッカーはどこにありますか」とたずねています。その返事としては，「券売機のそばです」と答えている 3 Beside the ticket machines. が適切です。

No. 4 Answer 3

☆❶ When did you get this computer, Grandpa?

★ In December.

☆❷ Was it a Christmas present?

★1 No, I'm still learning.

★2 No, this one's fine.

★3 No, I bought it myself.

Script

訳 ☆❶いつこのコンピュータを手に入れたの，おじいちゃん？

★12月だよ。

☆❷クリスマスプレゼントだったの？

★1　いいや，まだ勉強中だよ。

★2　いいや，これは大丈夫だよ。

★3　いいや，自分で買ったんだ。

Words

☐ still「まだ，今もなお」　☐ myself「自分で」

少女が❶で「いつこのコンピュータを手に入れたか」，❷で「クリスマスプレゼントだったのか」とたずねています。選択肢はいずれも「いいえ」で始まっており，「自分で買った」という内容の3 No, I bought it myself. が正解です。

No. 5　Answer 1

☆❶ Look at all these leaves.
★ Yeah. ❷ There are a lot.
☆❸ I'll need another bag.

★1　I'll get you one.
★2　It was last weekend.
★3　You're welcome.

訳
☆❶これらの葉っぱをすべて見てちょうだい。
★ああ。❷たくさんあるね。
☆❸もう1袋必要だわ。

★1　1つ取ってきてあげるよ。
★2　先週末だったよ。
★3　どういたしまして。

Words

☐ leaves：leaf「葉」の複数形。　☐ another「もう1つの～，別の～」
☐ get＋人＋物「(人) に (物) を手に入れてあげる」
☐ You're welcome.「どういたしまして」

女性が❶で「葉っぱを見て」と言ったのに対して，男性は❷で「たくさんある」と答えています。そして，女性が❸で「もう1袋必要だ」と言っていることから，1 I'll get you one. が正解です。ここでの one は，

another bag を指しています。

No. 6 Answer 1

★ Has Grandma seen the photos from our trip yet?

☆ No. ❶ <u>Let's e-mail them to her.</u>

★❷ <u>I don't know how.</u>

☆ 1 I'll show you.

☆ 2 It's over here.

☆ 3 She has some.

Script

訳

★おばあちゃんは僕たちの旅行の写真をもう見たかな？

☆まだよ。❶<u>写真を彼女にＥメールで送りましょう。</u>

★❷<u>やり方がわからないよ。</u>

☆ 1 教えてあげるわ。

☆ 2 ここにあるわよ。

☆ 3 彼女はいくつか持っているわよ。

Words

- ☐ seen：see「～を見る」の過去分詞。 ☐ yet「（疑問文で）まだ，もう」
- ☐ e-mail＋物＋to＋人「Ｅメールで（人）に（物）を送る」
- ☐ I don't know how.「やり方がわからない」 ※ how の後に to e-mail them to her が省略されています。
- ☐ over here「こちらに」

女性が❶で「Ｅメールで写真を送りましょう」と言ったのに対して，少年は❷で「やり方がわからない」と答えています。したがって，「（やり方を）教えてあげる」という内容の 1 I'll show you. が正解です。

No. 7 Answer 2

☆❶ I have to make a speech tomorrow.

★ Good luck.

☆❷ I hope my classmates like it.

★1 I took one, too.

★2 I'm sure they will.

★3 You're very early.

訳

☆❶明日，スピーチをしなくちゃいけないの。

★がんばってね。

☆❷クラスメイトが気に入ってくれるといいんだけれど。

★1 僕も１つ取ったんだ。

★2 きっと気に入るよ。

★3 君は本当に早いね。

Words

- □ make a speech「スピーチを行う」 □ Good luck.「がんばって」
- □ I hope (that) ～「～ということを望む」
- □ I'm sure (that) ～「きっと～だと思う」

少女が❶で「明日スピーチを行う」，さらに❷で「クラスメイトが気に入ってくれることを望んでいる」と伝えています。したがって，少女にかける言葉としては「きっと気に入ってくれる」という意味の2 I'm sure they will. が適切です。they（＝classmates）will の後には，like it（＝speech）が省略されています。

No. 8 Answer 2

★Can I help you, ma'am?

☆Yes. ❶ Do you sell badminton rackets?

★❷ Sorry. We don't.

☆1 Yes, I'm on the team.

☆2 OK, thanks anyway.

☆3 Well, I'll think about it.

訳

★お手伝いいたしましょうか，奥様？

☆はい。❶バドミントンのラケットは売っていらっしゃいますか？

★❷申し訳ございません。売っておりません。

☆1　はい，私はチームに入っています。

☆2　わかりました，ともかくありがとうございます。

☆3　そうね，考えておきます。

Words

- Can I help you?「いらっしゃいませ，お手伝いいたしましょうか」
- ma'am「奥様」 女性に対する呼びかけで用いる。
- thanks anyway「（残念な結果に対するお礼の言葉として）ともかくありがとう」
- think about ～「～について考える」

女性が❶で「ラケットを売っていますか」と聞いているのに対し，店員の男性は❷で「売っておりません」と答えている。したがって，それに対する返答としては2 OK, thanks anyway. が適切です。

No. 9 Answer 2

Script

☆❶ I'm going ice-skating on Saturday.

★ Great.

☆❷ Do you want to go with me?

★1 I like your jacket.

★2 Sorry, but I'm busy then.

★3 I don't have any.

訳

☆❶土曜日にアイススケートをしに行くのよ。

★すごいね。

☆❷私と一緒に行きたい？

★1　君のジャケットはすてきだね。

★2　ごめんね，その日は忙しいんだよ。

★3　１つも持っていないんだ。

Words

□ go ice-skating「アイススケートをしに行く」

少女は❶で「アイススケートに行く」と少年に伝え，❷で少年に「一緒に行きたい？」とたずねています。その返事としては，「忙しくて一緒に行けない」という内容の 2 Sorry, but I'm busy then. が適切です。then は on Saturday を指しています。

No. 10 Answer 1

★❶ **We missed the train!**

☆ **Don't worry about it.**

★❷ **When's the next one?**

☆ 1 **It'll arrive in 10 minutes.**

☆ 2 **I lost my ticket.**

☆ 3 **I went by bus.**

Script

訳

★❶電車に乗り遅れちゃったよ！

☆心配しないで。

★❷次のはいつかな？

☆1　10分後に到着するわ。

☆2　切符を失くしてしまったわ。

☆3　バスで行ったわ。

Words

- ☐ miss「～に乗り遅れる」
- ☐ Don't worry about it.「それについて心配しないで」
- ☐ arrive「到着する」
- ☐ in＋時間「～後に」
- ☐ by buy「バスで」

少年は❶で「電車に乗り遅れてしまった」と伝え，❷で女性に「次の電車はいつかな」と聞いています。ここでの one は train を指しています。

1 It'll arrive in 10 minutes. の It は❷の next one を受けており，これも train を指すことから，「次の電車は10分後に到着する」という意味となる 1 が正解です。

一次試験　リスニング　第2部

No. 11　Answer　1

★＝男性　☆＝女性　（以下同）

☆ **Do you want to go to a movie?**

★ **Sure, Mom. ❶ Can we eat lunch first? I'm hungry.**

☆ **OK. ❷ I'll make sandwiches.**

★ **Great.**

Script

Question : What is the boy's mother going to do now?

訳

☆映画を見に行きたい？

★もちろんだよ，お母さん。❶先にお昼ご飯を食べられる？　僕はお腹が減ったよ。

☆わかったわ。❷サンドイッチを作るわね。

★やったね。

質問の訳　**少年の母親は今から何をするつもりですか？**

選択肢の訳			
1	昼食を作る。	2	レストランで食べる。
3	映画に行く。	4	サンドイッチを買う。

母親と息子が映画に行く話をしていますが，❶で息子は「先にお昼ご飯を食べられるか」と母親にたずねています。それに対して，母親は❷で「サンドイッチを作る」と答えています。したがって，**1 Make lunch.** が正解です。

No. 12 Answer 1

★ Excuse me. Is that your dog?

☆ Yes.

★❶ Sorry, but you can't bring dogs into this park.

☆ Oh, I didn't know that. ❷ I'll get him and leave right away.

Question : What will the woman do next?

Script

訳

★すみません。あれはあなたの犬ですか？

☆そうですよ。

★❶申し訳ないですが，この公園に犬を連れて入ることはできないんです。

☆あら，知らなかったわ。❷あの子をつかまえて，すぐに出ますね。

質問の訳　女性は次に何をするつもりですか？

選択肢の訳	
1	犬と一緒に公園を去る。
2	男性の犬を探す。
3	男性に公園を案内してまわる。
4	新しいペットを手に入れる。

Words

□ bring＋人・物＋into＋場所「(人・物) を (場所) に連れて入る」

□ leave「去る」　□ show＋人＋around＋場所「(人) に (場所) を案内してまわる」

男性が❶で「犬を公園に連れて入ることができない」と女性に言ったのに対して，女性は❷で「犬をつかまえてすぐに（公園を）出ます」と返事しています。したがって，1 Leave the park with her dog. が正解です。

No. 13 Answer 2

☆ When does the next bus to Madison leave?

★ In five minutes. The one after that comes in two hours.

☆ OK. ❶ Three tickets for the next bus, please.

★ That'll be $12.

Question : How many tickets does the woman want to buy?

訳

☆次のマディソン行きのバスはいつ出発しますか？

★ 5 分後です。その次のバスは 2 時間後に来ます。

☆わかりました。❶次のバスの乗車券を 3 枚お願いします。

★ 12 ドルになります。

質問の訳　女性は何枚の乗車券を買いたいと思っていますか？

選択肢の訳			
1　2 枚。	2　3 枚。	3　5 枚。	4　12 枚。

Words

- Madison「マディソン（地名）」
- leave「出発する」
- in＋時間「～後に」
- That'll be ～「（合計金額が）～になります」
- How many ～?「いくつの～？」

選択肢がすべて数字なので，これらの数字が何の数なのかを注意して聞き取りましょう。❶で女性は「次のバスの乗車券を 3 枚ください」と言っているので，2 Three. が正解です。

No. 14 Answer 4

☆ Have you ever been to Hokkaido?

★ Yes. ❶ My sister and I went there last year to visit our aunt.

☆ Did you go hiking or skiing?

★ No, we didn't have time.

Question : Why did the boy go to Hokkaido last year?

訳
☆これまでに北海道へ行ったことがありますか？
★はい。❶姉と僕は昨年おばさんを訪ねるためにそこへ行きました。
☆ハイキングやスキーに行きましたか？
★いいえ，時間がありませんでした。

質問の訳　少年は昨年なぜ北海道へ行ったのですか？

選択肢の訳	
1　スキーをしに行くため。	2　ハイキングをしに行くため。
3　姉に会うため。	4　おばさんに会うため。

Words

☐ Have you ever been to ～?「これまでに～に行ったことはありますか？」
☐ visit「～を訪問する」　☐ aunt「おば」
☐ go hiking or skiing「ハイキングやスキーをしに行く」

❶で少年は「おばさんを訪ねるために姉と一緒にそこ（＝北海道）へ行きました」と言っているので，4 To see his aunt. が正解です。see には「～を見る」だけでなく「～と会う」や「～とわかる」という意味もあるので覚えておきましょう。

No. 15 Answer 2

★ When does band practice start on Saturday? At 9:30?
☆ At nine. ❶ My dad's driving me. ❷ Do you want to ride with us?
★❸ Yes, please.
☆ OK. ❹ We'll pick you up at 8:30.

Question: What time will they meet on Saturday?

Script

訳
★バンドの練習は土曜日のいつ始まるんだい？　9時30分？
☆9時よ。❶私の父が車で送ってくれるの。❷私たちと一緒に乗らない？
★❸うん，お願いするよ。
☆わかったわ。❹8時30分に車で迎えに行くわ。

質問の訳　土曜日に彼らは何時に会うつもりですか？

選択肢の訳	
1　8時00分。	2　8時30分。
3　9時00分。	4　9時30分。

Words

- □ practice「練習」
- □ My dad's driving me. = My dad is driving me.「私の父が車で送ってくれるつもりです」 ※現在進行形で近い未来を表すことができます。
- □ ride with ～「～と一緒に車（などの乗り物）に乗る」
- □ pick＋人＋up「車で（人）を迎えに行く」

❶と❷で少女は「自分は車で送ってもらうつもりだが一緒に乗らないか」と少年を誘っています。それに対して，少年が❸で「お願いする」と答え，その後に少女は❹で「8時30分に車で迎えに行く」と少年に言っています。したがって，**2 At 8:30.** が正解です。

No. 16　Answer　3

★ Did you give Ms. Clark your social studies report?

☆ Yes, Dad.

★ Good. ❶ Do you have any homework tonight?

☆❷ I need to draw a picture of a flower for art class.

Question : What does the girl have to do tonight?

Script

訳

★クラーク先生に社会のレポートは提出したかい？

☆ええ，お父さん。

★いいね。❶今晩は宿題があるのかい？

☆❷美術の授業で花の絵をかく必要があるわ。

質問の訳　**少女は今晩何をする必要がありますか？**

選択肢の訳	
1　レポートを書く。	2　社会の勉強をする。
3　絵をかく。	4　花を買う。

Words

☐ give＋人＋物「(人）に（物）を与える」 ※ここでは「提出をする」という意味で使われています。

☐ social studies「社会」 ☐ draw「(色鉛筆などで）〜をかく」

父親が❶で「今晩は何か宿題はあるか」と聞いているのに対して，娘は❷で「花の絵をかく必要がある」と答えています。したがって，**3 Draw a picture.** が正解です。

No. 17 Answer 3

★ We need some drinks for tomorrow night's party.

☆ I've already bought some juice.

★ Really?

☆ Yeah. ❶I got some this morning. I'll buy some cola this afternoon.

Question : When did the woman buy some juice?

訳

★明日の夜のパーティーに飲み物が必要だね。

☆いくらかジュースは買ってあるわ。

★本当かい？

☆ええ。❶今朝いくらか（ジュースを）手に入れたわ。今日の午後にいくらかコーラを買うつもりよ。

質問の訳 女性はいつジュースを買いましたか？

選択肢の訳			
1	昨日の朝。	2	昨夜。
3	今朝。	4	今日の午後。

Words

☐ need「〜を必要としている」 ☐ some「いくらか，ある程度」

☐ juice「(果汁 100％の）ジュース」

☐ got：get「〜を手に入れる，〜を買う」の過去形。

❶で女性は「今朝いくらか（ジュースを）手に入れた」と言っています。getには「～を買う」という意味があるので注意が必要です。また，juiceは基本的には「果汁100％のジュース」を表します。したがって，午後に買おうとしている「コーラ」は，drink「飲み物」に含まれてもjuiceには含まれません。以上より，3 This morning. が正解です。

No. 18 Answer 4

☆ How was your weekend?

★ Good. I went to the mall on Saturday.

☆ Great.

★❶ Yesterday, I took some photos of trees at the park.

Question : Where did the boy go yesterday?

Script

訳

☆週末はどうだった？

★よかったよ。土曜日にショッピングモールへ行ってきたんだ。

☆よかったわね。

★❶昨日はね，公園でいくつか木の写真を撮ったんだ。

質問の訳 少年は昨日どこへ行きましたか？

選択肢の訳	
1 ショッピングモール。	2 少女の家。
3 ガーデニングのお店。	4 公園。

Words

□ How was ～?「～はどうでしたか？」 □ mall「ショッピングモール」

□ took：takeの過去形。 □ take (some) photos「写真を撮る」

❶で少年は「昨日は公園でいくつか写真を撮った」と言っているので，4 To a park. が正解です。

No. 19 Answer 4

☆ Are you taller than your father, Jason?

★ Yes, Grandma. He's 170 centimeters, and ❶ I'm 175 centimeters.

☆ I'm only 160 centimeters.

★ You're taller than Mom.

Question : How tall is Jason?

Script

訳

☆あなたはお父さんよりも背が高いの，ジェイソン？

★そうだよ，おばあちゃん。彼は170センチメートルで，❶僕は175センチメートルなんだ。

☆私はたったの160センチメートルよ。

★お母さんよりも背が高いね。

Words

□ tall「背が高い」

質問の訳　ジェイソンの身長はどれくらい高いですか？

選択肢の訳	
1　160センチメートル。	2　165センチメートル。
3　170センチメートル。	4　175センチメートル。

❶でジェイソンは「僕は175センチメートルだよ」と言っているので，4　175 centimeters. が正解です。他の人の身長を表す数字に惑わされないようにしましょう。

No. 20 Answer 4

★ **You can speak French well, Olivia.**

☆ **Thanks, Ben.**

★❶ **Were you born in France?**

☆❷ **No, but my older brother was.**

Question : Who was born in France?

Script

訳

★上手にフランス語を話すね，オリビア。

☆ありがとう，ベン。

★❶君はフランスで生まれたの？

☆❷ちがうわ，でも私の兄がそうだったのよ。

質問の訳 **誰がフランスで生まれましたか？**

選択肢の訳			
1	ベン。	2	ベンの兄。
3	オリビア。	4	オリビアの兄。

Words

□ be born「生まれた」

❶でベンは「君はフランスで生まれたの」とたずねています。それに対して，❷でオリビアは「私の兄がそうだった（＝フランスで生まれた）」と答えています。❷の was の後には born in France が省略されています。したがって，4 **Olivia's brother.** が正解です。

一次試験　リスニング　第3部

No. 21　Answer　3

☆❶ I can't swim at all, so I decided to take lessons. In the future, I want to take my son to Hawaii and swim with him in the sea. He loves swimming.

Question : What did the woman decide to do?

訳　❶私はまったく泳ぐことができないので，レッスンを受けることにした。将来は，息子をハワイに連れて行って，彼と一緒に海で泳ぎたい。彼は泳ぐことが大好きだ。

質問の訳　女性は何をすることに決めましたか？

選択肢の訳	
1　海のそばに家を買う。	2　ハワイに引っ越す。
3　水泳のレッスンを受ける。	4　息子に泳ぎ方を教える。

Words

- □ not 〜 at all「まったく〜ない」
- □ decide to＋動詞の原形「〜することに決める」
- □ take lessons「レッスンを受ける」
- □ take＋人＋to＋場所「（人）を（場所）に連れて行く」

❶で「まったく泳げないのでレッスンを受けることに決めた」と言っているので，3 Take swimming lessons. が正解です。

No. 22　Answer　2

★ Last night, I had a party in my apartment. After the party, I cleaned my living room, but ❶ I was too tired to wash the dishes. ❷ I have to do that this morning.

Question : What does the man need to do this morning?

訳　昨夜，私のアパートでパーティーを開いた。パーティーの後，私はリビングルームを掃除したが，❶あまりに疲れていたのでお皿洗いができなかった。❷それを今日の朝しなくてはならない。

質問の訳　**男性は今日の朝何をする必要がありますか？**

選択肢の訳	
1　リビングルームの掃除をする。	2　お皿洗いをする。
3　パーティーのための食料を買う。	4　新しいアパートを探す。

Words

- □ apartment「アパート，マンション」
- □ too … to＋動詞の原形「…すぎて～できない」
- □ have to＋動詞の原形「～しなくてはいけない，～する必要がある」
- □ need to＋動詞の原形「～する必要がある」
- □ look for ～「～を探す」

❶で男性は「あまりに疲れていたので皿洗いはできなかった」と言い，その後に❷で「それを今日の朝しなくてはならない」と言っています。したがって，2 Wash the dishes. が正解です。

No. 23　Answer　3

★ Yesterday, my school had a speech contest. My friends' speeches were really good. Jenny's and Sara's speeches were both about their hobbies. ❶ Donna's was about her mother. ❷ It was my favorite one.

Question : Whose speech did the boy like the best?

訳　昨日，僕の学校ではスピーチコンテストがあった。僕の友達のスピーチはとてもよかった。ジェニーとサラのスピーチはどちらも自分の趣味についてだった。❶ドナのものは自分の母親についてだった。❷それが僕のお気に入りのスピーチだった。

質問の訳　**少年は誰のスピーチが最も気に入りましたか？**

選択肢の訳	
1　ジェニーのスピーチ。	**2**　サラのスピーチ。
3　ドナのスピーチ。	**4**　彼の母親のスピーチ。

Words

☐ both「両方とも，どちらも」　☐ hobby「趣味」　☐ favorite「お気に入りの」

❶で「ドナのもの（＝スピーチ）は自分の母親についてだった」と話し，続いて❷では「それが僕のお気に入りだった」と話しています。したがって，**3** **Donna's.** が正解です。

No. 24　Answer　1

★ **Paul went to the library to study after school today. When he got home, his mother was angry. ❶ She said he should always call her if he goes somewhere after school.**

Question : Why was Paul's mother angry?

訳　ポールは今日の放課後に勉強をするために図書館へ行った。彼が家に着くと，母親が怒っていた。❶彼女はもしも放課後にどこかへ行くのであれば，常に彼女に電話をするべきだと言った。

質問の訳　**どうしてポールの母親は怒っていたのですか？**

選択肢の訳
1　ポールが彼女に電話をしなかった。
2　ポールが一生懸命に勉強をしなかった。
3　ポールが図書館のカードを失くしてしまった。
4　ポールが学校に遅刻した。

Words

☐ got：get の過去形。　☐ get home「帰宅する」

☐ angry「怒った，腹を立てた」　☐ somewhere「どこかへ，どこかで」

☐ be late for ～「～に遅れる」

選択肢の動詞がすべて過去形なので，起こった出来事に印をつけていきましょう。❶に「彼女（＝ポールの母親）はもしも放課後にどこかへ行くのであれば，常に彼女に電話をするべきだと言った」とあることから，ポールは母親に電話をしなかったことがわかります。したがって，**1 Paul didn't call her.** が正解です。

No. 25 Answer 4

★ **Greg's favorite holiday is Christmas. This year, he got a bicycle, and his sister Peggy got a dress. ❶ Greg's mother gave his father a new computer. He was very happy.**

Question : Who got a computer for Christmas?

訳　グレッグのお気に入りの祝日はクリスマスである。今年，彼は自転車を手に入れ，彼の妹のペギーはワンピースを手に入れた。❶グレッグの母親は彼の父親に新しいコンピュータを贈《おく》った。彼はとても喜んだ。

質問の訳　**誰がクリスマスにコンピュータを手に入れましたか？**

選択肢の訳	
1　グレッグ。	2　グレッグの妹。
3　グレッグの母親。	4　グレッグの父親。

Words

- ☐ favorite「お気に入りの」　☐ holiday「祝日」　☐ dress「（ワンピースの）洋服」
- ☐ give＋人＋物「（人）に（物）を与える」

❶に「グレッグの母親は彼の父親にコンピュータを贈《おく》った」とあるので，**4 Greg's father.** が正解です。

No. 26 Answer 2

★I played rugby this afternoon, and now my leg hurts. ❶ My mom will take me to the doctor tomorrow morning. My next rugby game is on Saturday. I hope I can play.

Question : When will the boy go to the doctor?

訳 僕は今日の午後にラグビーをして，今は足が痛い。❶母が明日の朝に僕をお医者さんに連れて行ってくれる。次のラグビーの試合は土曜日にある。試合に出られるといいんだけれど。

質問の訳 いつ少年は医者のところへ行きますか？

選択肢の訳	
1 今日の午後。	2 明日の朝。
3 明日の午後。	4 次の土曜日。

Words

- ☐ rugby「ラグビー」 ☐ leg「足」 ☐ hurt「痛む」
- ☐ take＋人＋to＋人／場所「（人）を（人／場所）に連れて行く」
- ☐ I hope ～「～だといいのにと願っている」

❶で少年は「母が明日の朝に僕をお医者さんへ連れて行ってくれる」と言っているので，2 Tomorrow morning. が正解です。

No. 27 Answer 4

☆My mom loves vegetables. She loves eating potatoes and lettuce, and she grows onions in our garden. ❶ I think carrots are delicious, but I don't like other kinds of vegetables.

Question : What vegetable does the girl like?

訳 私の母は野菜が大好きだ。彼女はポテトとレタスを食べるのが好きで，庭でタマネギを育てている。❶私は，ニンジンはおいしいと思うけれど，他の種類の野菜は好きではない。

質問の訳　少女はどの野菜が好きですか？

選択肢の訳			
1　ポテト。	**2**　レタス。	**3**　タマネギ。	**4**　ニンジン。

Words

- □vegetable「野菜」　□potato「ポテト」　□lettuce「レタス」
- □grow「(植物) を育てる」　□onion「タマネギ」　□garden「庭，菜園」
- □carrot「ニンジン」　□delicious「おいしい」　□kind「種類」

❶で少女は「私は，ニンジンはおいしいと思う」と言っているので，**4** Carrots. が正解です。

No. 28　Answer　2

☆I love art. I draw pictures every day, and ❶I take an art class every Monday. I also take my two daughters to an art museum once a month.

Question : How often does the woman take an art class?

訳　私は美術が大好きだ。私は毎日絵をかいていて，❶毎週月曜日に美術の授業を受ける。私は月に1回2人の娘を美術館に連れて行ってもいる。

質問の訳　女性はどれくらい頻繁《ひんぱん》に美術の授業を受けていますか？

選択肢の訳			
1　毎日。	**2**　週に1回。	**3**　週に2回。	**4**　月に1回。

Words

- □draw「(鉛筆などで) ～をかく」
- □take＋人＋to＋場所「(人) を (場所) に連れて行く」　□daughter「娘」
- □art museum「美術館」　□once「1回」　□twice「2回」

❶で女性は「毎週月曜日に美術の授業を受けている」と言っています。これはつまり「週に1回」ということです。したがって，**2** Once a week. が正解です。

No. 29 Answer 1

☆ **Henry always gives his family books for Christmas. ❶ Last year, he got a book about gardening for his wife and one about animals for his daughter. This year, he'll give them books about traveling.**

Question: What did Henry give his daughter for Christmas last year?

訳 ヘンリーはいつもクリスマスには家族に本を贈《おく》る。❶昨年，彼は妻にガーデニングの本を，そして娘には動物に関する本を買った。今年，彼は旅行に関する本を彼女たちに贈《おく》るつもりである。

質問の訳 **ヘンリーは，昨年のクリスマスに娘に何を贈《おく》りましたか？**

選択肢の訳			
1	動物に関する本。	**2**	ガーデニングに関する本。
3	旅行に関する本。	**4**	クリスマスに関する本。

Words

□ gardening「ガーデニング」 □ wife「妻」 □ daughter「娘」

□ traveling「旅行」

選択肢の本についての情報（いつ誰に贈《おく》ったか）をメモしながら聞くとよいでしょう。❶で「彼（＝ヘンリー）は娘には動物に関する本を買った」と言っているので，**1 A book about animals.** が正解です。

No. 30 Answer 3

☆ Welcome to Dirkby Department Store. Today, we have some special events. ❶ There will be a piano concert at two on the fourth floor. And on the fifth floor, we have a sale on clothes.

Question : Where will the piano concert be held?

訳　ダークビー・デパートへようこそ。本日，私どもは特別なイベントをご用意しております。❶ 4階では2時よりピアノのコンサートがあります。そして5階では，衣類のセールを行います。

質問の訳　ピアノのコンサートはどこで行われますか？

選択肢の訳			
1　2階。	2　3階。	3　4階。	4　5階。

Words

- □ welcome to ～「～へようこそ」
- □ event「イベント」
- □ the fourth floor「4階」
- □ the fifth floor「5階」
- □ sale「セール，特売」
- □ clothes「衣類」
- □ be held「開催される」

❶で「4階ではピアノのコンサートがあります」とアナウンスされています。したがって，3 On the fourth floor. が正解です。

二次試験　面接　問題カードD

Chinese Restaurants

There are many Chinese restaurants in Japan. They usually sell noodles and other popular Chinese dishes. ❶ Some people want to eat delicious Chinese meals at home, so they order take-out food from Chinese restaurants.

訳

中華料理店

日本にはたくさんの中華料理店がある。ふつうは麺《めん》類や他の人気の中華料理を売っている。❶人々の中にはおいしい中華料理を家で食べたいという人もいるので，中華料理店から持ち帰りの食事を注文している。

Words

- □ restaurant「レストラン」
- □ noodle「麺《めん》類」
- □ popular「人気の」
- □ dish「料理」
- □ Some＋人＋動詞「～する（人）もいる」
- □ delicious「おいしい」
- □ meal「食事」
- □ order「～を注文する」
- □ take-out「持ち帰りの」

質問の訳

No. 1　本文を見てください。人々の中にはなぜ中華料理店から持ち帰りの食事を注文する人もいるのですか？

No. 2　イラストを見てください。何人の人がコップを持っていますか？

No. 3　メガネをかけた男性を見てください。彼は何をするつもりですか？

No. 4　あなたは朝はたいてい何時に起きていますか？

No. 5　あなたはビーチに行ったことがありますか？

はい → もっと話してください。

いいえ → 今日の夕方にあなたは何をするつもりですか？

No. 1　Answer　**Because they want to eat delicious Chinese meals at home.**

訳　彼らは家でおいしい中華料理を食べたいからです。

❶ Some people want to eat delicious Chinese meals at home, so they order take-out food from Chinese restaurants. の下線部分が質問（Why do some people order take-out food from Chinese restaurants?）と同じであることに注目します。so の前の Some people want to eat delicious Chinese meals at home の部分が理由となります。主語の Some people は they に変えて，Because をつけて答えましょう。

No. 2　Answer　**Two people are holding cups.**

訳　2人がコップを持っています。

How many people ～? は人数を問う表現です。hold は「～を持つ」，cup は「コップ」という意味です。イラスト中でコップを持っているのは2人なので，two people を解答に入れましょう。ただし，文にして答えたいので，質問（How many people are holding cups?）の How many people を Two people に置き換え，are holding cups とつけて答えます。質問と同じ語を省略して，Two are. と答えることもできますが，動詞部分の are まで省略して，単に数字だけで，Two. と答えないようにしましょう。

No. 3　Answer　**He's going to close the window.**

訳　彼は窓を閉めるつもりです。

イラスト中には男性が2人描かれています。the man wearing glasses までよく聞いて，メガネをかけている男性がとろうとしている行動について答えることに注意してください。男性は，窓を閉める姿を思い浮かべています。「窓を閉める」は close〔shut〕 the window と表現します。質問（What is he going to do?）の下線部分を使い，He's〔He is〕 going to close the window. と答えましょう。

No. 4 Answer **I get up at six.**

訳 私は6時に起きています。

What time ～? は「何時に～？」と時間を問う表現です。get up は「起きる」という意味です。時間を答える際には，at を付け加えるのを忘れないようにしましょう。単に時間だけを答えて，Six. や At six. と答えないようにしましょう。

No. 5 Answer

(Yes. → Please tell me more.)

I went to the beach near my house.

(No. → What are you going to do this evening?)

I'm going to watch a movie.

訳 (Yes. の場合 → もっと話してください。)
私は家の近くにあるビーチに行きました。
(No. の場合 → 今日の夜は何をするつもりですか？)
私は映画を見るつもりです。

質問 (Have you ever been to the beach?) に対し，まずは Yes. / No. で，あなたがこれまでにビーチに行ったことがあるかどうかを伝えます。

Yes. と答えると，Please tell me more. と言われるので，これまでに行ったことのあるビーチについて答えます。具体的なビーチ名を答えてもかまいません。また，質問には have been to ～「～に行ったことがある」という現在完了という時制が用いられています。質問に合わせる形で have been to を用いてもかまいませんが，went to と過去形で答えてもよいでしょう。また，「毎年行っている」などとする場合には現在形で答えることも可能です。

例：I have been to Shirarahama Beach in Wakayama twice.「和歌山にある白良《しらら》浜《はま》のビーチに2回行ったことがあります」，I went to a beach in Kanagawa last year.「昨年，神奈川にあるビーチへ行きました」，I go to the beach in Okinawa with my family every year.「沖縄にあるビーチに家族と一緒に毎年行っています」

No. と答えると，今日の夜は何をするつもりかを問われます。質問（What **are** you **going to do** this evening?）の下線部分を用いて〈I am going to＋動詞の原形～.〉や〈I'm planning to＋動詞の原形～.〉〈I will＋動詞の原形～.〉の形で答えましょう。this evening は夕方から自分が寝るまでの時間を指します。時間の幅が広いので，自分が行うであろう行動で，英語で表現しやすいものを選ぶとよいでしょう。

二次試験　面接　問題カードＪ

Beach Volleyball

Beach volleyball is an exciting sport. It is fun to play on hot summer days. ❶ Many people like seeing their favorite players, so they enjoy going to professional beach volleyball tournaments.

訳

ビーチバレーボール

ビーチバレーボールは楽しいスポーツだ。暑い夏の日にするのは楽しい。❶多くの人々が自分のお気に入りの選手を見るのが好きなので，プロのビーチバレーボールのトーナメントへ行くことを楽しんでいる。

Words

- ☐ exciting「わくわくするような，楽しい」
- ☐ fun「楽しみ」
- ☐ like＋動名詞「～することが好きである」
- ☐ favorite「お気に入りの」
- ☐ enjoy＋動名詞「～することを楽しむ」
- ☐ professional「プロの」
- ☐ tournament「トーナメント」

質問の訳

No. 1　本文を見てください。多くの人々はなぜプロのビーチバレーボールのトーナメントに行くことを楽しんでいるのですか？

No. 2　イラストを見てください。何人の人々がサングラスをかけていますか？

No. 3　髪の長い少女を見てください。彼女は何をするつもりですか？

No. 4　あなたはどのようなテレビ番組が好きですか？

No. 5　あなたは冬休みの計画はありますか？

はい → もっと話してください。

いいえ → あなたは週末はたいてい何時に起きていますか？

No. 1　Answer　**Because they like seeing their favorite players.**

訳　彼らは自分たちのお気に入りの選手を見ることが好きだからです。

❶ Many people like seeing their favorite players, so they enjoy going to professional beach volleyball tournaments. の下線部分が質問（Why do many people enjoy going to professional beach volleyball tournaments?）と同じであることに注目します。so の前の Many people like seeing their favorite players の部分が理由となります。主語の Many people は they に変えて，Because をつけて答えましょう。

No. 2　Answer　**Two people are wearing sunglasses.**

訳　2人の人がサングラスをかけています。

How many people ～? は人数を問う表現です。wear は「～を身につける」，sunglass は「サングラス」という意味です。イラスト中でサングラスをかけているのは2人なので，two people を解答に入れましょう。ただし，文にして答えたいので，質問（How many people are wearing sunglasses?）の How many people を Two people に置き換え，are wearing sunglasses とつけて答えます。質問と同じ語を省略して，Two are. と答えることもできますが，動詞部分の are まで省略して，単に数字だけで，Two. と答えないようにしましょう。

No. 3 Answer **She's going to wash her hands.**

訳 彼女は手を洗うつもりです。

イラスト中の髪の長い少女は，自分が手を洗っている姿を思い浮かべています。「手を洗う」は，wash *one's*（ここでは her）hands と表現します。両手を洗うので hands と答えるようにしましょう。質問（What is she going to do?）の下線部分を使い，She is going to wash her hands. と答えましょう。

No. 4 Answer **I like quiz shows.**

訳 私はクイズショーが好きです。

What kind of ～? は「どんな種類の～？」という意味です。TV program は「テレビ番組」という意味です。質問（What kind of TV programs do you like?）に対する返答なので，〈I like ～〉という形で答えます。たずねられているのは，テレビ番組の種類なので，具体的なテレビ番組名を答えないようにしましょう。I like to watch sports on TV.「私はテレビでスポーツを見るのが好きです」などと答えてもいいでしょう。

テレビ番組の種類として使える表現：
sports (programs)「スポーツ番組」，variety shows「バラエティ番組」，comedy shows「お笑い番組」，talk shows「トーク番組」，documentary「ドキュメンタリー番組」，anime / cartoons「アニメ」

No. 5 Answer

(Yes. → Please tell me more.)

I'm going to visit Kobe.

(No. → What time do you usually get up on weekends?)

I get up at eight.

訳 （Yes. の場合 → もっと話してください。）
神戸に行くつもりです。
（No. の場合 → あなたは週末はたいてい何時に起きていますか？）
私は8時に起きています。

質問（Do you have any plans for the winter vacation?）に対し，まずは Yes. / No. で冬休みの予定があるのかどうかを伝えます。

Yes. と答えると，Please tell me more. と言われるので，冬休みの予定の中から１つ，英語で表現できそうなものを答えるとよいでしょう。答える際には，〈I am going to＋動詞の原形〜〉や〈I'm planning to＋動詞の原形〜〉〈I will＋動詞の原形〜〉の形で答えましょう。

例：I am going to travel with my family.「家族と一緒に旅行に行くつもりです」，I am planning to enjoy winter sports.「冬のスポーツを楽しむ計画をしています」，I will visit my grandparents.「祖父母のところを訪れるつもりです」

No. と答えると，週末は何時に起きているかを問われます。What time 〜? は「何時に〜？」と時間を問う表現です。get up は「起きる」という意味です。時間を答える際には，at を付け加えるのを忘れないようにしましょう。単に時間だけを答えて，Eight. や At Eight. と答えないようにしましょう。

Grade 3

2022年度 第1回

Answer

筆記

1	(1)	(2)	(3)	(4)	(5)	(6)	(7)	(8)	(9)	(10)
	3	3	2	1	3	3	2	2	3	4
	(11)	(12)	(13)	(14)	(15)					
	3	1	4	2	2					

2	(16)	(17)	(18)	(19)	(20)
	3	1	2	4	2

3	A	(21)	(22)			
		1	4			
	B	(23)	(24)	(25)		
		3	1	3		
	C	(26)	(27)	(28)	(29)	(30)
		1	3	1	2	4

4（ライティング）の解答例は p. 20（★）を参照。

リスニング

第1部	No.1	No.2	No.3	No.4	No.5	No.6	No.7	No.8	No.9	No.10
	2	2	1	1	3	1	2	1	3	1

第2部	No.11	No.12	No.13	No.14	No.15	No.16	No.17	No.18	No.19	No.20
	2	4	4	1	1	3	2	3	3	4

第3部	No.21	No.22	No.23	No.24	No.25	No.26	No.27	No.28	No.29	No.30
	2	2	1	3	2	1	3	3	4	4

一次試験　筆記　1

(1) Answer 3

訳　A：お母さん，どこに行くの？

B：新鮮な野菜を買いに市場へ行くのよ。そこの野菜はすべて地元の農家で栽培されたものなの。

選択肢の訳	
1 doctor(s)「医者」	**2** pilot(s)「パイロット」
3 farmer(s)「農家」	**4** musician(s)「音楽家」

空所を含む文の They were (all) grown の They は fresh vegetables「新鮮な野菜」を指し，were (all) grown by は受け身で「～によって育てられた」という意味です。by の後ろには野菜を育てた人として **3 farmers** を入れます。

(2) Answer 3

訳　夏には，私は暗くなる直前にランニングに行くことがよくある。日中は暑すぎて走ることができない。

選択肢の訳	
1 young「若い」	**2** quiet「静かな，無口な」
3 dark「暗い」	**4** real「本物の，現実の」

選択肢がすべて形容詞なので，空所前の get は get＋形容詞で「～になる」という意味です。空所後に「日中は暑すぎて走れない」という文が続いているので，just before it gets (　　) は，日中以外でランニングをするのに適した時間帯を表していると考えられます。**3 dark** を入れると「暗くなる（＝日が暮れる）直前に」という意味になり，自然な文になります。

(3) Answer 2

訳　日本では，ドラッグストアが便利だ。薬や食料，飲み物を販売しているからだ。

選択肢の訳	
1 church(es)「教会」	2 drugstore(s)「ドラッグストア」
3 libraries：library「図書館」の複数形	4 post office(s)「郵便局」

薬や食料，飲み物を販売している店は **2 drugstores** です。

(4) Answer 1

訳 A：私，この浜辺がとても気に入ったわ。ずっとここにいたい。
B：僕もだよ。でも，明日には離れないといけないね。

選択肢の訳	
1 forever「永遠に，ずっと」	2 nearly「ほとんど」
3 straight「まっすぐ」	4 exactly「正確に」

1 forever を入れると，2人の対話が「ずっとここにいたいが，明日には離れなければならない」という自然な流れになります。

(5) Answer 3

訳 リュウジの夢は有名な寿司職人になることだ。

選択肢の訳	
1 carpenter「大工」	2 dentist「歯医者」
3 chef「シェフ，調理師」	4 singer「歌手」

3 chef を入れると，空所前の sushi とあわせて「寿司職人」となり，これが正解です。

(6) Answer 3

訳 英語の授業に備えて，ケンジは自分自身についての文を5つ書かなければならない。明日，彼はクラスのみんなの前でそれらを読むことになっている。

選択肢の訳	
1 storm(s)「嵐」	2 calendar(s)「カレンダー」
3 sentence(s)「文」	4 centuries：century「世紀」の複数形

空所前の write「～を書く」，第2文の read them「それらを読む」より，読んだり書いたりするものとなる **3 sentences** を選びます。

(7) Answer 2

訳 A：スミス先生。この問題の正解を教えてもらえませんか？
B：もちろんだよ，デイビッド。問題を見せて。

選択肢の訳	
1 narrow「狭い」	**2** correct「正しい」
3 weak「弱い」	**4** quiet「静かな，無口な」

the answer to this question で「この問題に対する答え」という意味です。answer にかかる形容詞としてふさわしいのは **2 correct** です。

(8) Answer 2

訳 A：春が待ちきれないよ。
B：僕もだよ。この雪と寒い天気にはうんざりだよ。

選択肢の訳	
1 upset「混乱した，転覆《てんぷく》した」	**2** tired「疲れた，うんざりした」
3 silent「静かな，無言の」	**4** wrong「間違った」

空所前の Me, neither. は，相手の発言に「私もそうではない（＝春を待ちきれない）」と同意する表現です。B も春を楽しみにしていることがわかるので，空所後の this snow and cold weather に対してはマイナスなイメージを持っているはずです。マイナスな意味となるのは **be tired of ～「～にうんざりした」** なので，**2 tired** を入れます。また，tired は be tired with ～ で「～で疲れた」という意味にもなります。

(9) Answer 3

訳 ニューヨークからの飛行機の中では寝ることができなかったが，今朝はずっと気分が良い。昨夜は本当にぐっすり眠れた。

選択肢の訳	
1 cover「～を覆《おお》う」	**2** brush「～を磨《みが》く」
3 feel「～を感じる，～な感じがする」	**4** share「～を共有する」

空所後の much better は，good が比較級（better）に変化し，強調表現（much）がついたものです。**feel good で「気分が良い，快調である」**

という意味になるので，**3 feel** が正解です。

(10) Answer 4

訳 A：土曜日は一日中，雪が降るみたいね。
B：それはいいね。今週末はスキーに行くことになっているんだ。

選択肢の訳	
1 any「どんな～でも」	2 more「より多くの」
3 much「たくさんの」	4 all「すべての」

4 all を入れると，**all day**「一日中」という意味になります。

(11) Answer 3

訳 来週，デイブの兄が結婚する。デイブは結婚式でスピーチをすることになっている。

選択肢の訳
1 collect(ed)「～を集める」
2 raise(d)「～を上げる」
3 married：marry「～と結婚する」の過去分詞，過去形
4 crowded「混み合った」

at the wedding「結婚式で」より，**3 married** を入れます。**get married** で「結婚する」という意味になります。

(12) Answer 1

訳 A：ピーター，どこにいたの？　あなたのこと，心配していたのよ！
B：ごめん，お母さん。放課後，図書館に行っていたんだ。

選択肢の訳	
1 worried「心配した」	2 excited「わくわくした，興奮した」
3 surprised「驚いた」	4 interested「興味のある」

選択肢の語はすべてAの感情を表す語であることに注目します。Bの居場所をたずねたAに対して，Bは「ごめん」と言いながらどこにいたかを答えているため，AがBのことを心配していたとわかります。よって，**1 worried** を選びます。

(13) Answer 4

訳 A：お母さんはもう仕事に行ったの？

B：うん，今日は早くに出たよ。大事な会議があるんだ。

選択肢の説明
1 go：原形もしくは現在形「行く」
2 going：現在分詞「行っている」もしくは動名詞「行くこと」
3 went：過去形
4 gone：過去分詞

空所を含む文の文頭 Has に注目。疑問文で Has が文頭に出るのは，現在完了形の疑問文〈Have / Has＋主語＋過去分詞？〉です。過去分詞の **4** gone が正解。

(14) Answer 2

訳 A：聞いて！　ポスターコンテストで2位に入賞したよ。

B：すごいね。あなたをとても誇りに思うわ。

選択肢の説明
1 win：原形もしくは現在形「勝つ，（賞など）を勝ち取る」
2 won：過去形「勝った」もしくは過去分詞
3 winning：現在分詞「勝っている」もしくは動名詞「勝つこと」
4 to win：不定詞

空所後の second prize より，Aがコンテストの結果を報告していることがわかります。賞の結果はすでに出ているので，過去形の **2** won が正解です。

(15) Answer 2

訳
A：猫よりも犬の方が利口だと思う？
B：よくわからないな。

選択肢の説明
1 smart「利口な」
2 smarter：比較級「より利口な」
3 smartest：最上級「最も利口な」
4 most：many の最上級「最も（多く）」

空所後に than があるため，比較級となる **2 smarter** を入れます。

一次試験　筆記　2

(16) Answer 3

訳
女性 1：私はよくツリートップカフェで昼食をとるの。
女性 2：私もよ。いつか一緒にそこに行かない？
女性 1：いいわよ。

選択肢の訳
1「そこのスパゲティ，食べたことある？」
2「注文を伺《うかが》ってもよろしいでしょうか？」
3「いつか一緒にそこに行かない？」
4「私にも少し作ってみてくれない？」

Words

- □ tried：try「～を試す」の過去分詞。
- □ May I ～?「～してもいいですか？」
- □ take *one's* order「注文をとる」
- □ Shall we ～?「(一緒に) ～しませんか？」
- □ together「一緒に」
- □ sometime「いつか」

空所前までの対話から，女性 1 と女性 2 がよく行くカフェについて話しているとわかります。女性 2 は店員ではないので，注文をとろうとする **2** は不適切。空所後の OK. という返答は了承を表すため，**1** に対する返答としては不適切。**4** は女性 1 の最初の発言にうまくつながらず，some が指すものが不明なので不適切。よって，**3 Shall we go there together sometime?** が正解です。

(17) Answer 1

訳
母親：私はチキンカレーを注文するわ。フレッド，あなたはどうする？
息子：僕も同じものにするよ。おいしそうだよね。

選択肢の訳	
1 「僕も同じものにするよ」	**2** 「僕はレストランに行ったよ」
3 「今はいらないよ」	**4** 「あなたの言う通りだといいね」

Words

- □ order「～を注文する」
- □ What about ～?「～はどうする？」
- □ look＋形容詞「～に見える」
- □ at the moment「今のところは」
- □ I hope 主語＋動詞「～ならいいね」
- □ right「正しい」

母親が空所前に息子に何を注文するかをたずね，息子が空所後に It looks delicious. と言っています。It は息子が注文する料理を指すと考えられます。選択肢には料理名となる表現はありませんが，**1 I'll have the same.** の the same「同じもの」が，母親が注文するチキンカレーを指します。

(18) Answer 2

訳
少年：昨夜，君に電話したのに出なかったね。
少女：ごめんね，レポートを書いていたの。今日，それを英語の先生に提出しないといけないのよ。

選択肢の訳	
1 「あなたの質問を忘れていたわ」	**2** 「レポートを書いていたの」
3 「電話を持っていないの」	**4** 「その答えを知らないのよ」

空所後の it「それ」は英語の先生に提出しないといけないものです。よって，it が指すのは **2 I was writing a report.** の a report だと考えられます。

⒆ Answer 4

訳

祖母：テレビの音が聞こえないわ，トニー。音が小さすぎる。音量を上げてくれない？

孫　：もちろんいいよ，おばあちゃん。すぐにするね。

選択肢の訳
1 「あなたのラジオを貸してもらえる？」
2 「あなたにとっては大きすぎる？」
3 「この番組は好き？」
4 「音量を上げてくれない？」

Words

- ☐ hear「～が聞こえる」
- ☐ quiet「静かな」
- ☐ right now「すぐに」
- ☐ borrow「～を借りる」
- ☐ loud「（音量が）大きい」
- ☐ turn ～ up「～を上げる」

テレビの音量が小さいと言う祖母に対し，孫が I'll do it right now. と答えています。do it の内容は 4 Can you turn it up for me? です。

⒇ Answer 2

訳

娘　：明日，服を買いに行かない？

父親：また今度ね。今週は本当に忙しいんだ。

選択肢の訳	
1 「たぶんその通りだろうね」	2 「また今度ね」
3 「それらは私の寝室にあるよ」	4 「このプレゼント，ありがとう」

Words

- ☐ cloth(es)「服」
- ☐ probably「おそらく～だろう」
- ☐ right「正しい」
- ☐ maybe「おそらく～だろう」
- ☐ other「他の」

娘の誘いに対し，父親は空所後に「今週は本当に忙しいんだ」と述べているので，空所には断りの意味になる 2 Maybe some other time. を入れます。

一次試験　筆記　3 A

Come and Dance on Stage!

If you like dancing, ❶please enter the school dance contest. Dance by yourself or with your friends.

❷**When :** October 21 from 3 p.m.
❸**Where :** School gym

Your performance should be about two minutes long, and you can do any kind of dancing.

Mr. Lee, our P.E. teacher, was a professional hip-hop dancer when he was young. ❹He'll do a special performance at the contest with our principal, Mr. Sharp. Mr. Sharp has never danced on stage before, so he's very excited!

If you're interested, please see Ms. Matthews by October 10. Dancing is fun, so don't be nervous and sign up!

訳

舞台に踊りに来よう！

ダンスをするのが好きな人は，❶学校のダンスコンテストにご参加ください。1人で，もしくは友人と一緒にダンスをしましょう。

❷時：10月21日午後3時から
❸場所：学校の体育館

演技は約2分間でなければならず，どんな種類のダンスでも踊ることができます。

体育教師のリー先生は若い頃，プロのヒップホップダンサーでした。❹コンテストでは，我らが校長のシャープ先生と一緒に特別な演技を披露《ひろう》します。シャープ先生は舞台上で踊った経験は一度もないので，大変はりきっています！

興味のある人は，10 月 10 日までにマシュー先生までお申し出ください。踊ることは楽しいので，緊張せず参加申し込みをしてください！

Words

- □ enter「～に参加する」
- □ by *oneself*「1 人で」
- □ gym「体育館」
- □ performance「演技」
- □ ～ long「～の長さである」
- □ any「どんな」
- □ P.E.「体育」
- □ principal「校長」
- □ excited「はりきった」
- □ nervous「緊張した」
- □ sign up「参加申し込みをする，契約する」

(21) Answer 1

質問の訳　この掲示は何についてのものですか？

選択肢の訳			
1	学校で行われるコンテスト。	2	先生のためのパーティー。
3	学校の新しい部活。	4	無料のダンス講習。

❶ please enter the school dance contest より，学校のダンスコンテストの案内だとわかります。**1 A contest at a school.** が正解です。

(22) Answer 4

質問の訳　シャープ先生は（　　　）ことになっている。

選択肢の訳	
1	リー先生と一緒に体育の授業をする
2	10 月 10 日にダンスを見る
3	マシュー先生と一緒に音楽祭に行く
4	10 月 21 日に学校の体育館でダンスをする

Mr. Sharp を含む❹ He'll do a special performance at the contest with our principal, Mr. Sharp. に注目。主語の He は Mr. Lee，performance はダンスを指します。 the contest は❷ When : October 21，❸ Where : School gym と案内があるダンスコンテストのことなので，**4 dance in the school gym on October 21.** が正解です。

一次試験　筆記　3 B

From: Richard Keyser
To: Kelly Peterson, Joe Rogers
Date: September 18
Subject: Mr. Tanagawa

Hi Kelly and Joe,
Did you hear about our Japanese teacher, Mr. Tanagawa? He lives on my street, and my mom talked to his wife today. Mom heard that Mr. Tanagawa hurt his back. ❶ He was working in his garden on Thursday afternoon, and he got a strained back. He can't come to school until Wednesday. Let's do something for him. Today is Saturday, so maybe we can get him something this weekend. Should we get him some flowers and a card?
Your friend,
Richard

From: Kelly Peterson
To: Richard Keyser, Joe Rogers
Date: September 18
Subject: Oh no!

Hello Richard and Joe,
I'm sad to hear about Mr. Tanagawa. Flowers are a nice idea. I think he likes sunflowers. A card will be nice, too. I have an idea! Let's make a card for him in Japanese. All our classmates can sign it after our class on Monday afternoon. Then, Richard can take the card to Mr. Tanagawa. ❷ I'll make it on my computer tomorrow night and bring it to school on Monday morning. What do you think?
See you,
Kelly

From: Joe Rogers
To: Richard Keyser, Kelly Peterson
Date: September 19
Subject: Good idea

Hi,
That's a great idea, Kelly. My uncle owns a flower shop, and I asked him about the flowers. He'll give us some sunflowers. I'll get them from his shop after school on Monday, and then, ❸ I'll take them to Richard's house. Richard can give the card and flowers to Mr. Tanagawa on Tuesday morning before school. Also, let's plan something for him when he comes back to school. We can make a sign that says, "Welcome back, Mr. Tanagawa!"
See you tomorrow,
Joe

訳 (メール１)
送信者：リチャード・カイザー
宛先：ケリー・ピーターソン，ジョー・ロジャーズ
日付：9月18日
件名：タナガワ先生
やあ，ケリーにジョー，
僕たちの日本語の先生のタナガワ先生について聞いた？　彼は僕と同じ通りに住んでいて，今日，僕のお母さんが彼の奥さんに話しかけたんだ。お母さんは，先生が背中を痛めたって聞いてきた。❶先生は木曜日の午後に庭仕事をしていて，ぎっくり腰《ごし》になったんだって。水曜日まで学校に来ることができないんだ。先生のために何かをしてあげようよ。今日は土曜日だから，今週末に彼に何かをあげるのはどうだろう。花とカードをあげようか？
君たちの友達，
リチャード

(メール２)
送信者：ケリー・ピーターソン
宛先：リチャード・カイザー，ジョー・ロジャーズ
日付：9月18日
件名：あらら！
こんにちは，リチャードにジョー，
タナガワ先生の件を聞いて悲しいわ。花はいい考えね。彼はヒマワリが好きだと思う。カードもいいでしょうね。いいこと思いついたの！　日本語で書いたカー

ドを作りましょうよ。月曜日の午後の授業後なら，クラスメイト全員でそのカードに署名できるでしょ。そうすればリチャードがそのカードをタナガワ先生の元に届けられるわ。❷カードは私が明日の夜にパソコンで作って，月曜日の朝に学校に持って行くわ。どう思う？

またね，

ケリー

（メール3）

送信者：ジョー・ロジャーズ

宛先：リチャード・カイザー，ケリー・ピーターソン

日付：9月19日

件名：いい考えだね

やあ，

それはすばらしいアイデアだね，ケリー。僕のおじさんが花屋をやっているから，花について彼に聞いてみたんだ。おじさんは僕たちにヒマワリをくれると思うよ。月曜日の放課後におじさんの店から花をもらってきて，それから❸僕がリチャードの家に持って行くよ。リチャードは火曜日の朝，学校に行く前にカードと花をタナガワ先生のところに届けられるね。それと，先生が学校に戻ってきたときのために，何かを計画しようよ。みんなで「タナガワ先生，おかえりなさい！」って書いてある看板を作ることもできるよ。

また明日，

ジョー

Words

▶メール1 □street「通り」 □talk to＋人「（人）と話す」 □wife「妻」
□heard：hear「～を聞く」の過去形。 □hurt「～を傷つける」
□back「背中」 □garden「庭」 □until「～まで」
□maybe「おそらく～だろう」 □weekend「週末」

▶メール2 □sad「悲しい」 □sunflower「ヒマワリ」 □sign「～に署名する」
□then「それから，そうすれば」
□take＋物＋to＋人「（物）を（人）に持っていく」
□bring＋物＋to＋場所「（物）を（場所）に持ってくる」

▶メール3 □own「～を所有している」 □plan「～を計画する」

□ sign「掲示，看板」　□ say「（印刷物に）～と書いてある」

□ a sign［that says～］「～と書いてある看板」：that は関係代名詞（主格）。

⒇ Answer 3

質問の訳　**タナガワ先生はいつ背中を痛めましたか？**

選択肢の訳			
1　月曜日。	2　水曜日。	3　木曜日。	4　土曜日。

質問の hurt his back は❶ He was working in his garden on Thursday afternoon, and he got a strained back. の下線部分を言い換えた表現だと考えられます。よって，3 **On Thursday.** が正解。

㉔ Answer 1

質問の訳　**ケリーは明日の夜，何をするつもりですか？**

選択肢の訳	
1　カードを作る。	2　プレゼントを買う。
3　タナガワ先生に電話する。	4　日本語の授業を受ける。

質問の tomorrow night は，ケリーからのメールの❷ I'll make it on my computer tomorrow night の下線部分にあります。it は前文に出てきたカードを指すため，ケリーが明日の夜にすることは 1 **Make a card.** です。

㉕ Answer 3

質問の訳　**誰がヒマワリをリチャードの家に持っていくのですか？**

選択肢の訳	
1　リチャード。	2　リチャードの母。
3　ジョー。	4　ジョーのおじさん。

質問の take the sunflowers to Richard's house に近い表現は，ジョーからのメールの❸ I'll take them to Richard's house です。them はヒマワリを指します。ジョーからのメール内での I は 3 **Joe.** のことです。

一次試験　筆記　3 C

Edwin Land

Many people like to take photos. These days, people usually take photos with smartphones or digital cameras, so they can see their photos right away. Before digital photos, people usually had to wait to see their pictures. They took pictures on film and sent the film to a store. Then, someone developed the film and printed the pictures on paper. This usually took a few days. But in those days, there was one way to get pictures much more quickly. People could use instant cameras.

❶A scientist named Edwin Land made the first instant camera. Land was born in 1909 in Connecticut in the United States. ❷When he was a child, he enjoyed playing with things like radios and clocks. Land liked to understand how things worked, so he studied science at Harvard University. In 1932, he started a company with George Wheelwright, and ❸they called it Land-Wheelwright Laboratories. ❹In 1937, the company name was changed to Polaroid.

One day, Land was on vacation with his family. ❺He took a photo of his daughter. She asked him, "Why can't I see the photo now?" ❻This gave him an idea. Land built an instant camera in 1947. It developed and printed photos in less than one minute.

❼Land's company made 60 instant cameras in 1948. The cameras were very popular, and they were sold out in one day. The company made more instant cameras, and customers all around the United States bought them. After that, people were able to see their pictures right away.

訳

エドウィン・ランド

写真を撮るのが好きな人は多い。最近では，人々はたいていスマートフォンやデジタルカメラを使って写真を撮るので，自分の撮った写真をすぐに見ることができる。デジタル写真が普及する前は，人々は普通，自分の撮った写真を見るのに待たなければならなかった。彼らはフィルムで写真を撮り，そのフィルムを店に送っていた。それから，フィルムを現像《げんぞう》し，用紙にその画像を印刷してもらっていたのだ。これにはたいてい数日かかっていた。しかし当時，もっと短時間で写真を手に入れる方法が１つあった。人々はインスタントカメラを使うことができたのである。

❶エドウィン・ランドという科学者が最初のインスタントカメラを作った。ランドは 1909 年にアメリカのコネティカット州で生まれた。❷子どもの頃，彼はラジオや時計といったもので遊んで楽しんだ。ランドは物がどのように機能するのかを理解したいと思い，ハーバード大学では科学を勉強した。1932 年，彼はジョージ・ホイールライトと会社を始め，❸その会社をランド・ホイールライト研究所と呼んだ。❹ 1937 年，その会社名はポラロイドへと変更された。

ある日，ランドは家族と休暇を過ごしていた。❺彼は娘の写真を撮った。娘は彼に「なぜ今すぐにその写真を見られないの？」とたずねた。❻このことが彼にあるアイデアを与えたのだ。ランドは 1947 年にインスタントカメラを作った。そのカメラは１分しないうちに写真を現像《げんぞう》し，印刷するものであった。

❼ 1948 年，ランドの会社はインスタントカメラを 60 点作った。それらのカメラは大変好評で，１日で売り切れた。会社はインスタントカメラをさらに作り，アメリカ中の客がそれらを購入した。それ以降，人々はすぐに写真を見ることができるようになったのである。

Words

▶第１段
- ☐ take photos「写真を撮る」　☐ these days「最近」
- ☐ right away「すぐに」　☐ someone「だれか」　☐ print「～を印刷する」
- ☐ take＋時間「（時間）がかかる」　☐ a few「２～３の」
- ☐ in those days「当時」　☐ way「方法」　☐ quickly「速く，短時間で」

▶第２段
- ☐ A scientist［named ～］「～という名前の科学者」：named は name「～を名付ける」の過去分詞で，named ～ が A scientist を修飾している。
- ☐ play「遊ぶ」　☐ thing「物」　☐ clock「時計」
- ☐ how＋主語＋動詞「どうやって～するか」　☐ work「機能する」
- ☐ university「大学」　☐ company「会社」

▶第３段
- ☐ one day「ある日」　☐ on vacation「休暇を取って」
- ☐ took：take の過去形。　☐ daughter「娘」
- ☐ built：build「～を作る」の過去形。　☐ less than ～「～未満」

▶第４段
- ☐ made：make「～を作る」の過去形。　☐ popular「人気のある」
- ☐ sold：sell「～を売る」の過去分詞。　☐ be sold out「売り切れた」

□customer「客」　□all around ～「～中の」

□bought：buy「～を買う」の過去形。

(26) Answer 1

質問の訳　エドウィン・ランドは子どもの頃，何をするのが好きでしたか？

選択肢の訳	
1　ラジオや時計で遊ぶ。	2　紙で物を作る。
3　会社を始めることを夢見る。	4　いい学校に入るために勉強する。

質問の when he was a child より，❷ When he was a child, he enjoyed playing with things like radios and clocks. に注目。下線部分に一致する 1 Play with radios and clocks. が正解です。

(27) Answer 3

質問の訳　1937 年に何が起こったのですか？

選択肢の訳
1　ランドがハーバード大学に入学した。
2　ランドがジョージ・ホイールライトと出会った。
3　ランド・ホイールライト研究所がその名前を変えた。
4　ポラロイドが新型カメラを作った。

質問の in 1937 は ❹ In 1937, the company name was changed to Polaroid. にあり，この文には *A* is changed to *B*「*A* が *B* へと変更される」という表現が含まれています。主語の the company name は❸ they called it Land-Wheelwright Laboratories の下線部分を指すので，3 Land-Wheelwright Laboratories changed its name. が正解です。

(28) Answer 1

質問の訳　インスタントカメラのアイデアをランドに与えたのは誰ですか？

選択肢の訳			
1　彼の娘。	2　彼の妻。	3　客。	4　友人。

質問の idea を含む❻ **This** gave him an idea. に注目。下線部分「このこと」がインスタントカメラのアイデアを思いついたきっかけです。This は❺ He took a photo of his daughter. **She asked him, "Why can't I see the photo now?"** の下線部分を指し，主語の She はランドの娘を指します。よって，**1 His daughter.** が正解です。

(29) Answer 2

質問の訳　**最初のインスタントカメラは（　　　）。**

選択肢の訳	
1　高すぎた	2　あっという間に売り切れた
3　１日しか使えなかった	4　画像を印刷するのに数分かかった

質問の The first instant cameras は，❶ A scientist named Edwin Land made the first instant camera. より，ランドが作ったカメラのことです。このカメラについて，❼ Land's company made 60 instant cameras in 1948. The cameras were very popular, and **they were sold out in one day**. の下線部分を「１日で売り切れた」→「すぐに売り切れた」と考え，**2 were all sold very quickly.** を選びます。

(30) Answer 4

質問の訳　**この話は何についてのものですか？**

選択肢の訳	
1　デジタルカメラの歴史。	2　有名な写真の収集。
3　最初のカメラ付きスマートフォン。	4　特殊なカメラを作った人。

タイトルの Edwin Land は❶ A scientist named Edwin Land made the first instant camera. でインスタントカメラを作った人物として紹介されており，第２～４段は彼がインスタントカメラを作り，アメリカ中に広めるまでが語られています。よって，**4 A man who built a special camera.** が正解。

一次試験　筆記　4

Answer 1　**No, I don't. First, it's too hot in summer, so I don't want to go to festivals. Second, festivals are often very crowded. I don't like going to crowded places.** (25～35 語)

訳　いいえ，好きではありません。第一に，夏は暑すぎるのでお祭りには行きたくありません。第二に，お祭りはとても混み合っていることがよくあります。私は混雑した場所に行くのは好きではありません。

Answer 2　**Yes, I do. This is because I like to eat food that you can buy only at festivals. Also, I can have fun walking around the festival site with my friends at night.** (25～35 語)

訳　はい，好きです。なぜなら，お祭りでしか買えない食べ物を食べるのが好きだからです。また，夜に友達と一緒にお祭りの会場を歩いて回るのを楽しめます。

Answer 3　**Yes, I do. The first reason is that I can wear my "yukata," traditional Japanese clothes like kimono for summer, to festivals. The second reason is that festival music excites me.** (25～35 語)

訳　はい，好きです。1つ目の理由は，お祭りに浴衣《ゆかた》（夏用の着物のような日本の伝統的な衣服）を着て行くことができるからです。2つ目の理由は，お祭りの音を聞くとわくわくするからです。

質問の訳　**あなたは夏にお祭りに行くのが好きですか？**

Do you like ～? の形の疑問文には，Yes, I do. / No, I don't. で答えます。

「夏にお祭りに行くのが好き」を選んだ場合に使える表現：

a festival called ～「～という祭り」　a stall / a stand「屋台」　shaved ice「かき氷」　games (such as goldfish scooping)「(金魚すくいといった) ゲーム」　a portable shrine「お神輿《みこし》」　fireworks「花火」

「夏にお祭りに行くのが好きではない」を選んだ場合に使える表現：

crowded「混雑した」　be filled with ～「～でいっぱいの」　smoke「煙」　noisy「(場所が) うるさい」　loud「(音や声が) うるさい」　noise「騒音」　get tired from ～「～で疲れる」　boring「つまらない」　expensive「値段が高い」　be bitten by mosquitos「蚊に刺される」

一次試験　リスニング　第1部

No. 1　Answer　2

★＝男性　☆＝女性　（以下同）

★ I want to go to China.

☆ I've been there.

★ Really? ❶ When did you go?

☆ 1　The food was good.

☆ 2　When I was 19.

☆ 3　Not at all.

Script

訳

★僕，中国に行きたいと思ってるんだ。

☆私は行ったことあるわよ。

★本当？　❶いつ行ったの？

☆1　食べ物がおいしかったわ。

☆2　19 歳の頃よ。

☆3　まったくないわ。

Words

☐ have been to＋場所「(場所) へ行ったことがある」　☐ there「そこに」

❶で When「いつ」とたずねているので，時を表す表現を含む 2 When I was 19. を選びます。

No. 2 Answer 2

★ I'd like to send this package to Toronto.

☆ Sure.

★❶ How long will it take to get there?

☆ 1 Yesterday afternoon.

☆ 2 Two or three days.

☆ 3 About ten dollars.

Script

訳

★この荷物をトロントに送りたいのですが。

☆かしこまりました。

★到着まで❶どのくらいかかりますか？

☆ 1 昨日の午後です。

☆ 2 2～3日です。

☆ 3 およそ10ドルです。

Words

☐ I'd like to＋動詞の原形：I would like to＋動詞の原形「～したいと思う」の短縮形。

☐ package「小包」

☐ It takes＋時間＋to＋動詞の原形「～するのに（時間）がかかる」

☐ get「到着する」 ☐ about＋数詞「およそ～」

❶の How long ～?「どのくらい～か？」は期間をたずねる表現です。期間を表す表現を含む 2 Two or three days. が正解。1 Yesterday afternoon. は When ～?「いつ～か？」に対する返答であり，これから荷物を送ろうとしている場面で「昨日の午後」と答えるのは不適切です。

No. 3 Answer 1

★ **I heard you joined the softball club.**

☆ **Yeah. We had ❶ our first game yesterday.**

★❷ **How was it?**

☆ 1 We lost, but it was fun.

☆ 2 **No, but we will next time.**

☆ 3 **Every Sunday at two o'clock.**

Script

訳

★ソフトボール部に入ったんだってね。

☆そうなの。昨日，❶初めての試合だったのよ。

★❷どうだった？

☆ 1　負けたけど，楽しかったわ。

☆ 2　いいえ，でも次はするつもりよ。

☆ 3　毎週日曜日の 2 時よ。

Words

- □heard：hear の過去形。
- □I heard 主語＋動詞「～なんだってね」
- □join「～に入る」
- □game「試合」
- □lost：lose「負ける」の過去形。
- □fun「楽しい」

❷の How は「どのような」という意味で，it は❶ our first game を指します。試合がどうだったかを答えている 1 We lost, but it was fun. が正解です。

No. 4 Answer 1

★ I'll cook dinner tonight.

☆ Thanks.

★❶ What do you want to have?

☆ 1 Anything is OK.

☆ 2 In about an hour.

☆ 3 I haven't started.

Script

訳

★今夜は僕が夕食を作るよ。

☆ありがとう。

★❶何を食べたい？

☆ 1　なんでもいいわ。

☆ 2　だいたい１時間後ね。

☆ 3　まだ始めていないの。

Words

□ in＋時間「～（時間）後に」

話題は今夜の夕食です。❶ What do you want to have? の have は「～を食べる」の意味です。料理名を含む選択肢を選びたいところですが，1 Anything is OK. の anything「なんでも」が料理名の代わりとなっています。

No. 5 Answer 3

☆ **Which university did you go to?**

★ **Linwood.**

☆❶ **Did you have a good experience there?**

★ **1 It's next to the bridge.**

★ **2 I'll go tomorrow.**

★ **3 I enjoyed it a lot.**

訳

☆あなたはどの大学に通っていたの？

★リンウッドだよ。

☆❶そこで良い経験をした？

★ **1** それ（＝大学）は橋のとなりにあるよ。

★ **2** 明日行くつもりだよ。

★ **3** とても楽しんだよ。

Words

- □ university「大学」
- □ experience「経験」
- □ next to ～「～のとなりに」
- □ bridge「橋」
- □ a lot「とても」

❶ Did you ～? に対する返答は Yes / No となるのが普通ですが，ここでは Yes / No を含む選択肢はありません。❶ Did you have a good experience there? で大学で良い経験をしたかをたずねているため，楽しかったと答えている 3 I enjoyed it a lot. が正解です。it は下線部分の a good experience を指します。

No. 6 Answer 1

★ **Do you want to go hiking tomorrow?**

☆ **OK. When do you want to meet?**

★ **Around seven. ❶ Is it too early?**

☆ **1 Not at all.**

☆ **2 In the mountains.**

☆ **3 For a while.**

訳

★明日，ハイキングに行かない？

☆いいわ。いつ集合する？

★7時頃にしよう。❶早すぎるかな？

☆1　全然そんなことないわ。

☆2　山の中よ。

☆3　しばらくはね。

Words

- hiking「ハイキング」
- meet「集合する」
- around＋時間「～時頃」
- for a while「しばらくの間」

ハイキングの集合時間について，❶ Is it too early? に対する返答なので，Yes / No のニュアンスを含む解答を選びます。1 Not at all.「いいえ，まったく」は「まったく早くない」という意味になり，これが正解です。

No. 7 Answer 2

★ Here's a gift from Hawaii.

☆ Thanks! ❶ <u>How was your trip?</u>

★❷ <u>It rained all week.</u>

☆ 1 I'm OK, thanks.

☆ 2 That's too bad.

☆ 3 It's my first time.

Script

訳

★これ，ハワイのお土産だよ。

☆ありがとう！ ❶<u>旅行はどうだった？</u>

★❷<u>１週間ずっと雨だったよ。</u>

☆ 1 私は大丈夫よ，ありがとう。

☆ 2 それは残念だったわね。

☆ 3 今回が初めてよ。

Words

□gift「プレゼント」 □trip「旅行」 □all week「１週間ずっと」

❶ How was your trip? に男性が❷ It rained all week. と答えている点に注目。旅行中に雨が続いたことへのコメントなので，2 That's too bad. が正解です。

No. 8 Answer 1

☆ Oh no! I left my history textbook at home!

★❶ You can borrow mine.

☆❷ Really?

★ 1 Yeah, I don't need it today.

★ 2 No, it's easier than science.

★ 3 Yes, you should become a teacher.

Script

訳

☆しまった！　歴史の教科書を家に忘れてきてしまったわ！

★❶僕のを貸してあげるよ。

☆❷本当？

★ 1　うん，僕は今日はいらないんだ。

★ 2　いや，それは科学よりも簡単だよ。

★ 3　うん，君は教師になるべきだよ。

Words

□left：leave の過去形。　□leave＋物＋場所「（物）を（場所）に忘れる」

□history「歴史」　□borrow「～を借りる」　□mine「私のもの」

□easier：easy「簡単な」の比較級。　□science「科学」

教科書を忘れた少女に，少年は❶ You can borrow mine.「君は僕のものを借りればいいよ」と自分の教科書を貸してあげようとしています。1 Yeah, I don't need it today. であれば，it が mine（＝少年の歴史の教科書）を指し，少年が今日は教科書を使わないから少女に貸すことができる，と理由を説明するという自然な流れとなります。❷ Really? に対して No と答えている 2 と，教科書の貸し借りに関係のない発言となる 3 は不適切です。

No. 9 Answer 3

☆ **You can play the guitar well.**

★ **Thanks.**

☆❶ **How often do you practice?**

★1 **I have two guitars.**

★2 **Three years ago.**

★3 **Every day after school.**

Script

訳
☆あなたはギターを弾くのが上手ね。

★ありがとう。

☆❶どのくらいの頻度《ひんど》で練習をしているの？

★1　僕はギターを２本持っているんだ。

★2　３年前だよ。

★3　放課後に毎日やっているよ。

Words

□practice「練習する」　□after school「放課後」

❶の How often ～? は頻度《ひんど》をたずねる表現です。その返事は，回数（once「１回」/ twice「２回」/ ～ times「(３回以上で) ～回」）や頻度《ひんど》（every ～/ often / sometimes など）を答えるものになります。3 Every day after school. が正解です。

No. 10 Answer 1

☆ I bought some cookies today.

★ Great.

☆❶ Would you like some?

★ 1 I'll just have one, thanks.

★ 2 You're a good cook.

★ 3 Let's make them together.

Script

訳

☆今日，クッキーを買ったのよ。

★いいね。

☆❶いくつか食べる？

★ 1　１枚だけもらうよ，ありがとう。

★ 2　君は料理が上手だね。

★ 3　一緒にそれを作ろうよ。

Words

□ bought：buy の過去形。　□ cook「料理をする人」　□ together「一緒に」

❶ Would you like some? の Would you like ～? は「～はいかがですか？」と相手に食べ物や飲み物などを勧める表現です。some は some cookies のことなので，クッキーがいるかどうかを答えている 1 I'll just have one, thanks. が正解です。この have は「～を食べる」の意味で，one は a cookie のことです。

一次試験　リスニング　第2部

No. 11 Answer 2

★＝男性　☆＝女性　（以下同）

☆❶ Are you going to start writing your history report tonight?

★ No, ❷ I'll start it tomorrow morning.

☆❸ We need to finish it by Tuesday afternoon, right?

★ Yeah.

Question : When will the boy start writing his report?

Script

訳

☆❶歴史のレポート，今夜書き始めるつもりなの？

★いや，❷明日の朝に始めるよ。

☆❸火曜日の午後までには終わらせないといけないのよね？

★そうだよ。

質問の訳　**少年はレポートをいつ書き始めますか？**

選択肢の訳	
1　今夜。	2　明日の朝。
3　火曜日の午後。	4　火曜日の夜。

選択肢の日時にそれぞれ何をするのかをメモしながら聞きましょう。

❶に対し，少年は No と答えているので **1** Tonight. は「レポートを書かない」

❷より **2** Tomorrow morning. は「レポートを書く」

❸に対して少年は Yeah と答えているので **3** Tuesday afternoon. は「レポートを終わらせる」

といった情報が聞き取れます。質問はレポートを書き始める時をたずねているので，**2 Tomorrow morning.** を選びます。

No. 12 Answer 4

☆ I like your hat, Bob.

★ Thanks. ❶ My mom's friend gave it to me.

☆ Really?

★ Yes. She bought it in Toronto.

Question : Who gave the hat to Bob?

訳
☆あなたのぼうし，すてきね，ボブ。

★ありがとう。❶お母さんの友人がくれたんだ。

☆そうなの？

★うん。その人がトロントで買ったんだ。

質問の訳 ぼうしをボブにあげたのは誰ですか？

選択肢の訳	
1 ボブの父。	2 ボブの友人。
3 ボブの母。	4 ボブの母の友人。

Words

☐ gave：give の過去形。 ☐ bought：buy の過去形。

☐ Toronto「トロント（カナダの都市）」

❶ My mom's friend gave it to me. の My はボブのことです。よって，4 Bob's mother's friend. がボブにぼうしをくれた人です。

No. 13 Answer 4

☆ How was your trip to the mountains?

★❶ We couldn't ski. There wasn't enough snow.

☆ Oh no! What did you do?

★ We went hiking.

Question : Why couldn't the man go skiing?

訳
☆山への旅行はどうだった？
★❶スキーはできなかったんだ。雪が十分になくてね。
☆まあ！　それでどうしたの？
★ハイキングに行ったよ。

質問の訳　なぜ男性はスキーに行けなかったのですか？

選択肢の訳	
1	値段が高すぎた。
2	彼は山から遠く離れた場所にいた。
3	彼はひどい頭痛がした。
4	十分に雪がなかった。

Words

- □ How was ～?「～はどうでしたか」　□ trip「旅行」
- □ couldn't：could not「～できなかった」の短縮形。　□ enough「十分な」
- □ hiking「ハイキング」　□ expensive「高額な」　□ far from ～「～から遠い」
- □ have a headache「頭痛がする」

❶に We couldn't ski. There wasn't enough snow. とあることから，4 There wasn't enough snow. がスキーができなかった理由だとわかります。その他の選択肢に関する情報は見つかりません。

No. 14　Answer　1

☆ I didn't see you in the office last week.
★ I just got back from Japan, Alice.
☆❶ Was it a business trip?
★ Yeah, but I did some sightseeing, too.

Question : What did the man do last week?

訳
☆先週はあなたを職場で見かけなかったわ。
★ちょうど日本から戻ってきたところなんだよ，アリス。
☆❶出張だったの？
★うん，でも観光も少ししたよ。

質問の訳　男性は先週，何をしましたか？

選択肢の訳	
1　出張に行った。	2　日本語の教科書を買った。
3　アリスの家族の元を訪れた。	4　新しい職場を探した。

Words

- office「職場」
- get back from ～「～から戻ってくる」
- (go on a) business trip「出張（に行く）」
- sightseeing「観光」
- bought：buy の過去形。
- look for ～「～を探す」

選択肢はすべて主語が He なので，男性がしたことに注意しながら聞きます。❶の質問に男性は Yeah と答えているため，**1 He went on a business trip.** が正解。

No. 15　Answer　1

★❶ Where's Sam?

☆ He's still at his friend's house. ❷ I have to go and pick him up at six.

★ I'll make dinner, then.

☆ Thanks, honey.

Script

Question : What does the woman need to do?

訳

★❶サムはどこだい？

☆まだ友達の家にいるわ。6時に❷彼を迎えに行かないといけないの。

★じゃあ，僕が夕食を作るよ。

☆ありがとう，あなた。

質問の訳　女性は何をする必要がありますか？

選択肢の訳	
1　サムを迎えに行く。	2　家を掃除する。
3　夕食を買う。	4　彼女の友達に電話する。

Words

☐ still「まだ」　☐ then「それなら」

❷ I have to go and pick him up の him は❶の Sam を指します。質問の need to ～ と❷の have to ～ はどちらも「～する必要がある」の意味です。❷より 1 Pick up Sam. が正解です。

〈pick＋人＋up〉も〈pick up＋人〉も「(人) を車で迎えに行く」という意味の熟語で，人が him のように代名詞の場合は〈pick＋人＋up〉，人が Sam のように代名詞でない場合は〈pick up＋人〉の形になります。

No. 16 Answer 3

★ Excuse me.

☆ Yes. May I help you?

★ Yes. ❶ Do you have any books about China?

☆ We have one, but ❷ someone is borrowing it at the moment.

Question : Where are they talking?

訳

★すみません。

☆はい。何かお探しですか？

★はい。❶中国関連の本はありますか？

☆1冊ありますが，❷現在貸し出し中です。

質問の訳　彼らはどこで話をしていますか？

選択肢の訳	
1　スーパー。	2　銀行。
3　図書館。	4　空港。

Words

☐ May I help you?「いらっしゃいませ，何かお探しですか？」

☐ someone「だれか」　☐ borrow「～を借りる」　☐ at the moment「現在」

📖 ❶ Do you have any books about China? より，男性が本を探している様子がわかります。よって，3 At a library. が正解。❷の borrowing もヒントになります。

No. 17 Answer 2

☆ Dad, ❶ can you get me some apples at the store? I need three.

★ Sure. Anything else?

☆❷ Two bananas, please.

★ OK. I'll be back by 4:30.

Question : How many apples does the girl need?

訳

☆お父さん，❶店でリンゴを買ってきてくれない？　3つ必要なの。

★もちろん。他に何かいるものはある？

☆❷バナナを2本，お願い。

★わかった。4時半までには戻るよ。

質問の訳　少女はリンゴをいくつ必要としていますか？

選択肢の訳			
1　2つ。	2　3つ。	3　4つ。	4　5つ。

Words

☐ else「他の」　☐ be back「戻ってくる」　☐ by＋時間「～までに」

📖 選択肢の数字が何を表すか，メモを取りながら聞き取りましょう。❶より 2 Three. は必要なリンゴの数，❷より 1 Two. は必要なバナナの数だとわかります。質問は How many apples ～? なので 2 Three. が正解です。

No. 18 Answer 3

☆ This math homework is hard.

★ Yeah. ❶ Shall we ask Mr. Kim about it this afternoon?

☆❷ Let's ask Meg first. She's good at math.

★ OK.

Question : What will they do first?

訳

☆この数学の宿題，難しいね。

★うん。❶今日の午後，キム先生に質問してみない？

☆❷先にメグに聞いてみましょうよ。彼女，数学が得意だから。

★そうしよう。

質問の訳 彼らはまず，どうするつもりですか？

選択肢の訳			
1	キム先生にメールを送る。	2	数学のテストを受ける。
3	宿題についてメグに聞く。	4	教科書を探す。

Words

□ math「数学」 □ hard「難しい」 □ Shall we ～?「(一緒に) ～しませんか？」

□ ask「～にたずねる」 □ be good at ～「～が得意な」

難しい宿題について，２人がどうするか案を出し合っています。❶ではキム先生に質問をする，❷ではメグに聞いてみるという案がそれぞれ出されています。質問には do first とあるので，まずやってみようとしていることとしては，❷ Let's ask Meg first. より 3 Ask Meg about their homework. が正解です。

No. 19 Answer 3

☆ How was the food at today's picnic?

★ Delicious, Mom. ❶ I liked the potato salad the best.

☆❷ Were there any sandwiches?

★ Yes, and ❸ there was vegetable pizza, too.

Question : What was the boy's favorite food at the picnic?

Script

訳

☆今日のピクニックの食事はどうだった？

★おいしかったよ，お母さん。❶ポテトサラダが一番好きだったな。

☆❷サンドイッチはあったの？

★うん，❸野菜のピザもあったよ。

質問の訳 ピクニックで少年が気に入った料理は何ですか？

選択肢の訳			
1	ピザ。	2	サンドイッチ。
3	ポテトサラダ。	4	野菜スープ。

Words

□ delicious「おいしい」　□ like ～ the best「～が一番好きである」

選択肢の料理名は❶に 3 The potato salad.，❷に 2 The sandwiches.，❸に 1 The pizza. がそれぞれ登場します。質問の the boy's **favorite** food「少年が気に入った料理」に合うのは，❶の I **liked** the potato salad **the best** です。よって，3 The potato salad. が正解です。

No. 20 Answer 4

★❶ Are you going to give Christmas cards to your friends this year?

☆ Yes, Dad.

★ Shall I buy some for you at the bookstore?

☆ No, ❷ I'm going to make them tonight.

Script

Question : What is the girl going to do tonight?

訳

★❶今年は友達にクリスマスカードを配るつもり？

☆そうよ，お父さん。

★書店で買ってきてあげようか？

☆いいえ，❷今夜，自分で作るつもりなの。

質問の訳　今夜，少女は何をするつもりですか？

選択肢の訳			
1	書店で働く。	2	友達と買い物に行く。
3	クリスマスプレゼントを買う。	4	カードを作る。

Words

☐ Shall I ～?「～しましょうか？」

❶より話題はクリスマスカードについてであり，❷より少女が今夜，クリスマスカードを作るとわかります。よって，4 Make some cards. が正解です。

一次試験　リスニング　第3部

No. 21　Answer　2

★ Attention, shoppers. Today is the first day of our 10-day sale. ❶ Large chairs are only $25, and ❷ small ones are only $14. They've never been so cheap!

Question : How much are small chairs today?

訳　お買い物中のお客様にお知らせです。本日は10日間限定セールの初日です。❶大きいイスはたったの25ドル，❷小さいイスはたったの14ドルです。これまでで最安値となります！

質問の訳　今日，小さいイスはいくらですか？

選択肢の訳			
1	10ドル。	2	14ドル。
3	25ドル。	4	40ドル。

Words

□attention「注意，注目」　□shopper「買い物客」　□sale「セール，特売」
□never「一度も～ない」　□so「そんなに」　□cheap「安い」

選択肢の金額が何を示すか，メモを取りながら聞きましょう。3 $25. は❶より large chairs，2 $14. は❷より small ones（＝chairs）の価格であるとわかります。質問の主語は small chairs なので，2 $14. が正解です。

No. 22　Answer　2

☆❶ Kenji is from Japan, but now ❷ he lives in the United States. He studies English at a university there. In winter, ❸ he often visits Canada to go skiing.

Question : Where does Kenji go to university?

訳　❶ケンジは日本出身だが，今は❷アメリカで暮らしている。彼はそこの大学で英語を勉強している。冬には❸スキーをしに行くためによくカナダを訪れる。

質問の訳　ケンジはどこで大学に通っていますか？

選択肢の訳	
1　カナダ。	2　アメリカ。
3　日本。	4　イギリス。

Words

□university「大学」　□go skiing「スキーをしに行く」

選択肢の国名が何を示すか，メモを取りながら聞きましょう。

❶より 3　In Japan. は「ケンジの出身地」

❷より 2　In the United States. は「現在住んでいて，大学のある場所」

❸より 1　In Canada. は「スキーをしに行く場所」

だとわかります。質問の Where と go to university より，2 In the United States. が正解です。

No. 23　Answer　1

★ There's a big park near my office. ❶ I go there after work every Wednesday and run for an hour. Sometimes my friends from work join me.

Question : What does the man do every Wednesday?

訳　私の職場の近くに大きな公園がある。❶私は毎週水曜日には仕事の後にそこに行き，1 時間走っている。職場の友人が一緒に走ることもある。

質問の訳　男性は毎週水曜日に何をしていますか？

選択肢の訳	
1　公園で走っている。	2　友人に電話をしている。
3　遅くまで働いている。	4　職場まで歩いて行っている。

Words

near「〜の近くに」 office「職場」 hour「時間」 join「〜に加わる」

質問の every Wednesday より，毎週水曜日にすることを問われています。❶に同じ表現が含まれ，there は公園を指すため，**1 He runs in a park.** を選びます。

No. 24 Answer 3

★ **Yesterday afternoon, Keith and his sister Julia were sitting on the beach. Suddenly, ❶ a dolphin jumped out of the water. They were very excited and ran home to tell their parents.**

Question : Why were Keith and Julia excited?

Script

訳　昨日の午後，キースと妹のジュリアは海岸に座っていた。いきなり，❶1頭のイルカが水中から飛び出した。彼らはとても興奮して，両親に知らせようと家まで走った。

質問の訳　**キースとジュリアはなぜ興奮したのですか？**

選択肢の訳	
1　水が温かかった。	**2**　有名な水泳選手に会った。
3　イルカを見た。	**4**　新しいペットを手に入れた。

Words

suddenly「急に」 dolphin「イルカ」 out of 〜「〜から外へ」
excited「興奮した」 ran：run「走る」の過去形。 tell「〜に伝える」
parent(s)「親」 warm「温かい」 met：meet「〜に会う」の過去形。
famous「有名な」 saw：see「〜を見る」の過去形。
got：get「〜を入手する」の過去形。

選択肢の動詞がすべて過去形なので，聞き取りながら登場する出来事に印をつけていきましょう。❶より **3 They saw a dolphin.** が起こった出来事で，それ以外の選択肢については出てきません。

No. 25 Answer 2

★I'm good at remembering people's faces, but ❶ <u>I often forget their names.</u> Now, when I meet people for the first time, I write their names in a small notebook. I hope it helps.

Question : What is the man's problem?

訳　私は人の顔を覚えるのは得意だが，❶<u>その人たちの名前をよく忘れてしまう</u>。今は，初めて人に会ったときに，小さなノートにその人の名前を書くようにしている。それが役に立てばいいなと思っている。

質問の訳　男性の問題は何ですか？

選択肢の訳	
1　ノートをなくしてしまった。	2　人の名前を忘れる。
3　ノートが小さすぎる。	4　書くのが上手ではない。

Words

- □be good at＋動名詞「～するのが得意である」
- □remember「～を覚える」
- □face「顔」
- □forget「～を忘れる」
- □for the first time「初めて」
- □help「役立つ」
- □lost：lose「～をなくす」の過去形。

選択肢の主語すべてにHeかHisが含まれ，マイナスな内容となっているため，男性についての良くない点・困った点を聞き取ります。❶より 2 He forgets people's names. が正解です。

No. 26 Answer 1

☆❶ Pamela will go to Mexico in July. ❷ She'll buy her tickets this weekend because there will be a sale on tickets to Mexico then. She already has a passport, and she'll use her friend's suitcase.

Question : What will Pamela do this weekend?

訳 ❶パメラは7月にメキシコに行く予定だ。❷今週末，チケットを買うつもりだ。その時にメキシコ行きのチケットのセールがあるからだ。彼女はすでにパスポートを持っており，友人のスーツケースを使うことにしている。

質問の訳 今週末，パメラは何をしますか？

選択肢の訳	
1 チケットを買う。	2 メキシコに行く。
3 パスポートをとる。	4 自分のスーツケースをきれいにする。

Words

- □ weekend「週末」
- □ sale「セール，特売」
- □ then「その時に」
- □ already「すでに」
- □ passport「パスポート」
- □ suitcase「スーツケース」

❶は 2 Go to Mexico. に，❷は 1 Buy some tickets. に当てはまります。質問に this weekend とあることから，1 Buy some tickets. が正解です。

No. 27 Answer 3

☆ John went camping last weekend. ❶ He took a warm blanket and a jacket, but ❷ he forgot to take a hat. Luckily, he could buy one at a store near the camping area.

Question : What did John forget to take?

訳 ジョンはこの前の週末にキャンプに行った。❶彼は暖かい毛布と上着を持っていったが，❷ぼうしを持っていくのを忘れた。幸運なことに，キャンプ場の近くの店でぼうしを買うことができた。

質問の訳　ジョンは何を持っていき忘れたのですか？

選択肢の訳			
1　テント。	2　上着。	3　ぼうし。	4　毛布。

Words

- □ went：go「行く」の過去形。　□ took：take「～を持っていく」の過去形。
- □ warm「暖かい」　□ blanket「毛布」　□ jacket「上着」
- □ forgot：forget「～を忘れる」の過去形。　□ forget to＋動詞の原形「～し忘れる」
- □ luckily「幸運なことに」　□ area「地域，区域」

2　A jacket. と 4　A blanket. は❶より持っていったもの，3　A hat. は❷より持っていき忘れたものです。質問の What … forget to take? より，3　A hat. が正解。

No. 28　Answer　3

★ I'm going to make curry and rice tonight. ❶ I'll go to the supermarket and get some meat this afternoon. I already have lots of vegetables, and I bought some rice yesterday.

Question : What will the man buy this afternoon?

Script

訳　私は今夜，カレーライスを作る予定だ。❶午後にスーパーに行って肉を買うことにしている。野菜はすでにたくさんあり，米は昨日買った。

質問の訳　男性は今日の午後，何を買う予定ですか？

選択肢の訳			
1　米。	2　カレー。	3　肉。	4　野菜。

Words

- □ meat「肉」　□ already「すでに」　□ lots of ～「たくさんの～」
- □ bought：buy「～を買う」の過去形。　□ rice「米」

選択肢の食材について，それぞれどう述べられるのかに注意して聞き取ります。質問の buy this afternoon から，❶に含まれる 3　Meat. を選びます。

No. 29 Answer 4

☆My best friend is Ken. ❶ I first met him at my brother's birthday party. They are in the same rock band. After I met Ken, I started listening to rock music, too.

Script

Question : Where did the girl meet Ken?

訳　私の親友はケンだ。❶私は兄の誕生日パーティーで彼に初めて出会った。彼らは同じロックバンドに所属している。ケンに出会った後，私もロックを聞くようになった。

質問の訳　少女はケンとどこで出会いましたか？

選択肢の訳	
1　ロックコンサート。	2　楽器店。
3　彼女の兄の学校。	4　誕生日パーティー。

Words

- □best friend「親友」　□first「最初に，初めて」
- □met：meet「～に会う」の過去形。　□birthday「誕生日」　□same「同じ」
- □band「バンド」　□listen to ～「～を聞く」

選択肢にある場所が何を表しているか，聞き取りながらメモを取りましょう。4 At a birthday party. が❶に含まれ，質問の the girl meet Ken にも一致します。

No. 30 Answer 4

★Mark got up early twice this week. ❶ On Tuesday night, he couldn't do all of his homework, so ❷ he finished it early on Wednesday morning. And ❸ on Friday, he went for a walk before breakfast.

Question : When did Mark go for a walk?

訳　マークは今週，２度早起きした。❶火曜日の夜，彼は宿題をすべて終わらせることができなかったので，❷水曜日の朝早くに終わらせた。そして❸金曜日，彼は朝食の前に散歩に行った。

質問の訳　**マークはいつ散歩に行きましたか？**

選択肢の訳	
1　火曜日の夜。	2　水曜日の朝。
3　木曜日の夜。	4　金曜日の朝。

Words

- □ got：get の過去形。
- □ twice「２回」
- □ homework「宿題」
- □ early「早く」
- □ went：go の過去形。
- □ go for a walk「散歩に行く」
- □ breakfast「朝食」

選択肢の曜日・時間帯についての情報をメモしながら聞き取りましょう。

❶より 1　On Tuesday night. は「宿題が終わらなかった」

❷より 2　On Wednesday morning. は「宿題を終わらせた」

❸より 4　On Friday morning. は「散歩に行った」

とわかります。質問の go for a walk より，4　On Friday morning. を選びます。

二次試験　面接　問題カードD

Ice Cream

Ice cream is a popular dessert. Many people eat it outside on hot summer days. People often buy ice cream at supermarkets, and ❶ some people like to make different kinds of ice cream at home.

訳

アイスクリーム

アイスクリームは人気のデザートです。多くの人々は暑い夏の日に外でそれを食べます。人々はスーパーでアイスクリームを買うことがよくありますが，❶中には家でいろいろな種類のアイスクリームを作るのが好きな人もいます。

Words

☐ popular「人気の」　☐ dessert「デザート」　☐ outside「外で」

☐ often「しばしば，よく」　☐ some＋人＋動詞「～する（人）もいる」

☐ different「異なった」　☐ kind(s)「種類」

☐ different kinds of ～「いろいろな（種類の）～」

質問の訳

No. 1　本文を見てください。家で何をするのが好きな人もいるのですか？

No. 2　イラストを見てください。ぼうしをかぶっているのは何人ですか？

No. 3　女性を見てください。彼女は何をしようとしていますか？

No. 4　あなたは今日どうやってここまで来ましたか？

No. 5　あなたは時間のあるときに買い物に出かけるのを楽しみますか？

はい → もっと話してください。

いいえ → 次の週末にあなたはどこに行きたいですか？

No. 1 Answer **They like to make different kinds of ice cream.**

訳 彼らはいろいろな種類のアイスクリームを作るのが好きです。

❶ **some people like to** make different kinds of ice cream **at home** の下線部分が質問（What do **some people like to** do **at home**?）と同じであることに注目します。下線部分以外の make different kinds of ice cream の部分を解答に入れましょう。主語の some people は They に変えて答えます。at home は省略してもよいです。

No. 2 Answer **Two people are wearing caps.**

訳 2人がぼうしをかぶっています。

How many people ～? は人数を問う表現です。wear は「～を着用する」，cap は「ぼうし」という意味です。イラスト中でぼうしをかぶっているのは2人なので，two people を解答に入れましょう。ただし，文にして答えたいので，質問（**How many people** are wearing caps?）の How many people を Two people に置き換え，are wearing caps をつけて答えます。

No. 3 Answer **She's going to sit.**

訳 彼女は座ろうとしています。

イラスト中の女性は，ベンチに座る姿を思い浮かべています。「(ベンチに）座る」は sit（on the bench）と表現します。質問（What **is she going to do**?）の下線部分を使い，She is〔She's〕going to sit（on the bench). と答えましょう。

No. 4 Answer **I walked.**

訳 徒歩で来ました。

How ～? は「どうやって～？」と方法を問う表現です。交通手段を答えますが，質問（How **did** you **come** here today?）に合わせて〈I came here by＋乗り物.〉と答えましょう。乗り物には a や the をつけません。徒歩の場合，Answer のようにI walked. や，I came here on foot. と答えてもよいでしょう。by foot としないよう注意しましょう。

📖 交通手段の例：by bicycle「自転車で」，by bus「バスで」，by car「車で」，by train「電車で」，by subway「地下鉄で」，My father drove me here. / My father brought me here by car.「父に車で連れてきてもらいました」

No. 5 Answer

（Yes. → Please tell me more.）

I like to buy clothes.

（No. → Where would you like to go next weekend?）

I'd like to go to a museum.

訳
（Yes. の場合 → もっと話してください。）
私は服を買うのが好きです。
（No. の場合 → 次の週末にあなたはどこに行きたいですか？）
私は博物館に行きたいです。

📖 質問（Do you enjoy going shopping in your free time?）に対し，まずは Yes. / No. で，あなたが時間のあるときに買い物に行くのを楽しむかどうかを伝えます。

📖 Yes. と答えると，Please tell me more.「もっと話してください」と言われるので，買い物に行ったときに買う物や買い物をする場所，頻度《ひんど》，一緒に行く人などを答えるとよいでしょう。

例：I often go shopping with my friends.「よく友人と一緒に買い物に行きます」，I enjoy shopping at the mall.「ショッピングモールで買い物を楽しみます」，My favorite store is a bakery near my house.「私のお気に入りの店は家の近くのパン屋です」，It is fun for me to go shopping alone.「1人で買い物に行くのが楽しいです」

📖 No. と答えると，次の週末にどこに行きたいかを問われます。質問（Where **would** you **like to go** next weekend?）の下線部分を用いて〈I would〔I'd〕like to go to＋場所〉の形で答えましょう。どこにも行きたくない場合は，I would like to stay home. と答えます。

二次試験　面接　問題カードJ

Climbing Mountains

Climbing mountains can be exciting. ❶ Many people like taking photos of nature, so they carry a camera with them when they climb mountains. People should always take a map and warm clothes with them, too.

訳

山登り

山登りは楽しい。❶多くの人が自然の写真を撮るのが好きなので，彼らは山を登る際に，カメラを持ち歩く。人々はいつでも地図と暖かい服も持っていったほうがよい。

Words

- ☐ climb「～を登る」　☐ exciting「わくわくするような」
- ☐ take photos「写真を撮る」　☐ nature「自然」
- ☐ carry「～を持ち運ぶ，～を持ち歩く」　☐ take「～を持っていく」
- ☐ map「地図」　☐ warm「暖かい」　☐ clothes「衣類」

質問の訳

No. 1　本文を見てください。多くの人々は山を登る際に，なぜカメラを持っていくのですか？

No. 2　イラストを見てください。何羽の鳥が飛んでいますか？

No. 3　髪の長い女性を見てください。彼女は何をしようとしていますか？

No. 4　今年の夏，あなたは何をしたいですか？

No. 5　あなたはレストランで食事をするのが好きですか？

はい → もっと話してください。

いいえ → なぜ好きではないのですか？

No. 1 Answer **Because they like taking photos of nature.**

訳 彼らは自然の写真を撮るのが好きだからです。

❶ **Many people** like taking photos of nature, so they **carry a camera with them when they climb mountains**. の下線部分が質問（Why do **many people carry a camera with them when they climb mountains**?）と同じであることに注目します。so の前の Many people like taking photos of nature の部分が理由となります。主語の Many people は they に変えて，Because をつけて答えましょう。

No. 2 Answer **Three birds are flying.**

訳 3羽の鳥が飛んでいます。

How many birds ～? は鳥の数を問う表現です。fly は「飛ぶ」という意味です。イラスト中で空を飛んでいる鳥は3羽なので，three birds を解答に入れましょう。ただし，文にして答えたいので，質問（**How many birds** are flying?）の How many birds を Three birds に置き換え，are flying をつけて答えます。

No. 3 Answer **She's going to eat.**

訳 彼女は食べようとしています。

イラスト中の髪の長い女性は，自分がサンドイッチを食べている姿を思い浮かべています。「(サンドイッチを）食べる」は eat（sandwiches）と表現します。質問（What **is she going to do**?）の下線部分を使い，She's〔She is〕going to eat（sandwiches）. と答えましょう。eat の代わりに have を用いることもできますが，その場合は have が「食べる」の意味であることがわかるように，have の後には必ず sandwiches をつけるようにしましょう。

No. 4 Answer **I want to visit my grandparents.**

訳 私は祖父母の元を訪れたいです。

〈want to＋動詞の原形〉で「～したい」という意味です。質問（What do you want to do this summer?）に対する返答なので，〈I want to＋動詞の原形〉の動詞の原形の部分に夏にしたいことを入れて答えます。

夏にやりたいこととして使える表現：
swim in the pool「プールで泳ぐ」，enjoy swimming in the sea「海水浴を楽しむ」，go camping「キャンプに行く」，go to a summer festival「夏祭りに行く」，see fireworks「花火を見る」，work hard at club activities「部活動をがんばる」，finish my summer homework as soon as possible「できるだけ早く夏休みの宿題を終える」，go catch beetles「カブトムシをつかまえに行く」

No. 5 Answer

（Yes. → Please tell me more.）

I like to go to Chinese restaurants.

（No. → Why not?）

I like to eat at home.

訳 （Yes. の場合 → もっと話してください。）
中華料理の店に行くのが好きです。
（No. の場合 → なぜ好きではないのですか？）
家で食べるのが好きです。

質問（Do you like to eat at restaurants?）に対し，まずは Yes. / No. であなたがレストランで食事をするのが好きかどうかを伝えます。

Yes. と答えると，Please tell me more.「もっと話してください」と言われるので，好きなレストラン，レストランに行く頻《ひん》度《ど》，誰と一緒に行くか，最近ではいつ行ったかなど，自分が正しく使える英語を使って表現するとよいでしょう。
例：I eat at restaurants every Sunday.「毎週日曜日にはレストランで食べます」，My father often takes me to a restaurant.「父がよく私をレス

トランに連れて行ってくれます」, I ate out with my family last Sunday.「私はこの前の日曜日に家族と外食をしました」, I like eating a hamburger at fast-food restaurants.「ファストフード店でハンバーガーを食べるのが好きです」, I like to try different kinds of food.「いろいろな食べ物を試すことが好きです」

No. と答えると，なぜレストランで食事をするのが好きではないのかを問われるので，その理由を答えます。文頭に Because や It's because をつけてもよいでしょう。

例：I like dishes（that）my mother makes.「母の手料理が好きです」, I can't feel relaxed at restaurants.「レストランではくつろげないです」, It costs a lot.「高くつきます」, I don't like waiting time.「待ち時間が嫌です」, I want to lie on the sofa as soon as I finish eating.「食べたらすぐソファーに寝転がりたいです」

Grade 3

2021年度 第3回

Answer

筆記

1	(1)	(2)	(3)	(4)	(5)	(6)	(7)	(8)	(9)	(10)
	4	4	3	1	3	3	3	2	4	2
	(11)	(12)	(13)	(14)	(15)					
	2	2	3	1	1					

2	(16)	(17)	(18)	(19)	(20)
	2	4	1	4	2

3	A	(21)	(22)			
		3	4			
	B	(23)	(24)	(25)		
		2	4	1		
	C	(26)	(27)	(28)	(29)	(30)
		2	2	3	4	1

4（ライティング）の解答例は p. 21（■）を参照。

リスニング

第1部	No.1	No.2	No.3	No.4	No.5	No.6	No.7	No.8	No.9	No.10
	1	1	2	1	1	3	2	2	3	3

第2部	No.11	No.12	No.13	No.14	No.15	No.16	No.17	No.18	No.19	No.20
	1	4	4	4	1	3	2	2	3	1

第3部	No.21	No.22	No.23	No.24	No.25	No.26	No.27	No.28	No.29	No.30
	2	4	4	4	3	2	1	1	1	4

一次試験　筆記　1

(1)　Answer　4

訳　A：お母さん，見て！　僕がシロにドアを開けることを教えたよ。
B：まあ。シロはとてもかしこい犬ね，そうでしょ？

選択肢の訳	
1 correct「正しい」	**2** careless「不注意な」
3 clear「明らかな」	**4** clever「かしこい」

Aが「見て！」と言っていることから，シロは本当にドアを開けることができたと判断します。そこで **4** **clever** が正解です。

(2)　Answer　4

訳　A：私は野球についてあまり知りません。私にルールを説明してくれませんか？
B：いいですよ。簡単です。

選択肢の訳	
1 sell「～を売る」	**2** save「～を救う」
3 happen「起こる」	**4** explain「～を説明する」

野球をよく知らない人に対してできることは，the rules「ルール」が目的語であることから判断して，**4** **explain** です。

(3)　Answer　3

訳　A：これらのパンケーキはおいしいよ，お母さん。もう１枚食べてもいい？
B：いいわよ。はい，どうぞ。

選択肢の訳	
1 other「他の」	**2** all「すべての」
3 another「もう１つの」	**4** anything「何でも」

3 **another** は「(すでにあって，さらに) もう１つの」という意味で，後の one に続けることができます。**1** other の後には other ones と複数形の名詞が続き，**2** all の後も同じく複数形が続くので，不適切です。

(4) Answer 1

訳
A：明日は何か予定がありますか？
B：はい。渋谷《しぶや》に買い物に行くつもりです。

選択肢の訳	
1 plan(s)「予定」	2 symbol(s)「象徴《しょうちょう》」
3 kind(s)「種類」	4 voice(s)「声」

1 plans を入れて「明日の予定」とすれば，「渋谷《しぶや》で買い物をする」という内容の返答に合います。

(5) Answer 3

訳
A：ブライアン，ジャネットはどこにいるの？
B：彼女はたぶん図書館にいるよ。数学のテストのために勉強しなくてはいけないと言っていたよ。

選択肢の訳	
1 slowly「ゆっくりと」	2 widely「広く」
3 probably「たぶん」	4 cheaply「安く」

空所の前の She's は She is の省略形で，「～にいる」という意味で使われています。3 probably を入れて「(はっきりとはわからないけれど) たぶん～にいる」と推測している表現にします。

(6) Answer 3

訳
A：新しいフランス料理のレストランはどうだった？
B：すばらしかったよ。食べ物は見た目が美しかったし，味もよかった。

選択肢の訳	
1 grew：grow「育つ」の過去形	2 held：hold「～を持つ」の過去形
3 taste(d)「～な（の）味がする」	4 join(ed)「～に参加する」

空所の直前の it は「(レストランの) 食べ物，料理」を指します。そこで 3 tasted を入れて「いい味がした」とします。なお，空所の少し前にある looked beautiful は「美しく見えた」という意味です。

(7) Answer 3

訳　アメリカ合衆国では，7月4日に花火を見ることが伝統です。

選択肢の訳	
1 voice「声」	**2** surprise「驚き」
3 tradition「伝統」	**4** meaning「意味」

空所の前の it の内容は，「7月4日に花火を見ること」です。アメリカの独立記念日に行われるその行事は，**3 tradition** だと考えるのが適切です。花火そのものについては**2**の「驚き」も考えられますが，「7月4日に花火を見ること」についてはふさわしくありません。

(8) Answer 2

訳
A：ボブ，手を貸してくれない？　この机を動かさないといけないの。
B：いいよ。

選択肢の訳	
1 face「顔」	**2** hand「手」
3 finger「指」	**4** head「頭」

2 hand を入れると，**give me a hand**「私に手を貸す，私を手伝う」という意味の熟語が完成します。

(9) Answer 4

訳
A：このジャケットは僕には少し大きいです。これより小さいジャケットを試着してもいいですか？
B：かしこまりました，お客様。このジャケットはいかがでしょうか？

選択肢の訳
1 hit (on ～)「～（という考え）が浮かぶ」
2 make「～を作る」
3 enter「～に入る」
4 try (on ～)「～を試着する」

お店で服を選んでいるときの会話で，服を試しに着てみるという意味の **4 try (on ～)** を入れることで会話が完成します。

(10) Answer 2

訳　ローラの母親はローラに，寝る時間に悲しい物語の本を読み聞かせていた。物語の終わりで，ローラは泣いた。

選択肢の訳	
1 back「後ろ」	2 end「終わり，結末」
3 page「ページ」	4 letter「文字，手紙」

2 end を入れて，at the end of ～「～の終わりに」という熟語にします。beginning「始まり」も一緒に覚えておきましょう。

(11) Answer 2

訳　A：ポーラ，ピアノコンサートのための準備はできているの？
B：ええ。今週は毎日 3 時間練習したのよ。

選択肢の訳
1 late（for ～）「～に遅刻して，～に遅れて」
2 ready（for ～）「～の準備ができて」
3 near「（場所）の近くで」
4 dark「暗い」

2 ready を入れると，コンサートで演奏する曲の練習が十分にできたかという意味の質問とその返事という会話が成り立ちます。

(12) Answer 2

訳　そのアイススケート選手はひとつもミスをしなかった。彼女は美しくスケートをしたので，すばらしい点を獲得した。

選択肢の訳	
1 meet「～に会う」	2 make「（ミス）をする」
3 move「～を動かす」	4 miss「～を見逃す」

2 make を入れると，make mistakes「ミス（間違い）をする」という熟語になります。日本語の「ミスをする」につられて 4 miss を選ばないように注意しましょう。

(13) Answer 3

訳 A：あなたはどこでジャックに出会ったのですか？

B：私たちは高校で出会ったので，私は彼のことを 20 年以上知っています。

選択肢の説明	
1 knows：三人称単数が主語のときの現在形	**2** knew：過去形
3 known：過去分詞	**4** knowing：現在分詞

空所の前の I've は I have の省略形です。現在完了の文〈have＋動詞の過去分詞〉を完成させるために，**3 known** を選びます。

(14) Answer 1

訳 ピーターは物語を書くことがとても得意だ。彼の英語の先生は，彼は作家になるべきだと言っている。

選択肢の説明
1 writing：動名詞「書くこと」もしくは現在分詞「書いている」
2 to write：to 不定詞
3 wrote：過去形
4 writes：三人称単数が主語のときの現在形

空所の前の at は前置詞といい，その後には名詞や動名詞が続きます。そこで **1 writing** を選びます。**2** to write にも「書くこと」という意味はありますが，前置詞の後には使えないことを覚えておきましょう。

(15) Answer 1

訳 A：ジェイコブの誕生日に何か買いたいと思っているの。

B：彼が何をほしいか，僕は知っているよ。一緒に買い物に行こう。

選択肢の訳	
1 what「何を，何が」	**2** that「～ということを」
3 how「どのようにして」	**4** why「なぜ～なのか」

関係代名詞の **1 what** を入れて，what he wants「彼が何をほしいのか」という意味にします。**2** がまぎらわしいですが，that の場合は I know something that he wants. のように先行詞が必要です。

一次試験　筆記　2

(16) Answer 2

訳
兄：何を探しているの？
妹：私の赤いスカーフなの。それを見た？
兄：いいや，今日は見ていないよ。

選択肢の訳	
1 「いくつかあげようか？」	2 「それを見た？」
3 「それを取ってきてあげようか？」	4 「その色が好きなの？」

Words

□ look for ～「～を探す」　□ scarf「スカーフ」　□ color「色」

兄の１つ目の発言 What are you looking for? より，妹が何かを探していることがわかります。そのとき妹が兄にたずねる言葉としては， 2 Have you seen it? がふさわしいです。

(17) Answer 4

訳
息子：どうしてお母さんは今夜，僕たちと一緒に夕食をとっていないの？
父親：母さんはひどい腹痛なんだ，だから寝てしまったんだよ。

選択肢の訳
1 「母さんはチキンカレーが好きなんだ」
2 「母さんはまだ会社にいるんだ」
3 「母さんは今日の午後私に電話をかけてきたんだよ」
4 「母さんはひどい腹痛なんだ」

Words

□ dinner「夕食」　□ tonight「今夜」　□ went：go「行く」の過去形。
□ go to bed「寝る」　□ chicken「チキン，鶏」　□ still「まだ，今も」
□ office「会社，事務所」　□ bad「悪い，ひどい」　□ stomachache「腹痛」

父親は，空所の後に「だから彼女（＝母親）はもう寝てしまった」と言っているので，空所ではなぜ寝てしまったのかという理由を説明していると考えられます。したがって，4 She has a bad stomachache, が正解です。

(18) Answer 1

訳
妻：今日はコーヒーを何杯飲んだの？
夫：これが4杯目だよ。
妻：まあ，多いわね。

選択肢の訳	
1 「これが4杯目だよ」	2 「君も1杯飲んだらいいよ」
3 「それぞれたった1ドルさ」	4 「私には紅茶をください」

Words

□How many ～?「いくつの～ですか？（数をたずねる疑問文）」 □a lot「たくさん」
□fourth「4番目の」 □dollar「ドル（アメリカなどのお金の単位）」

妻は1つ目の発言で夫に「何杯のコーヒーを飲んだのか」とたずねているので，夫はその数を答えているはずです。1 This is my fourth one. が正解です。つまり4杯目のコーヒーを飲んでいる途中だということです。

(19) Answer 4

訳
男性1：明日はジム・クラークと一緒に釣りに出かけるつもりだよ。君は彼のことを知っているかい？
男性2：うん，僕たちは友達だよ。彼によろしく伝えてね。
男性1：そうするよ。

選択肢の訳
1 「彼は釣り舟を持っているんだ」
2 「僕にたずねてくれてありがとう」
3 「君たちと一緒に行きたいな」
4 「彼によろしく伝えてね」

Words

- go fishing「釣りに行く」
- a fishing boat「釣り舟」
- Thanks for＋動名詞「～してくれてありがとう」
- Say hello to ～「～によろしく伝えてください」

男性２が言った we're friends の we は，発言した男性２本人と，男性１の発言に出てきたジム・クラークの２人を指しています。また男性１は２つ目の発言で「(僕が) そうするよ」と答えているので，空所には男性２が男性１に何かをするようにお願いしたと考えます。**4 Say hello to him for me.** が正解です。

(20) Answer 2

訳 少女：映画はあと 20 分で始まるわ。私たちは間に合わないのかしら？
少年：心配しなくていいよ。僕たちはちょうど間に合うよ。

選択肢の訳

1「僕は君のチケットをなくしてしまったんだ」
2「僕たちはちょうど間に合うよ」
3「それはいい考えだね」
4「僕はあの俳優が好きだ」

Words

- movie「映画」
- minute(s)「分（時間の単位）」
- be late「遅れる」
- Don't worry.「心配するな」
- lost：lose「～を失う」の過去形。
- be on time「間に合う」
- actor「俳優，男優」

少女は映画に遅れるのではないかと心配していますが，少年はそれに対して「心配しないで」と言っています。少年は遅れると思っていないということです。そこで，**2 We'll be on time.** が正解です。

一次試験　筆記　3A

Staff Member Wanted

Are you interested in a part-time job? Do you enjoy riding a bike? Perry's Pizza Place is looking for a new staff member to take our pizzas to people's houses by bike.

Hours : ❶ Fridays 5 p.m. to 8 p.m. and ❷ Saturdays 11 a.m. to 6 p.m.
Pay : $10 an hour

❸ You need to be 18 or older to do this job. You can use one of our bikes, so ❹ you don't need your own. ❺ You don't need to do any cooking or cleaning for this job.

If you're interested in this job, please send an e-mail to our manager, Perry Pitino (pitino@pizzaplace.com).

訳

スタッフ募集

アルバイトに興味はありますか？　自転車に乗ることが楽しいですか？　ペリーズ・ピザ・プレイスは，自転車でお客様のお宅に私たちのピザを届ける新しいスタッフを探しています。

時間：❶金曜日午後5時～午後8時，❷土曜日午前11時～午後6時
給与：時給10ドル

この仕事をするためには❸18歳以上であることが必要です。店の自転車を使うことができますので，❹あなた自身の自転車は不要です。この仕事で❺調理や掃除をすることはありません。

この仕事に興味があれば，支配人ペリー・ピティーノ（pitino@pizzaplace.

com）宛にメールをお送りください。

Words

- staff「スタッフ，従業員」
- a part-time job「アルバイト」
- enjoy＋動名詞「～するのを楽しむ」
- bike「自転車」
- take＋物＋to＋場所「（物）を（場所）に持っていく」
- your own「あなた自身の（もの）」
- cleaning：clean「～を掃除する」の動名詞。
- manager「支配人」

(21) Answer 3

質問の訳　新しいスタッフは，土曜日には何時に仕事が終わりますか？

選択肢の訳			
1	午前 11 時に。	2	午後 5 時に。
3	午後 6 時に。	4	午後 8 時に。

❷ Saturdays 11 a.m. to 6 p.m. から，土曜日の仕事は午後 6 時に終わるとわかります。3 At 6 p.m. が正解です。

(22) Answer 4

質問の訳　もしも（　　　　）ならこの仕事をすることができません。

選択肢の訳			
1	おいしいピザを作ることができない	2	自分の自転車を持っていない
3	金曜日の朝は忙しい	4	17 歳以下

Words

- delicious「おいしい」
- busy「忙しい」

この仕事をするためには，❸ You need to be 18 or older が条件です。18 歳あるいはそれより年上，つまり 18 歳以上ということなので，仕事ができないのは 17 歳以下であり，4 are 17 years old or younger. が正解です。1 は❺ You don't need to do any cooking に，2 は❹ you don't need your own に，3 は❶ Fridays 5 p.m. to 8 p.m. に合いません。

一次試験　筆記　3 B

From: Sandra Noble
To: Smithville Garden Center
Date: March 25
Subject: Flowers

Hello,
My name is Sandra Noble. My friend said your garden center is the best, but it's far from my house. I want to ask you for some advice, and maybe I'll visit your garden center next week. ❶ My husband and I bought a house in Smithville in January. This spring, we want to plant some flowers in front of our house. I don't have much time for gardening every year, so I want flowers that live longer than one or two years. What kind of flowers would be good?
Sincerely,
Sandra Noble

From: Smithville Garden Center
To: Sandra Noble
Date: March 25
Subject: My advice

Dear Ms. Noble,
Thanks for your e-mail. ❷ Flowers that live longer than two years are called perennials. We have lots of perennials at Smithville Garden Center. Many of them are easy to take care of, but different flowers need different things. ❸ Some flowers need lots of sun, but others don't. Some flowers even like dry soil. You said you wanted to put the flowers in front of your house. How many hours of sunshine does that area get? Is the soil dry? What colors do you like? I'll be at the center every day next week from eight until noon.
Best wishes,
Gary Logan
Manager, Smithville Garden Center

From: Sandra Noble
To: Smithville Garden Center
Date: March 26
Subject: Thank you

Hello Mr. Logan,
My front yard has some big trees, so it doesn't get much sun in summer. The soil is a little wet. I'd like to have some pink or blue flowers. ❹ I'll come and visit your garden center and speak to you next Wednesday.
Sincerely,
Sandra Noble

訳

（メール１）

送信者：サンドラ・ノーブル

宛先：スミスビル・ガーデンセンター

日付：3月25日

件名：花

こんにちは，

私の名前はサンドラ・ノーブルといいます。私の友人があなたのガーデンセンターは最高だと言っていたのですが，私の家から遠いのです。いくつか助言をいただきたいと思っており，もしかしたら来週そちらのガーデンセンターにお伺《うかが》いするかもしれません。❶私たち夫婦は１月にスミスビルに家を購入しました。この春，家の前にいくらか花を植えたいと思っています。私は毎年庭作りのためにあまり時間をとることができませんので，１年か２年よりも長く生きる花がほしいです。どんな種類の花がいいでしょうか？

敬具

サンドラ・ノーブル

（メール２）

送信者：スミスビル・ガーデンセンター

宛先：サンドラ・ノーブル

日付：3月25日

件名：私の助言

ノーブル様

メールをありがとうございます。❷2年を超えて生きる花は多年生植物と呼ばれています。スミスビル・ガーデンセンターにはたくさんの多年生植物があります。それらの多くは手入れをするのが簡単ですが，花によってそれぞれ異なるものを必要とします。❸日光をたっぷり必要とする花もあれば，そうでない花もあります。乾いた土が好きな花さえあります。あなたは家の前に花を植えたいと言っていましたね。その場所は何時間日光が当たりますか？　土は乾いていますか？　あなたはどんな色が好きですか？　私は来週，毎日8時から正午までセンターにいます。

幸運を祈ります。

ゲイリー・ローガン

スミスビル・ガーデンセンター支配人

（メール3）

送信者：サンドラ・ノーブル

宛先：スミスビル・ガーデンセンター

日付：3月26日

件名：ありがとうございます

こんにちは，ローガン様

私の家の前の庭には大きな木が何本かありますので，夏には日光があまり当たりません。土は少し湿《しめ》っています。私はピンクか青の花をいくつかほしいと思っています。❹来週水曜日にそちらのガーデンセンターにお伺《うかが》いして，あなたとお話をしたいと思います。

敬具

サンドラ・ノーブル

Words

▶**メール1**
☐ best：good「よい」の最上級。　☐ far from ～「～から遠い」
☐ ask＋人＋for ～「（人）に～を求める」
☐ some advice「いくらかの助言，アドバイス」（advice は数えられないので複数形はありません）
☐ maybe「もしかしたら」　☐ bought：buy「～を買う」の過去形。
☐ January「1月」　☐ plant「～を植える」
☐ in front of ～「～の前に」　☐ gardening「庭作り，ガーデニング」

☐ every year「毎年」　☐ live longer than ～「～より長く生きる」

☐ what kind of ～「どんな種類の～」

▶ **メール 2**　☐ perennial(s)「多年生植物」　☐ lots of ～「たくさんの～」

☐ take care of ～「～の手入れ〔世話〕をする」

☐ different「異なった，違った」

☐ Some ～, but others …「～もあるが…もある」　☐ dry「乾いた」

☐ area「地域」　☐ noon「正午，お昼の 12 時」

☐ Best wishes,「幸運を祈ります（手紙の最後につける表現）」

▶ **メール 3**　☐ yard「庭」　☐ a little「少しだけ」

☐ wet「湿《しめ》っている，ぬれている」

☐ I'd like to＋動詞の原形：I would like to＋動詞の原形「～したいと思う」の短縮形。

☐ I'll come：相手のいるところへ「行く」ときには go ではなく come を使います。

☐ speak to ＋人「(人) に話す」

---

(23) Answer 2

質問の訳　**サンドラ・ノーブルは 1 月に何をしたのですか？**

選択肢の訳	
1	彼女は結婚した。
2	彼女は新しい家を買った。
3	彼女は友人にアドバイスを求めた。
4	彼女はガーデンセンターを訪れた。

Words

☐ got：get の過去形。　☐ get married「結婚する」

質問は did と in January から，1 月にしたことをたずねています。サンドラ・ノーブルのメール 1 には❶ My husband and I bought a house in Smithville in January. とあります。したがって，2 She got a new house. が正解です。

㉔ Answer 4

質問の訳 ゲイリー・ローガンは多年生植物と呼ばれる花について何を言っていますか？

選択肢の訳
1 彼のガーデンセンターではそれらを売っていない。
2 それらは日光をまったく必要としない。
3 それらは高価すぎて買えない。
4 それらは2年を超えて生きる。

Words

□ sell「～を売る」 □ too ～ to …「～すぎて…できない」

□ expensive「高価な」

メール2でゲイリー・ローガンが perennials について，❷ Flowers <u>that live longer than two years</u> are called perennials. と説明しています。したがって，**4 They live longer than two years.** が正解です。なお，❸ Some flowers need lots of sun で，日光をたっぷり必要とする花もあると説明されているので，**2** は間違いです。

㉕ Answer 1

質問の訳 サンドラ・ノーブルは来週，何をしますか？

選択肢の訳	
1 ゲイリー・ローガンと会う。	2 いくらか土を買う。
3 家の前に木を植える。	4 ガーデンセンターで働き始める。

Words

□ meet with ～「～と（約束して）会う」 □ start working「働き始める」

質問には will と next week があり，来週行う予定のことをたずねています。サンドラ・ノーブルによるメール3には❹ <u>I'll come</u> and visit your garden center <u>and speak to you next Wednesday</u>. とあります。したがって，**1 Meet with Gary Logan.** が正解です。

一次試験　筆記　3C

Phar Lap

Around the world, many people love to watch horse racing. Each year, thousands of horses take part in races. Most of them don't win, but sometimes there are horses that become famous. One of these horses was from New Zealand, and his name was Phar Lap.

Phar Lap was born in 1926. His father was a champion racehorse, so Phar Lap's owners thought he would run fast, too. But when Phar Lap was young, he was thin and weak, and he lost every race he took part in. His owners weren't happy with him, so ❶they sold him to an American businessman named David J. Davis in 1928. ❷The trainer for Phar Lap was a man from Australia named Harry Telford.

When Telford saw Phar Lap for the first time, he was very surprised to see the horse's bad health. However, he thought Phar Lap could become a successful racehorse, so they began training very hard together. Phar Lap became stronger and grew to 174 centimeters tall. ❸Although he lost his first few races in Australia, in April 1929, he finally won his first race, the Maiden Juvenile Handicap in Rosehill.

After that, Phar Lap became much more popular with people. Between 1929 and 1931, large groups of people came to watch his races in Australia and other countries. During this time, ❹he won 36 of the 41 races he took part in. ❺He also made many new world records. ❻Because of this, Phar Lap will always be remembered as an amazing racehorse in the history of horse racing.

訳

ファー・ラップ

世界中で多くの人々は，競馬《けいば》を見ることが大好きだ。毎年，何千という馬が競馬に参加する。それらのほとんどは勝利することはないが，時には有名になる馬もいる。これらの１頭がニュージーランド産の馬で，その名前はファー・ラップといった。

ファー・ラップは1926年に生まれた。彼の父親は競馬のチャンピオン馬だったので，この馬も走るのが速いだろうとファー・ラップの馬主は思った。しかしファー・ラップは，若い頃にはやせていて弱く，参加したすべてのレースで敗れた。彼の馬主はこの馬に満足しなかったので，❶1928 年にデイビッド・J・デイビスというアメリカの実業家にこの馬を売却した。❷ファー・ラップの調教師はハリー・テルフォードという名前のオーストラリア出身の男性だった。

テルフォードは初めてファー・ラップを見たとき，その馬の健康状態の悪さを見てとても驚いた。しかし彼は，ファー・ラップが立派な競走馬になるだろうと思ったので，この馬とともにとても一生懸命にトレーニングを始めた。ファー・ラップは以前より強くなり，体高は 174 センチメートルにまで成長した。❸オーストラリアでの最初の 2，3 回のレースでは敗れたが，1929 年 4 月，ファー・ラップはローズヒルで開催されたメイドン・ジュベナイル・ハンデキャップ（未勝利の若い馬のためのレース）で，ついに初勝利を収めた。

その後ファー・ラップは人々の間でさらにいっそう人気を博《はく》すようになった。1929 年から 1931 年の間には，オーストラリアや他の国々では，大勢の人々が彼のレースを見に来た。この間に，❹彼は参加した 41 のレースのうち 36 のレースで勝利した。❺また数多くの世界記録も出した。❻このためにファー・ラップは競馬の歴史の中で，驚くべき競走馬としてずっと記憶に残ることだろう。

Words

▶第 1 段
□ around the world「世界中で」 □ horse racing「競馬」
□ each year「毎年」 □ thousands of ～「何千という～」
□ take part in ～「～に参加する」 □ win「勝つ」 □ famous「有名な」

▶第 2 段
□ was born「生まれた」 □ racehorse「競走馬」
□ owner(s)「所有者」（本文では馬主のこと） □ fast「速く」
□ thin「やせている」 □ lost：lose「～に負ける」の過去形。
□ took：take「～を連れて行く」の過去形。
□ sold：sell「～を売る」の過去形。 □ businessman「実業家」
□ named「～という名前の」

▶第 3 段
□ saw：see「～を見る」の過去形。 □ for the first time「初めて」
□ surprised：surprise「驚かせる」の過去分詞で，受け身にすると「驚く」。
□ bad health「不健康，体調が悪いこと」
□ successful「うまくいく，立派な」 □ together「一緒に」
□ although「～だけれども」 □ first few「初めの 2，3 の」

□ finally「とうとう，ついに」 □ won：win「～に勝つ」の過去形。

▶第4段 □ popular「人気のある」 □ during「～の間に」

□ because of ～「～のために」 □ remember「～を覚えている」

□ as ～「～として」 □ amazing「驚くべき」 □ history「歴史」

---

(26) Answer 2

質問の訳 ファー・ラップはいつ売却されましたか？

選択肢の訳			
1 1926年。	2 1928年。	3 1929年。	4 1931年。

質問の was ～ sold?「～が売られたか」という内容は第2段の❶ they sold him to an American businessman named David J. Davis in 1928 にあります。この they sold him の部分を受け身にすると，質問の he was sold (by them) となります。したがって，2 In 1928. が正解です。

(27) Answer 2

質問の訳 ハリー・テルフォードとは誰ですか？

選択肢の訳	
1 オーストラリアの騎手《きしゅ》。	2 オーストラリアの馬の調教師。
3 アメリカの実業家。	4 アメリカのランナー（競走選手）。

ハリー・テルフォードという名前は第2段の最後に出てきます。❷ The trainer for Phar Lap was a man from Australia named Harry Telford. より，2 An Australian horse trainer. が正解です。

(28) Answer 3

質問の訳 1929年4月にオーストラリアで何が起こりましたか？

選択肢の訳
1 テルフォードが大金を獲得した。
2 テルフォードが初めてファー・ラップに会った。
3 ファー・ラップが初めてレースに勝利した。
4 ファー・ラップが競馬に参加し始めた。

質問にある1929年4月は第3段に出てきます。❸ Although he lost his first few races in Australia, **in April 1929, he finally won his first race** の in April 1929 は，文の後半の内容（彼が初めて勝利したこと）にかかっています。したがって，**3 Phar Lap won a race for the first time.** が正解です。

(29) Answer 4

質問の訳 **ファー・ラップが（　　）ので人々は彼のことを決して忘れないでしょう。**

選択肢の訳
1 競馬で決して敗れなかった
2 オーストラリアのあらゆるレースで走った
3 競馬で最も小さい馬だった
4 多くの世界新記録を出した

Words

□forget「～を忘れる」　□smallest：small「小さい」の最上級。

質問は，なぜファー・ラップが人々に忘れられないのかということです。❻ Because of this, Phar Lap will always be remembered の this の内容はその直前の文にあります。❺ **He also made many new world records.** より，**4 made a lot of new world records.** が正解です。なお **1** の never lost a horse race は，❹ he won 36 of the 41 races he took part in と合わないので間違いです。

(30) Answer 1

質問の訳 **これは何についての話ですか？**

選択肢の訳	
1 有名な競走馬。	**2** 異なった種類の競馬。
3 馬を調教する方法。	**4** ペットの飼い主に人気のある場所。

本文はファー・ラップという1頭の競走馬が立派に成長するまでの物語なので，**1 A famous racehorse.** が正解です。

一次試験　筆記　4

Answer 1　**I enjoy going to the park near my house on weekends. First, I can play soccer with my friends there. Second, I like taking pictures of the beautiful flowers and trees in the park.** (25～35 語)

訳 私は週末に家の近くの公園に行って楽しみます。第一に，私はそこで友人たちとサッカーをすることができます。第二に，私は公園の美しい花や木の写真を撮るのが好きなのです。

Answer 2　**I enjoy cooking with my mother on weekends. First, I can learn more about what I eat every day. Second, I have a good time talking about anything with my mother while I am cooking.** (25～35 語)

訳 私は週末に母と料理をして楽しみます。第一に，私は毎日自分が食べるものについてより多くのことを学べます。第二に，私は料理をしながら母といろいろなことについて話をして楽しみます。

Answer 3　**I enjoy cycling with one of my friends on weekends. First, I like reading a map and exploring a new place. Second, feeling the winds and seeing the beautiful scenery makes me happy.** (25～35 語)

訳 私は週末に友人の１人とサイクリングをして楽しみます。第一に，私は地図を読んで新しい場所を探検することが好きです。第二に，私は風を感じて美しい景色を見るのが楽しいです。

質問の訳　あなたは週末に何をして楽しみますか？

- 質問の表現を使って，I enjoy *doing* の形で答えます。
- 週末にたっぷり時間をかけて楽しめることや，平日にはできないことを思い浮かべるとよいでしょう。理由を２つ書かなければならないので，ただ楽しみたいことだけではなく，なぜ，どんなふうに，何が楽しいのか，ということもしっかり考えましょう。
- 使える表現：

  go shopping「買い物に行く」 go to the library「図書館に行く」 draw a picture「絵をかく」 read comic books「漫画を読む」 do club activities「部活動をする」

一次試験　リスニング　第1部

No. 1　Answer　1

★＝男性　☆＝女性（以下同）

★ It's raining.

☆ Yeah. ❶ I forgot my umbrella.

★❷ Me, too.

☆ 1　Maybe we should buy one.

☆ 2　A few minutes ago.

☆ 3　That's kind of you.

訳

★雨が降っているよ。

☆そうね。❶私は傘を忘れてきたわ。

★❷僕もだよ。

☆1　たぶん傘を買わなければいけないわね。

☆2　2，3分前よ。

☆3　ご親切にありがとう。

Words

□ umbrella「傘」　□ That's kind of you.「ありがとう（お礼の言葉）」

雨が降っているのに❶，❷のように男性も女性も傘を持っていません。そこでどうすればよいかを女性が提案すると，話の流れが自然です。1 Maybe we should buy one. が正解です。なお one は an umbrella のことです。

No. 2 Answer 1

★ Oh, no! It's my turn next.

☆ Are you all right?

★❶ I'm really nervous.

☆ 1 You'll do fine.

☆ 2 It's my favorite.

☆ 3 They're for school.

Script

訳

★ああ，どうしよう！　次は僕の番だ。

☆大丈夫？

★❶本当に緊張しているんだ。

☆ 1　あなたはきっとうまくいくわ。

☆ 2　それは私のお気に入りなの。

☆ 3　それらは学校のためよ。

Words

□ turn「順番」　□ next「次に」　□ nervous「緊張している，神経質な」

□ fine「立派に」　□ favorite「お気に入り」

少年は❶にあるように何かをする直前で緊張しています。そこで少女は励《はげ》ましの言葉を言うだろうと判断します。1 You'll do fine. が正解です。

No. 3 Answer 2

☆ Are you ready for your trip?

★ Yes, Mom.

☆❶ Do you have your passport?

★ 1 We'll leave soon.

★ 2 Yes, don't worry.

★ 3 I've already eaten, thanks.

Script

訳

☆旅行の準備はできているの？

★うん，母さん。

☆❶パスポートは持っているの？

★1　僕たちはもうすぐ出発するよ。

★2　うん，心配しないで。

★3　もう食べたよ，ありがとう。

Words

☐ready for ～「～の準備ができている」　☐passport「パスポート」

☐leave「出発する」　☐worry「心配する」　☐already「すでに」

旅行に出発する前の息子に母親が❶のようにたずねています。息子はパスポートを持っているかどうかの返事をすると考えましょう。2 Yes, don't worry. が正解です。

No. 4　Answer　1

☆ When are you going to Japan?

★ Next month.

☆❶ What are you looking forward to the most?

★1　Climbing Mt. Fuji.

★2　For 10 days.

★3　On the Internet.

Script

訳

☆あなたはいつ日本に行く予定なの？

★来月だよ。

☆❶一番楽しみにしているのは何？

★1　富士山に登ることだよ。

★2　10日間だよ。

★3　インターネットでね。

Words

- ☐ next month「来月」 ☐ look forward to ～「～を楽しみにする」
- ☐ the most：much の最上級「一番，最も」 ☐ climb「～を登る」
- ☐ Mt.：Mountain「山」の省略形。

日本に旅行をする男性に対して❶のように女性がたずねています。❶の文は現在進行形で，look forward to ～ の～の部分をたずねる疑問文です。そこで男性は楽しみにしているものを答えます。したがって，1 Climbing Mt. Fuji. が正解です。

No. 5 Answer 1

★ You look tired.
☆ I just finished a big report.
★❶ How long did it take?

☆ 1 Most of the day.
☆ 2 Not yet.
☆ 3 For tomorrow's meeting.

訳

★疲れているようだね。
☆大きなレポートをちょうど終えたところなの。
★❶どれくらいの時間がかかったの？

☆1 ほとんど1日よ。
☆2 まだなの。
☆3 明日の会議のためよ。

Words

- ☐ look＋形容詞「～に見える」 ☐ tired「疲れている」 ☐ just「ちょうど」
- ☐ report「レポート，報告書」 ☐ take「（時間）がかかる」
- ☐ most of ～「～のほとんど」

❶で男性は女性がレポートを仕上げるのにかかった時間をたずねています。

具体的な時間を答えている **1 Most of the day.** が正解です。

「学校へ行くのに 30 分かかります」という文は次のように表現します。

It takes 30 minutes to go to school.

また「学校へ行くのにどのくらいの時間がかかりますか？」は次のような疑問文です。

How long does it take to go to school?

No. 6 Answer 3

★ **Do you have any plans this weekend?**

☆ **I'm going skating.**

★ **Great. ❶ Who are you going with?**

☆ **1 I bought some skates.**

☆ **2 I'll go skiing, too.**

☆ **3 Two of my classmates.**

訳

★今週末には何か予定があるかい？

☆スケートに行く予定よ。

★いいね。❶誰と一緒に行くつもり？

☆ 1　私はスケート靴を何足か買ったの。

☆ 2　私はスキーにも行くのよ。

☆ 3　クラスメートのうちの２人とよ。

Words

- this weekend「この週末（に）」
- go skating「スケートに行く」
- bought：buy「～を買う」の過去形。
- skate(s)「スケート靴」
- go skiing「スキーに行く」
- classmate(s)「クラスメート，級友」

❶で少女に誰と一緒にスケートに行くのかをたずねています。少女は一緒に行く相手を答えるのが自然です。したがって，**3 Two of my classmates.** が正解です。

No. 7 Answer 2

☆ You look sad.

★ I am. Luke is moving back to Canada.

☆❶ Will he live in Toronto?

★ 1 It was my first trip.

★ 2 I'm not sure.

★ 3 No problem.

Script

訳

☆悲しそうね。

★悲しいよ。ルークがカナダに戻ってしまうんだ。

☆❶彼はトロントに住むの？

★ 1　それは僕の初めての旅行だったんだ。

★ 2　よく知らないんだ。

★ 3　問題ないよ。

Words

- ☐ sad「悲しい」
- ☐ move「動く，移る」
- ☐ back to ～「～に戻って」
- ☐ Toronto「トロント（カナダの都市名）」
- ☐ sure「確かな」
- ☐ No problem.「問題ない，大丈夫だ」

女性は❶で，ルークがトロントに住むのかということを，Will を使った疑問文でたずねています。このような疑問文には Yes か No で答えるはずですが，はっきりと答えられない場合には「知らない，わからない」という返事をすることもあり，男性はそのように答えています。2 I'm not sure. が正解です。

No. 8 Answer 2

★❶ I can't go to your basketball game today, Sally.

☆ Why not?

★ I'm too busy with work. ❷ I'm sorry.

☆ 1 Well done.

☆ 2 That's OK.

☆ 3 I watched it.

Script

訳

★サリー，❶今日の君のバスケットボールの試合には行けないんだ。

☆どうして来られないの？

★仕事があまりにも忙しいんだよ。❷ごめんね。

☆1　よくできたわね。

☆2　いいわよ。

☆3　私はそれを見たわ。

Words

☐basketball「バスケットボール」　☐game「試合」

☐Well done.「よくやった（相手をほめる言葉）」

男性は❶でバスケットボールの試合に行けないと言い，さらに❷で謝っています。その返答としては「大丈夫，気にしないで」という気持ちを表すのが自然です。2 That's OK. が正解です。

No. 9 Answer 3

★❶ I had a bad day.

☆ What happened?

★❷ I got a bad grade on my English test.

☆ 1 Science is difficult.

☆ 2 I'm happy for you.

☆ 3 You'll do better next time.

訳

★❶今日は嫌な日だった。

☆何があったの？

★❷英語のテストで点数が悪かったんだ。

☆ 1 理科は難しいわ。

☆ 2 おめでとう。私も嬉しいわ。

☆ 3 次はもっと良い点が取れるわよ。

Words

□ have a bad day「嫌な日だ，ついていない日だ」

□ happened：happen「起きる」の過去形。 □ grade「成績，点数」

□ better：good「良い」の比較級。 □ do good「良い成績を取る」

□ next time「次回（に）」

少年が❶，❷で英語のテストの点数が悪かったことにがっかりしているので，少年を励《はげ》ますと考えるのが自然です。3 You'll do better next time. が正解です。

No. 10 Answer 3

★ **Can you help me to study French?**

☆❶ **I think you should ask James.**

★ **Why?**

☆ **1 I hope you enjoy your trip.**

☆ **2 I think he's sick today.**

☆ **3 He's really good at French.**

Script

訳

★フランス語の勉強を手伝ってくれないかな。

☆❶ジェイムズに頼めばいいと思うわ。

★どうして？

☆1　旅行を楽しんでね。

☆2　彼は今日気分が悪いんだと思うわ。

☆3　彼はフランス語が本当に得意なのよ。

Words

☐help me to＋動詞の原形「私が～するのを手伝う」 ☐French「フランス語」

☐sick「気分の悪い，病気の」 ☐really「本当に」 ☐good at ～「～が得意で」

男性からフランス語の勉強を手伝ってほしいと頼まれた女性は，❶でジェイムズに頼めばいいと提案しています。その理由としてふさわしい内容の文を選びます。3 He's really good at French. が正解です。

一次試験　リスニング　第２部

No. 11 Answer 1

★＝男性　☆＝女性　（以下同）

☆ Is something wrong, Bill?

★❶ Have you seen my ruler? I can't find it.

☆ Where did you see it last?

★ In my pencil case on my desk.

Question : What is Bill doing?

訳

☆ビル，どうかしたの？

★❶僕の定規を見なかったかい？　見つからないんだ。

☆あなたは最後にどこでそれを見たの？

★僕の机の上の筆箱の中だよ。

質問の訳　ビルは何をしているのですか？

選択肢の訳	
1	彼の定規を探している。
2	筆箱を買っている。
3	彼の机をきれいにしている。
4	宿題をしている。

Words

□ Is something wrong?「どうかしたのですか？」

□ seen：see「～を見る」の過去分詞。　□ ruler「定規，ものさし」

□ last「最後に」　□ pencil case「筆箱，ペンケース」　□ look for ～「～を探す」

❶で男性が自分の定規を探していることがわかります。1 Looking for his ruler. が正解です。

No. 12 Answer 4

★ That's a nice necklace, Nancy.

☆ Thanks, Dan. ❶ I got it yesterday at the new store by the bank.

★ It looks expensive.

☆ It was only $20.

Question : What did Nancy do yesterday?

Script

訳

★それは素敵なネックレスだね，ナンシー。

☆ありがとう，ダン。❶銀行のそばの新しいお店で昨日買ったのよ。

★高そうに見えるね。

☆たった 20 ドルだったのよ。

質問の訳 ナンシーは昨日何をしたのですか？

選択肢の訳	
1	彼女は自分の店を開店した。
2	彼女はダンに電話をかけた。
3	彼女は銀行へ行った。
4	彼女はネックレスを買った。

Words

□necklace「ネックレス」 □store「店」 □by「～の近くの（で）」

□bank「銀行」 □expensive「高価な」 □open「～を開く」

男性がネックレスをほめてくれたので，女性は❶でそのネックレスを昨日買ったと説明しています。4 She bought a necklace. が正解です。なお❶の最後にある by the bank は「銀行の近くの」という意味です。by は buy「～を買う」と同じ音なので気をつけましょう。

No. 13 Answer 4

★I fell asleep during the movie.

☆❶ It was three hours long!

★Yeah. ❷ Movies are usually one and a half or two hours long.

☆I know.

Question : How long was the movie?

訳

★映画の途中で寝てしまったよ。

☆❶映画は３時間だったわ！

★そうだね。❷映画はたいてい１時間半か２時間だよね。

☆そうよ。

質問の訳 **その映画はどのくらいの長さだったのですか？**

選択肢の訳			
1	１時間半。	2	２時間。
3	２時間半。	4	３時間。

Words

- □fell：fall の過去形。
- □fall asleep「眠ってしまう」
- □during「～の間に」
- □usually「たいてい，ふつうは」
- □one and a half hours「１時間半」
- □How long～？「どのくらいの間～？」

質問は How long was the movie? と過去形を使い，また movie「映画」は単数形なので，２人が実際に見た映画の上映時間の長さをたずねているとわかります。❶から 4 Three hours. が正解です。なお❷は usually や複数形の movies を使って，一般的な映画の長さを話しているところなので，質問の答えにはなりません。単数形と複数形の区別もしっかり聞き取れるようにしましょう。

No. 14 Answer 4

★ When is your birthday, Linda?

☆ September 25th.

★❶ What a surprise! That's my birthday, too.

☆ Wow! We should have a party together.

Question : Why are Linda and the boy surprised?

訳

★リンダ，君の誕生日はいつだい？

☆9月25日よ。

★❶驚いた！　僕の誕生日もその日だよ。

☆まあ！　一緒にパーティーをしなくちゃね。

質問の訳　リンダと少年はなぜ驚いているのですか？

選択肢の訳	
1	彼は彼女より年上だから。
2	彼女は彼より背が高いから。
3	彼らは誕生日の贈り物をもらったから。
4	彼らは誕生日が同じ日だから。

Words

□birthday「誕生日」　□September「9月」

□What a surprise!「これは驚いた，なんということでしょう」

□got：get「～を手に入れる」の過去形。　□the same ～「同じ～」

少年は❶で What a surprise! と言っています。驚いたと言った後で，その理由も説明しています。誕生日が同じ日だということです。**4 They have the same birthday.** が正解です。

No. 15 Answer 1

☆ Mark, I'm going to make a blueberry pie.

★❶ I love making pies. Can I help you?

☆ Sure. ❷ Can you wash these blueberries?

★ No problem.

Question : What does Mark like to do?

訳
☆マーク，私はブルーベリーパイを作るつもりよ。
★❶僕はパイを作るのが大好きなんだ。手伝おうか？
☆お願い。❷このブルーベリーを洗ってくれる？
★いいよ。

質問の訳　マークは何をするのが好きなのですか？

選択肢の訳	
1　パイを作ること。	2　彼のおばあさんに話すこと。
3　ブルーベリーを食べること。	4　買い物に行くこと。

Words

□ blueberry「ブルーベリー」　□ pie「パイ」　□ wash「～を洗う」
□ grandmother「おばあさん，祖母」

質問はマークは何をすることが好きかということなので，❶にあるようにパイを作ることが正しい答えです。1 Make pies. が正解です。❷で女性がブルーベリーを洗うようにマークに頼み，マークはこれを快《こころよ》く引き受けていますが，マークは何をするのが好きかということの答えにはならないことに注意しましょう。

No. 16 Answer 3

☆ Which club will you join this year?

★ Maybe the English club or the science club.

☆ You can play the piano well. ❶ You should join the music club.

★❷ Good idea.

Question : Which club does the girl tell the boy to join?

訳

☆あなたは今年どのクラブに入るの？

★たぶん英語クラブか科学クラブだよ。

☆あなたはピアノが上手に弾けるわ。❶音楽クラブに入るべきよ。

★❷いい考えだ。

質問の訳　少女は少年に，どのクラブに入るように言っていますか？

選択肢の訳	
1　英語クラブ。	2　科学クラブ。
3　音楽クラブ。	4　演劇クラブ。

Words

□club「クラブ，部」　□join「～に参加する」　□well「上手に」

□tell＋人＋to＋動詞の原形「（人）に～するように言う」　□drama「演劇，ドラマ」

質問は，少年自身がどのクラブに入ろうと考えていたのかということではなく，少女がどのクラブを勧めているかということです。❶で少女は音楽クラブを勧めていて，❷で少年も同意しています。3 The music club. が正解です。

No. 17 Answer 2

☆ What's for dinner?

★ Let's go to a Japanese restaurant.

☆ No, ❶ we need to save money for our trip to Australia.

★ OK. I'll make curry.

Question : What does the woman want to do?

訳
☆夕食は何にするの？

★和食のレストランに行こう。

☆だめよ，❶私たちはオーストラリアへの旅行のためにお金を節約しなくてはいけないわ。

★わかったよ。僕がカレーを作るよ。

質問の訳 女性は何をしたいのですか？

選択肢の訳	
1	レストランで食事をすること。
2	旅行のためにお金を節約すること。
3	日本に旅行をすること。
4	カレーの作り方を学ぶこと。

Words

- □ a Japanese restaurant「和食〔日本食〕レストラン」
- □ need to＋動詞の原形「～する必要がある」
- □ save「～を節約する」
- □ curry「カレー」
- □ travel「旅行する」
- □ how to＋動詞の原形「～する方法」

質問は男性ではなく女性が何をしたいかをたずねています。男性の発言には「和食のレストランに行きたい」や「カレーを作る」ことが含まれていますが，それらは女性がしたいことではありません。❶で女性はお金を節約しなければいけないと言っています。したがって，2 Save money for a trip. が正解です。

No. 18 Answer 2

★ Hi, Jenny. Is that your dog?

☆❶ No, it's my sister's. I'm just taking care of him for a week.

★ Did she go somewhere?

☆ Yeah. She's visiting friends in Boston.

Question : Whose dog is it?

Script

訳

★こんにちは，ジェニー。それは君の犬なの？

☆❶いいえ，私の姉の犬よ。私は１週間この犬の世話をしているだけなの。

★お姉さんはどこかに出かけたのかい？

☆ええ。姉はボストンの友人を訪ねているの。

質問の訳　それは誰の犬ですか？

選択肢の訳	
1　ジェニーの犬。	2　ジェニーの姉の犬。
3　ジェニーの友人の犬。	4　男性の犬。

Words

- □take care of ～「～の世話をする」　□for a week「１週間」
- □somewhere「どこかへ」
- □visiting：visit「～を訪れる」の現在分詞で進行形を作る。

男性がジェニーの犬かどうかを最初にたずねたときに，ジェニーは❶で「姉の犬」と答えています。したがって，2 Jenny's sister's. が正解です。なお，この選択肢のJenny'sは「ジェニーの」という意味の所有格（my friend の my と同じ）ですが，sister's は「姉のもの」という意味（This is mine. の mine と同じ）です。

No. 19 Answer 3

☆ Have you finished the report, Carl?

★ Yes, Tracy. ❶ I put it on your desk.

☆ We need it for this meeting. ❷ Can you go and get it?

★ Sure.

Question : Where is the report now?

訳
☆カール，レポートは仕上げたの？

★ああ，トレーシー。❶君の机の上に置いたよ。

☆この会議のためにそのレポートが必要よ。❷取りに行ってきてくれない？

★いいよ。

質問の訳　レポートは今どこにありますか？

選択肢の訳			
1	カールのオフィスに。	2	会議室に。
3	トレーシーの机の上に。	4	コピー機の上に。

Words

□ finish「～を終える」

□ put＋物＋on＋場所「（物）を（場所）の上に置く」※ put は過去形も過去分詞も変化しません。

□ go and get it「それを取りに行く」　□ office「オフィス，事務所」

□ meeting room「会議室」　□ copy machine「コピー機」

トレーシーが最初に，カールがレポートを仕上げたかどうかを確認しています。カールは自分が仕上げたレポートを置いた場所を❶で説明しています。さらに❷でトレーシーは「会議のために取ってきてほしい」と言っていることから，レポートはまだトレーシーの机の上に置いたままだとわかります。3 On Tracy's desk. が正解です。

No. 20 Answer 1

☆ Your son is so busy.

★ Yeah. ❶ He has baseball practice twice a week and a violin lesson every Friday.

☆ Wow.

★ He does volunteer work once a month, too.

Script

Question : How often does the man's son have a violin lesson?

訳 ☆あなたの息子さんはとても忙しいわね。

★そうなんだ。週に二度野球の練習があるし，❶毎週金曜日にはバイオリンのレッスンがあるんだ。

☆まあ。

★それに月に一度はボランティア活動もしているよ。

質問の訳 **男性の息子はどのくらいの頻度《ひんど》でバイオリンのレッスンを受けていますか？**

選択肢の訳	
1 週に一度。	2 週に二度。
3 月に一度。	4 月に二度。

Words

☐ practice「練習」 ☐ twice a week「週に二度」 ☐ violin「バイオリン」

☐ volunteer work「ボランティア活動」 ☐ once a month「月に一度」

☐ How often ～?「どのくらい頻繁《ひんぱん》に～？（回数や頻度《ひんど》をたずねる疑問文）」

質問はバイオリンのレッスンの回数をたずねるものです。野球は twice a week，ボランティア活動は once a month ですが，バイオリンのレッスンは❶にあるように every Friday なので，**1 Once a week.** が正解です。

一次試験　リスニング　第3部

No. 21　Answer　2

☆Steve is having a party tonight. Yesterday, he made a cake. ❶ He needs drinks for the party, so he'll buy them this morning. ❷ This afternoon, he'll clean his apartment.

Question : What is Steve going to buy today?

Script

訳　スティーブは今夜パーティーを開くつもりだ。昨日彼はケーキを作った。❶彼はパーティーのために飲み物が必要なので，今朝はそれらを買うだろう。❷今日の午後，彼はアパートを掃除するだろう。

質問の訳　**スティーブは今日何を買いますか？**

選択肢の訳	
1　風船。	2　飲み物。
3　ケーキ。	4　贈り物。

Words

☐have a party「パーティーを開く」　☐tonight「今夜」

☐apartment「アパート」　☐balloon(s)「風船」

❶，❷の this morning や this afternoon は今日の午前と午後のことです。そこで❶にあるように drink(s)「飲み物」が必要なため，それら（drinks）を午前中に買うと言っています。2 Some drinks. が正解です。

No. 22　Answer　4

★Betty is in the school art club. On weekdays, she practices painting at school, but ❶ on Saturdays, she paints at home. On Sundays, she often goes to the park and paints there.

Question : Where does Betty paint on Saturdays?

Script

訳　ベティーは学校の美術部に入っている。平日，彼女は学校で絵画の練習をするが，❶土曜日には家で絵をかく。日曜日にはしばしば公園へ行って，そこで絵をかく。

質問の訳　**ベティーは土曜日にはどこで絵をかきますか？**

選択肢の訳	
1　学校で。	**2**　彼女の友人の家で。
3　公園で。	**4**　家で。

Words

☐ art club「美術部，美術クラブ」　☐ weekday(s)「平日」

☐ practice「～を練習する」　☐ paint「絵をかく」

❶にある通り，ベティーは土曜日には家で絵をかくので，4 At home. が正解です。

No. 23　Answer　4

☆ Mark's grandfather took him to the zoo. They saw many animals, such as birds, elephants, monkeys, and snakes. Mark liked the monkeys the best because they were cute. ❶ He didn't like the snakes.

Question : Which animals didn't Mark like?

訳　マークのおじいさんは彼を動物園に連れて行った。彼らは鳥やゾウ，サル，それにヘビなど多くの動物を見た。マークはサルが一番好きだった。かわいかったからである。❶彼はヘビが好きではなかった。

質問の訳　**マークはどの動物が好きではなかったのですか？**

選択肢の訳			
1　サル。	**2**　ゾウ。	**3**　鳥。	**4**　ヘビ。

Words

☐ took：take の過去形。　☐ take＋人＋to ～「（人）を～に連れて行く」

☐ zoo「動物園」　☐ animal(s)「動物」

☐such as ～「たとえば～のような，～などの」 ☐bird(s)「鳥」
☐elephant(s)「ゾウ」 ☐monkey(s)「サル」 ☐snake(s)「ヘビ」
☐best：well の最上級（good の最上級も同じ）。 ☐cute「かわいい」

質問は ～ didn't Mark like? です。このように did の否定形 didn't を使った疑問文で，マークが好きではなかった動物をたずねているとわかれば，❶から 4 The snakes. が正解だと判断できます。このように否定形を使った疑問文もしっかりと聞き取れるよう練習しておきましょう。

No. 24 Answer 4

Script

★❶ Yesterday, during dinner, my dad told me about his job. After that, I told him about my baseball game. This morning, I talked to my mom about my class ski trip.

Question : What did the boy's father talk about last night?

訳 ❶昨日，夕食の間に父は自分の仕事について僕に話してくれた。その後，僕は自分の野球の試合のことを父に話した。今朝，僕は母に，クラスのスキー旅行のことを話した。

質問の訳 少年の父親は昨夜，何について話しましたか？

選択肢の訳	
1 有名な野球選手。	2 新しい野球場。
3 彼のスキー旅行。	4 彼の仕事。

Words

☐dad「父親」 ☐job「仕事」 ☐after that「その後」
☐ski trip「スキー旅行」 ☐last night「昨夜」 ☐famous「有名な」
☐player「プレーヤー，選手」 ☐stadium「球場，スタジアム」

質問は昨夜のことについてです。「誰が誰に」話したのかを正しく聞き取りましょう。❶にあるように父親は息子（話し手）に自分の仕事のことを話しました。4 His job. が正解です。

No. 25 Answer 3

☆ I had fun in Europe. In London, I took a bus tour and made some new friends. ❶ In Paris, I visited a beautiful church. I hope to go back again soon.

Question : What did the woman do in Paris?

訳　私はヨーロッパで楽しんだ。ロンドンでは，私はバスツアーに参加して何人かの新しい友人を作った。❶パリでは，美しい教会を訪れた。早くもう一度行きたいと思っている。

質問の訳　女性はパリで何をしましたか？

選択肢の訳
1　彼女はバスツアーに参加した。
2　彼女は新しい友人を作った。
3　彼女は教会に行った。
4　彼女は博物館を訪れた。

Words

- □ had：have の過去形。
- □ have fun「楽しむ」
- □ Europe「ヨーロッパ」
- □ London「ロンドン（イギリスの首都）」
- □ tour「ツアー，旅行」
- □ made：make の過去形。
- □ make friends「友人を作る，友人になる」
- □ Paris「パリ（フランスの首都）」
- □ church「教会」
- □ go back「戻る」
- □ again「再び」
- □ soon「すぐに，早く」
- □ museum「博物館」

質問は女性がパリで何をしたかというものです。❶では最初に In Paris とあるので，この内容を答えます。3 She went to a church. が正解です。なお，都市名などはカタカナでなじみのある音と異なる場合があるので，ある程度は知っておきましょう。

No. 26 Answer 2

★ Adam couldn't find his pencil case this afternoon. He looked in his bag and around his classroom, but ❶ he finally found it in the library. He left it there when he was studying at lunchtime.

Question : Where was Adam's pencil case?

訳　アダムは今日の午後，筆箱を見つけることができなかった。彼はかばんの中や教室の周りを探したが，❶とうとう図書館でそれを見つけた。彼は昼休みに勉強しているときに，そこに置き忘れたのだった。

質問の訳　**アダムの筆箱はどこにありましたか？**

選択肢の訳			
1	彼のかばんの中に。	2	図書館に。
3	彼の教室に。	4	カフェテリアに。

Words

- □ around「～の周囲」
- □ found：find「～を見つける」の過去形。
- □ library「図書館」
- □ left：leave「～を置き忘れる」の過去形。
- □ at lunchtime「昼休みに，昼食時に」
- □ cafeteria「カフェテリア，食堂」

質問は Where was ～? と過去のこととしてたずねています。それは❶にあるように，すでに図書館で筆箱が見つかったからです。2 In the library. が正解です。なお，英文の最後に at lunchtime とあるのは，図書館で昼食をとったのではなく，昼休みの時間に，という意味です。

No. 27 Answer 1

★❶ I've been friends with Michael since we were high school students. We're both 30 now, but we still talk to each other a lot. He has two children, and he's a great dad.

Question : Who is the man talking about?

訳　❶僕はマイケルと高校生のとき以来友人だ。僕たちは2人とも今30歳だが，今もまだお互いによく話す。彼には2人の子どもがいて，そして立派な父親だ。

質問の訳　男性は誰について話していますか？

選択肢の訳	
1　彼の友人。	2　彼の子ども。
3　彼の高校の先生。	4　彼の父親。

Words

□ since「～以来」　□ both「両方とも」　□ still「今もなお」
□ to each other「互いに」　□ great「立派な，すばらしい」

❶にあるように男性は最初にマイケルと友人であることを話しています。その後は we「僕たち」または he「彼（マイケル）」についての話を続けています。したがって，**1 His friend.** が正解です。なお，各選択肢の最初の His はすべて，男性の友人のマイケルではなく男性を指していることにも注意しましょう。

No. 28　Answer　1

☆ My mom was planning to take me to my soccer game, but ❶ she caught a cold. So, my dad drove me there. He isn't interested in sports, but he enjoyed watching my game.

Question : Why did the girl's father take the girl to the game?

Script

訳　私の母は私のサッカーの試合に私を連れて行ってくれる予定だったが，❶彼女は風邪を引いてしまった。それで私の父が私をそこへ車で連れて行ってくれた。彼はスポーツに興味がないが，私の試合を見て楽しんだ。

質問の訳　なぜ少女の父親が少女を試合に連れて行ったのですか？

選択肢の訳	
1　彼女の母親が病気だった。	2　彼女の母親が忙しかった。
3　彼女の父親がコーチである。	4　彼女の父親はスポーツが大好きである。

Words

- ☐ was planning to＋動詞の原形「～する予定だった」 ☐ soccer「サッカー」
- ☐ caught：catch の過去形。 ☐ catch a cold「風邪を引く」
- ☐ drove：drive「～を車に乗せていく」の過去形。
- ☐ enjoy＋動名詞「～することを楽しむ」 ☐ sick「病気の」
- ☐ coach「（スポーツなどの）コーチ」

最初は母親が少女を連れて行くはずだったのに，それができなくなった理由が❶です。したがって，1 Her mother was sick. が正解です。

No. 29 Answer 1

★When I was a junior high school student, I walked to school. Now, I go to high school. It's too far away to walk or ride my bike, so ❶ I go by train.

Question : How does the boy get to high school?

Script

訳　僕は中学生のとき，歩いて通学していた。今，僕は高校に通っている。高校は歩いて行くのにも自転車で行くのにも遠すぎるので，❶電車で通っている。

質問の訳　少年は高校にどのようにして通っていますか？

選択肢の訳	
1　彼は電車で通っている。	2　彼はバスで通っている。
3　彼は自転車に乗る。	4　彼は歩く。

Words

- ☐ junior high school「中学校」
- ☐ too far away to＋動詞の原形「～するには遠すぎる」 ☐ go by train「電車で行く」
- ☐ How ～?「どのようにして～か？」 ☐ get to ～「～に着く」

質問は How ～? の形で，方法や手段をたずねるときに使う表現です。少年は❶のように，高校に電車通学をしています。1 He goes by train. が正解です。

No. 30 Answer 4

★ **Good morning, class. Today, we need to get ready for tomorrow's school festival. Edward, please make some posters. ❶ John, go to the cafeteria and bake some cookies with Ms. Clark. Emily, please practice your speech.**

Question : What will John do for the festival?

訳　みなさん，おはようございます。今日，私たちは明日の学園祭のための準備をする必要があります。エドワード，ポスターを作ってくださいね。❶ジョン，カフェテリアに行って，クラークさんと一緒にクッキーを焼いてください。エミリー，スピーチの練習をしてくださいね。

質問の訳　**ジョンは学園祭のために何をするのですか？**

選択肢の訳	
1　スピーチをする。	**2**　カフェテリアの掃除をする。
3　ポスターを作る。	**4**　クッキーを作る。

Words

□ get ready for ～「～の準備をする」　□ festival「祭り」

□ poster(s)「ポスター」　□ bake「～を焼く」　□ cookie(s)「クッキー」

□ practice「～を練習する」　□ give a speech「スピーチ〔演説〕をする」

❶ではジョンと呼びかけた後に，彼が何をすべきかが続いています。その内容から，**4 Make some cookies.** が正解です。

二次試験　面接　問題カードD

Pasta

Pasta is eaten in countries around the world. ❶ Pasta tastes good with both meat and vegetables, so it is a popular dish with many people. Some stores sell many different kinds and colors of pasta.

訳

パスタ

パスタは世界中の国々で食べられている。❶パスタは肉と野菜のどちらとも一緒に食べておいしいので，パスタは多くの人々の間で人気のある料理である。お店によっては多くの異なった種類や色のパスタを売るところもある。

Words

- □ pasta「パスタ（スパゲッティやマカロニなど）」
- □ eaten：eat「～を食べる」の過去分詞。
- □ taste「～な味がする」
- □ both *A* and *B*「*A* も *B* も両方とも」
- □ meat「肉」
- □ vegetable(s)「野菜」
- □ popular with ～「～の間で人気のある」
- □ dish「料理」
- □ sell「～を売る」
- □ kind(s)「種類」

質問の訳

No. 1　本文を見てください。パスタはなぜ多くの人々の間で人気のある料理なのですか？

No. 2　イラストを見てください。男性はいくつのトマトを持っていますか？

No. 3　長い髪の少女を見てください。彼女は何をしようとしていますか？

No. 4　あなたは冬休みに何をしましたか？

No. 5　あなたは祭りに行くことが好きですか？

はい → もっと話してください。

いいえ → あなたはこの春，何をしたいですか？

No. 1 Answer **Because it tastes good with both meat and vegetables.**

訳　それは肉とも野菜とも一緒に食べるとおいしいからです。

質問の a popular dish with many people は❶の後半の so の後にあります。so は「だから」という意味で，それよりも前に理由があり，後にはその結果が続きます。質問の「なぜ」に当たるところは❶の前半です。そこで答えは Because から始めて，本文の pasta という主語を it に変えて続けましょう。

No. 2 Answer **He's holding two tomatoes.**

訳　彼は２つのトマトを持っています。

質問はトマトの数をたずねるものです。また is the man holding と現在進行形を使っています。そこで質問の the man を he に変えた上で，質問と同じ現在進行形を使って「２つのトマト」としっかり答えましょう。このとき tomato を複数形にして発音することを忘れないようにしましょう。

No. 3 Answer **She's going to drink water.**

訳　彼女は水を飲もうとしています。

イラストの中の長い髪の少女は，コップの中の何かを飲もうと考えています。質問は is she going to と未来形を使っているので，その少女がしようと考えていることを同じ形で答えましょう。少女を表す主語には She を使いましょう。そして後に drink という動詞を使います。飲み物の中身はわかりませんが，状況からみて water などを入れるのがよいでしょう。

No. 4 Answer **I went skiing.**

訳　私はスキーに行きました。

質問は did you do と過去形を使っているので，あなたが冬休みに「した」ことを考え，過去形で答えましょう。きちんと過去形がわかる動詞を使うことが大切です。

例：I visited my grandparents.「私は祖父母を訪ねました」，I went to

see a movie.「私は映画を見に行きました」

他に使える動詞を挙げておきます。

例：eat → ate「～を食べた」 stay at ～ → stayed at ～「～に滞在した」 travel to ～ → traveled to ～「～に旅行をした」 meet → met「～に会った」

No. 5 Answer

（Yes. → Please tell me more.）

There's an interesting festival in my town.

（No. → What would you like to do this spring?）

I'd like to go camping.

訳

（Yes. の場合 → もっと話してください。）

私の町にはおもしろい祭りがあります。

（No. の場合 → あなたはこの春，何をしたいですか？）

私はキャンプに行きたいです。

まず質問に対して Yes. か No. で，祭りに行くことが好きかどうかをはっきり答えましょう。

Yes. と答えた場合はさらに，どのような祭りが好きなのか，なぜ祭りに行くことが好きなのか，などをていねいに答えましょう。

例：I like to go to school festivals with my friends.「私は友人と学園祭に行くのが好きです」，When I go to a summer festival, I can wear a yukata.「夏祭りに行くときには浴衣を着ることができます」

No. と答えた場合は，別の質問として「春にしたいこと」をたずねられます。What would you like to ～? という文なので，それと同じように〈I would〔I'd〕like to＋動詞の原形 ～.〉で答えるのがよいです。No. 4 の質問と違って未来を表す文を作りますが，to の後には動詞の原形を入れます。

例：I'd like to go fishing with my father.「私は父と一緒に釣りに行きたいです」 I would like to study English more.「私は英語をもっと勉強したいです」 I like to ではなく I'd like to または I would like to としっかり発音することを意識しましょう。

二次試験　面接　問題カードＪ

Lakes

Japan has many beautiful lakes. They are often quiet and relaxing places to visit. There are places to camp near some lakes, and ❶some people like to go swimming in lakes when it is sunny.

訳

湖

日本には多くの美しい湖がある。それらはたいてい，訪れるには静かで落ち着ける場所である。いくつかの湖のそばにはキャンプをするための場所があり，❶晴れているときには湖に泳ぎに行くのが好きな人もいる。

Words

- ☐ lake(s)「湖」
- ☐ often「たいてい，多くの場合」
- ☐ quiet「静かな」
- ☐ relaxing「落ち着ける，リラックスできる」
- ☐ place(s)「場所」
- ☐ camp「キャンプをする」
- ☐ near「～の近くの（に）」
- ☐ sunny「晴れている」

質問の訳

No. 1　本文を見てください。晴れているときに人々は何をするのが好きですか？

No. 2　イラストを見てください。ボートの中には何人の人が座っていますか？

No. 3　ぼうしをかぶっている男性を見てください。彼は何をしていますか？

No. 4　あなたは今晩何をするつもりですか？

No. 5　あなたは外国で勉強したい（留学したい）ですか？

はい → もっと話してください。

いいえ → なぜ留学したくないのですか？

No. 1 Answer **They like to go swimming in lakes.**

訳　彼らは湖に泳ぎに行くのが好きです。

質問の最後の when it is sunny からも判断できるように，たずねられているのは❶の内容です。そこで本文の some people は質問にもあるので they に変えて，❶の内容を答えましょう。また when it is sunny の直前にある in lakes も忘れないように気をつけましょう。

No. 2 Answer **Two people are sitting in the boat.**

訳　2人の人がボートの中に座っています。

質問は主語についてたずねる形です。これについて少し説明しましょう。たとえば Who watched the game? に対する答えは My father watched the game（または watched it). とします。このように主語をたずねられると，答えとなる主語の後は質問とまったく変わらない表現が最後まで続きます。同じように今回の質問に対しても，答えとなる Two people を主語にして，その後は省略せずにそのまま繰り返して文にして答えましょう。

No. 3 Answer **He's fishing.**

訳　彼は釣りをしています。

質問は現在進行形〈is＋動詞 -ing 形〉なので，それに合わせて同じように現在進行形で答えましょう。「釣りをしている」ので is fishing ですが，どうしてもこの表現が浮かばなければ，He is catching fish. でもよいでしょう。

No. 4 Answer **I'm going to watch a DVD.**

訳　私は DVD を見るつもりです。

質問は are you going to ～ という形で未来（今夜）のことをたずねています。to の後には動詞の原形がきます。たとえば read an English book や cook dinner with my father など，下線部分のような少し詳しい話ができるとすばらしいです。

No. 5 Answer

(Yes. → Please tell me more.)

I want to study in Australia.

(No. → Why not?)

I like living in Japan.

訳
(Yes. の場合 → もっと話してください。)
私はオーストラリアで勉強したいです。
(No. の場合 → なぜ留学したくないのですか？)
私は日本に住むのが好きです。

まず質問に対して Yes. か No. で留学したいかどうかをはっきり答えましょう。

Yes. と答えた場合はどこへ留学したいのか，何を勉強したいのか，などを答えるとよいでしょう。

例：I want to go to America to study English.「私は英語を勉強するためにアメリカに行きたいです」, I'd like to study music abroad.「私は外国で音楽を勉強したいです」

No. と答えた場合は，Why not? と短い文を使って，留学したくない理由をたずねられます。Because から始めてもよいですが，内容をしっかりと文にして答えることの方が大切です。

例：(Because) I want to take care of my old dog at home.「私は家で年老いた犬の世話をしたい（から）です」, (Because) I want to study a lot about Japan.「私は日本についてたくさん勉強したい（から）です」

Grade 3

2021年度 第2回

Answer

筆記

1	(1)	(2)	(3)	(4)	(5)	(6)	(7)	(8)	(9)	(10)
	3	3	4	2	4	4	4	1	4	2
	(11)	(12)	(13)	(14)	(15)					
	1	1	3	3	2					

2	(16)	(17)	(18)	(19)	(20)
	1	1	3	2	4

3	A	(21)	(22)			
		4	3			
	B	(23)	(24)	(25)		
		4	1	2		
	C	(26)	(27)	(28)	(29)	(30)
		1	2	2	3	1

4（ライティング）の解答例は p. 21（♥）を参照。

リスニング

第1部	No.1	No.2	No.3	No.4	No.5	No.6	No.7	No.8	No.9	No.10
	1	3	1	1	1	3	2	1	3	1

第2部	No.11	No.12	No.13	No.14	No.15	No.16	No.17	No.18	No.19	No.20
	1	1	3	1	4	1	4	4	2	3

第3部	No.21	No.22	No.23	No.24	No.25	No.26	No.27	No.28	No.29	No.30
	4	2	2	4	1	1	4	3	1	2

一次試験　筆記　1

(1)　Answer　3

訳　A：しまった！　ペンのインクがもうない！　借りてもいいペン，持ってる？
B：あるよ，はい，どうぞ。

選択肢の訳	
1　tell「～を伝える」	2　think「思う」
3　borrow「～を借りる」	4　put「～を置く」

My pen has no more ink! からペンを借りる流れになります。3　borrow が正解。空所を含む文の one は a pen を指します。one［that I can borrow］の that は関係代名詞で「私が借りてもよいペン」となります。

(2)　Answer　3

訳　A：シャロン，どうしたの？　なんでそんなに服が汚れているの？
B：ひどく雨が降っていて，自転車から落ちたの。

選択肢の訳	
1　tall「背の高い」	2　short「短い，背の低い」
3　dirty「汚い，汚れた」	4　useful「役立つ」

Why is your dress so (　　)? より，服の様子を表す語を選びます。BのI fell off my bike「自転車から落ちた」より，3　dirty が正解です。

(3)　Answer　4

訳　A：ジェーン，この服，僕に似合ってるかな？
B：本当に似合ってるわよ。向こうの鏡で見てみるといいわ。

選択肢の訳	
1　center「中心，中心地」	2　counter「カウンター，陳列台」
3　cloud「雲」	4　mirror「鏡」

服が似合っているかどうかを見るには，4　mirror を使います。

(4) Answer 2

訳 A：日本から来た新しい交換留学生，知ってる？

B：うん。彼の名前はケンタロウだよ。僕のクラスにいるんだ。

選択肢の訳	
1 cover「カバー，表紙，ふた」	2 exchange「交換」
3 plan「計画，予定」	4 surprise「驚き」

2 exchange を入れると，an exchange student で「交換留学生」となります。

(5) Answer 4

訳 ジャネットはジャーナリストである。彼女は新聞社で働いている。しばしば外国を訪問し，その国々についての記事を書いている。

選択肢の訳	
1 designer「デザイナー」	2 guard「警備員」
3 coach「監督，指導員」	4 journalist「ジャーナリスト，報道記者」

新聞社で働き，調べたことを記事にする職業は 4 journalist です。

(6) Answer 4

訳 A：はい，サラダのドレッシングよ，トニー。使う前によく振ってね。

B：わかったよ，お母さん。

選択肢の訳	
1 Call「～を呼ぶ，～に電話する」	2 Build「～を建てる」
3 Invite「～を誘う」	4 Shake「～を振る」

空所後の it はドレッシング。ドレッシングを使う前にすることは 4 Shake です。

(7) Answer 4

訳 古いものを再利用するようにすべきだと考える人もいれば，人々が新品を買いすぎていると考える人もいる。

選択肢の訳	
1 raise「～を上げる」	**2** rise「上がる」
3 repeat「～をくり返す」	**4** recycle「～を再利用する」

4 recycle を入れれば，old things を目的語にして「古いものを再利用する」となり，自然な文になります。

(8) Answer **1**

訳 A：お母さん，夕飯の手伝いをしてもいい？
B：もちろんよ。まず，このジャガイモと玉ねぎを切ってね。

選択肢の訳	
1 First「１番目の」	**2** More「もっと多くの」
3 Quick「速い，迅速な」	**4** Small「小さい」

空所後の of all より **1** First を入れて，First of all「第一に」とします。

(9) Answer **4**

訳 A：お母さん，一緒にアップルパイって作れるかな？
B：もちろんよ。少し難しいけど，できると思うわ。

選択肢の訳	
1 high「高い」	**2** a few で「少し」
3 much「たくさんの」	**4** a little で「少し」

「少し難しいけど，できると思う」という意味の文にすると自然です。a few と a little はどちらも「少し」の意味ですが，数えられる名詞には few を使い，water などの数えられない名詞や difficult のような形容詞には **4** little を使います。

(10) Answer **2**

訳 エマは昨日，新しくできたデパートに買い物に行った。彼女は上着を１着と新しいジーンズを１着買った。

選択肢の訳	
1 piece「1つ」	**2** pair「1対，1組」
3 slice「1切れ，1枚」	**4** sheet「1枚の紙，シーツ」

jeans は片足ずつが対になってできていることから，1着，2着と数えるときには **2 pair**「1対」を使います。a pair of jeans で「1着のジーンズ」，two pairs of jeans で「2着のジーンズ」です。

以下に数え方に注意が必要な名詞を紹介します。

a pair of ～「1着の～，1足の～など」

➜ pants「ズボン」，shoes「くつ」，gloves「手袋」など。

a piece of ～「1つの～，1枚の～など」

➜ cake「ケーキ」，paper「紙」，information「情報」など。

a slice of ～「1切れの～」

➜ bread「パン」，cheese「チーズ」，peach「桃」など。

a sheet of ～「1枚の～」➜ paper「紙」など。

(11) Answer **1**

訳
A：今から勉強するから，僕に話があるときはドアをノックしてね。
B：わかったよ，マイク。

選択肢の訳	
1 knock「ノックする」	**2** decide「(～を) 決める」
3 agree「賛成する」	**4** smell「～のにおいがする」

話があるときにドアに対してする行動は **1 knock** です。

(12) Answer **1**

訳
A：ダグ，今，時間ある？
B：ごめん，ないんだ。実は，今から会議に向かわないといけないんだ。後で電話するね。

空所後の fact とともに使えるのは **1 In** のみ。**in fact** は「実は，実際に」という意味です。

(13) Answer 3

訳　その街は美しく古い建物があることで有名である。そこには前世紀に建てられた家がたくさんある。

選択肢の説明
1 build：原形もしくは現在形
2 builds：三人称単数が主語のときの現在形
3 built：過去形「〜を建てた」もしくは過去分詞「建てられた」
4 building：現在分詞「建てている」もしくは動名詞「建てること」

It has many houses [**built** in the last century].

It has many houses「そこにはたくさんの家がある」が文の中心。built in the last century が直前の houses を修飾しています。直前の名詞を説明できるのは to 不定詞（to＋動詞の原形）か分詞（building / built）です。houses は「建てられた家」とすれば自然になるので，過去分詞の **3 built** が正解。

(14) Answer 3

訳　A：セントラルパークがどこにあるか，わかりません。
B：この近くですよ。私が案内しましょう。

選択肢の訳	
1 who「だれが（を）」	**2** when「いつ」
3 where「どこに（で）」	**4** why「なぜ」

Bの発言の It's near here. の It は Central Park を指します。near here「この近く」は，Central Park の場所の説明となるため，**3 where** が正解です。

(15) Answer 2

訳　A：バスケットボールの大会はどうだった？
B：よくなかったよ。僕たちは大会では**最下位**のチームだったんだ。1試合も勝てなかったんだよ。

選択肢の訳	
1 poor「貧しい」	2 worst：bad の最上級「最も悪い」
3 worse：bad の比較級「より悪い」	4 bad「悪い」

空所後の We didn't win any games. の not ～ any は「まったく～ない」という意味。まったく勝てなかったということは，最下位になるので 2 worst が正解。

一次試験　筆記　2

(16) Answer 1

訳 女性：水族館のイルカショーを見に行きたいの。あなた，今週末は暇？
男性：よくわからないな。予定を確認して，今夜，君に電話するよ。

選択肢の訳	
1 「今夜，君に電話するよ」	2 「君はショーを気に入ると思うよ」
3 「僕はそれにするね」	4 「君は速く泳げるよ」

Words

- [ ] aquarium「水族館」
- [ ] free「暇な，忙しくない」
- [ ] take「～を選ぶ」

週末の予定をたずねられた男性が，予定を確認した後にすると思われる行動は 1 I'll call you tonight. です。

(17) Answer 1

訳 女性：アドバイスをくれて本当にありがとう。
男性：どういたしまして。明日の面接，うまくいくといいね。
女性：ありがとう。

選択肢の訳	
1 「どういたしまして」	2 「僕に見せてよ」
3 「いいえ，結構です」	4 「君が僕に（アドバイスを）くれたんだ」

Words

□luck「運」 □interview「面接」 □not ～ at all「まったく～ない」

□let＋人＋動詞の原形「(人) に～させる」

Thank you. に対する返答である「どういたしまして」には You are welcome. 以外にも，**1** Not at all. や，No problem. / Don't mention it. などがあります。

(18) Answer 3

訳

男性：来月，休みを取るんだ。

女性：いいわね！　どんな予定なの？

男性：南アメリカを旅してまわるつもりさ。

選択肢の訳	
1 「あなたのパスポートはどこ？」	**2** 「いつ出発するの？」
3 「どんな予定なの？」	**4** 「(休みは) どのくらいの期間？」

Words

□go on vacation「休みを取る」 □leave「出発する」

男性の返答に注目。I'll take a tour of South America. は男性が休み中にすることなので，相手の予定をたずねる **3** What are your plans? が正解。

(19) Answer 2

訳

男性：夕食に出かける準備はできた？

女性：ええ。タクシーに乗りましょう。

男性：いい考えだね！　僕も雨の中，歩きたくないからね。

選択肢の訳	
1 「そこまで歩きましょう」	**2** 「タクシーに乗りましょう」
3 「今，調理しましょう」	**4** 「家にいましょう」

Words

□ ready「準備のできた」　□ not ～, either「…もまた～ない」

□ take＋乗り物「(乗り物) に乗る」　□ stay「滞在する」　□ home「家に」

男性の1つ目の発言 go to dinner より，これからどこかに食事をしに行く場面だとわかります。男性の2つ目の発言 I don't want to walk in the rain「雨の中，歩きたくない」より，女性からの提案は **2** Let's take a taxi. が正解です。

⒇ Answer **4**

訳

女性：こんにちは，ジョン。今何時？　時計を忘れちゃったの。

男性：ごめん，ジャネット。わからないんだ。家に忘れたんだ。

女性：大丈夫よ。ピーターに聞くわ。

選択肢の訳	
1「それはおもしろいね」	**2**「君に電話できないんだ」
3「それは遅すぎるよ」	**4**「家に自分の (時計) を忘れたんだ」

Words

□ forgot：forget「～を忘れる」の過去形。　□ No problem.「大丈夫」

□ ask「～にたずねる，頼む」　□ interesting「おもしろい」　□ late「遅い」

□ left：leave「～を置き忘れる，～を離れる」の過去形。

時間をたずねられた男性が I don't know. と答える理由としては，男性も時計を持っていない，という意味になる **4** I left mine at home. が正解です。mine は my watch のことです。

一次試験　筆記　3A

Special Event

❶ Emily Simmons will come to Noland Junior High School to give a talk. ❷ Ms. Simmons has been a member of the Noland Rockets, a professional soccer team, for more than five years. She was a student at our school and the captain of the soccer team.

When : March 10 from 3:30 p.m. to 5:00 p.m.
Where : School gym

❸ If you want to come and hear about her experiences, sign up soon. Send an e-mail to our P.E. teacher, Mr. Knight, by March 1.

knight@nolandjrh.edu

Ms. Simmons will show us how to pass the ball well during a game. You'll have many chances to ask her questions!

訳

特別イベント

❶エミリー・シモンズが講演をするためにノーランド中学校にやってきます。❷シモンズさんはプロサッカーチームのノーランド・ロケッツに5年以上在籍する，メンバーの一人です。彼女はわが校の卒業生で，サッカー部のキャプテンをしていました。

時：3月10日　午後3時30分から午後5時まで
場所：学校の体育館

❸彼女の体験談を聞きに来たい人は，すぐにお申し込みください。体育教師のナイト先生に3月1日までにEメールを送ってください。

knight@nolandjrh.edu

シモンズさんは試合中にボールをうまくパスする方法を教えてくれることになっています。質問をするチャンスもたくさんありますよ！

Words

- ☐ give a talk「講演をする」　☐ a member of ～「～の一員」
- ☐ for＋期間「～の間」　☐ more than ～「～以上」　☐ gym「体育館」
- ☐ experience「経験」　☐ sign up「申し込む」　☐ send「～を送る」
- ☐ P. E.「体育」　☐ by「～までには」　☐ how to＋動詞の原形「～のやり方」
- ☐ pass「～を渡す，パスする」　☐ during「～中に，～の間に」
- ☐ game「試合」　☐ ask＋人＋a question「（人）に質問をする」

(21) Answer 4

質問の訳　ノーランド中学校にやってくるのは誰ですか？

選択肢の訳	
1　有名な体育の先生。	2　新しいサッカーの監督。
3　他の学校の生徒。	4　サッカー選手。

Words

- ☐ another「他の」

❶ **Emily Simmons** will come to Noland Junior High School より，中学校にやってくるのは Emily Simmons。❷ Ms. Simmons has been **a member of the Noland Rockets**, a professional soccer team から，彼女は **4 A soccer player.** であるとわかります。the Noland Rockets はカンマ後に続く a professional soccer team より，サッカーチームの名前であると判断します。

(22) Answer **3**

質問の訳 生徒たちは（　　）このイベントに参加することができます。

選択肢の訳
1 シモンズさんに手紙を書くことで
2 3月10日までにサッカーチームのメンバーに頼むことで
3 3月1日までにナイト先生にEメールを送ることで
4 サッカーチームのノーランド・ロケッツに電話することで

Words

□take part in ～「～に参加する」

❸ If you want to come and hear about her experiences, sign up soon. **Send an e-mail to our P.E. teacher, Mr. Knight, by March 1**. の下線部の内容が 3 by sending an e-mail to Mr. Knight by March 1. に一致します。

一次試験 筆記 3B

From: Grace Morgan
To: Silvertown Public Library
Date: July 20
Subject: Books

Hello,
My name is Grace Morgan, and I graduated from Silvertown High School last month. ❶ This fall, I'll move to Chicago for university. I have a lot of books because I love to read, but I can't take all the books with me. My friend said that maybe the Silvertown Public Library would want them. Please write back if you're interested.
Sincerely,
Grace Morgan

From: Silvertown Public Library
To: Grace Morgan
Date: July 21
Subject: Thank you

Dear Grace,
Thank you for your e-mail. Yes, we're interested in your books. Please put your books in a box and leave the box by the large door at the back of the library. You can bring them any morning. Every afternoon, I bring the boxes of books into the library, and ❷ every Wednesday and Friday, I look at the books and choose some for our library. Sometimes, people give us books that we don't need. I try to send those books to other libraries or to schools. If the books are old and damaged, we sometimes sell them to the Silvertown Paper Company. After we sell them, we use the money to buy things for the library such as magazines and newspapers.
Best regards,
George Livingston

From: Grace Morgan
To: Silvertown Public Library
Date: July 22
Subject: Monday morning

Dear Mr. Livingston,
Thank you for writing back. ❸ I have decided to take the books to a bookstore near my house. ❹ I'll try to sell them there this weekend. If I can't sell some of them, I'll put them in a box and bring them to the library on Monday morning.
Sincerely,
Grace

訳

（メール１）

送信者：グレイス・モーガン

宛先：シルバータウン公共図書館

日付：7 月 20 日

件名：本について

こんにちは,

私はグレイス・モーガンです。先月，シルバータウン高校を卒業しました。❶今年の秋に，私は大学入学のためにシカゴに引っ越します。私は読書が大好きなので，本をたくさん持っているのですが，すべての本を持っていくことはできません。友人が，おそらくシルバータウン公共図書館ならそれらの本を欲しがってくれるだろうと言っていました。もし興味があるようでしたら，お返事をください。

敬具

グレイス・モーガン

（メール2）

送信者：シルバータウン公共図書館

宛先：グレイス・モーガン

日付：7月21日

件名：ありがとうございます

グレイス様

Eメールをいただき，ありがとうございます。はい，あなたがお持ちの本に興味がございます。本を箱に入れて，その箱を図書館の裏にある大きなドアのそばに置いておいてください。午前中ならいつお持ちいただいても結構です。毎日午後に，私が本の入った箱を図書館へ運び入れ，❷毎週水曜日と金曜日にはその本を見て，うちの図書館用に何冊か選びます。ときどき，うちの図書館には必要のない本をくださることがあります。それらの本は，他の図書館や学校に送るようにしています。本が古く，破損している場合には，シルバータウン製紙会社に売ることもあります。それらの本を売った後は，そのお金を雑誌や新聞などの図書館用の物品を購入するために使っています。

敬具

ジョージ・リビングストーン

（メール3）

送信者：グレイス・モーガン

宛先：シルバータウン公共図書館

日付：7月22日

件名：月曜日の朝

リビングストーンさんへ

お返事ありがとうございます。❸本は家の近くの本屋に持って行くことにしました。❹今週末，そこに本を売ってみようと思います。売れなかったものがあれば，それらを箱に入れて，月曜日の朝に図書館に持って行きます。

敬具

グレイス

Words

▶**メール1**
- ☐ public「公共の」 ☐ graduate「卒業する」 ☐ move「引っ越す」
- ☐ Chicago「シカゴ」（都市名） ☐ university「大学」
- ☐ take「～を持っていく」 ☐ write back「返事を書く」
- ☐ be interested (in ～)「～に関心がある」
- ☐ Sincerely「敬具（手紙の最後につける表現）」

▶**メール2**
- ☐ put＋物＋in ～「（物）を～に入れる」
- ☐ leave＋物＋場所の表現「（物）を（場所）に置く」 ☐ back「裏面」
- ☐ bring「～を持ってくる」 ☐ any「どんな～でも」
- ☐ into「～の中へ」 ☐ choose「～を選ぶ」
- ☐ try to＋動詞の原形「～しようとする，～するようにする」
- ☐ send「～を送る」 ☐ such as ～「～といった」
- ☐ magazine「雑誌」 ☐ newspaper「新聞」 ☐ Best regards「敬具」

▶**メール3**
- ☐ decide to＋動詞の原形「～することに決める」
- ☐ take＋物＋to ～「（物）を～に持っていく」
- ☐ near「～の近くに（の）」

(23) Answer **4**

質問の訳 **グレイス・モーガンはこの秋に何を始めますか？**

選択肢の訳			
1	図書館で働くこと。	**2**	本を書くこと。
3	高校で教えること。	**4**	大学で勉強すること。

質問のthis fallより，❶This fall, I'll move to Chicago **for university**. に注目します。下線部から大学進学とわかります。**4 Studying at university.** が正解。

⑷ Answer 1

質問の訳 ジョージ・リビングストーンは毎週水曜日と金曜日に何をしますか？

選択肢の訳	
1	彼は箱の中の本を見る。
2	彼はシルバータウン製紙会社に行く。
3	彼は学校で子どもたちに本を読む。
4	彼は別の図書館に本を１箱持っていく。

質問の every Wednesday and Friday より，❷ every Wednesday and Friday, I look at the books に注目します。下線部から 1 He looks at the books in the boxes. を選びます。

㉕ Answer 2

質問の訳 グレイスは今週末，どこに行きますか？

選択肢の訳			
1	図書館へ。	2	本屋へ。
3	大学へ。	4	友人の家へ。

質問の this weekend より，❹ I'll try to sell them there this weekend. を確認します。下線部の there は直前文となる❸ I have decided to take the books to a bookstore near my house. の本屋を指すため，2 To a bookstore. が正解。

一次試験　筆記　3C

John James Audubon

John James Audubon was a famous painter and bird scientist. He was born in Haiti in 1785, but he grew up in France. When he was a child, he enjoyed painting and nature, and he really loved birds. He also played the violin.

When Audubon was 18, Napoleon was the leader of France. At that time, Napoleon told all the young men in France to join the French army. ❶ Audubon didn't want to be in the army, so he went to the United States.

❷ Audubon lived on a large farm near Philadelphia. There, he started to study birds. ❸ He started painting pictures of them, too. Audubon's paintings were special because they were very detailed. He also studied how the birds moved and lived.

Later, in 1808, Audubon moved to Kentucky. He owned a store there, but he still painted pictures of birds in his free time. ❹ Audubon's store didn't make enough money, so he closed it in 1819. He decided to travel down the Mississippi River. On the way, Audubon painted pictures of the birds that he saw. ❺ His biggest dream was to paint pictures of all the different kinds of American birds.

In 1826, Audubon went to England and took his paintings with him. He had over 300 pictures. The people in England loved his paintings, and he became very popular there. In 1827, Audubon published a book called *Birds of America*. Today, there are only 120 of these books in the world, and some of them were sold for millions of dollars each.

訳

ジョン・ジェームズ・オーデュボン

ジョン・ジェームズ・オーデュボンは有名な画家であり，鳥類学者でもあった。彼は1785年にハイチで生まれ，フランスで育った。子どものころ，彼は絵をかくことと自然を楽しみ，鳥が本当に大好きだった。彼はバイオリンも弾いた。

オーデュボンが18歳のころ，ナポレオンがフランスの指導者であった。当時，ナポレオンはフランスの若い男性全員にフランス軍に入隊するよう呼びかけていた。❶オーデュボンは軍に入隊したくなかったので，アメリカへ渡った。

❷オーデュボンはフィラデルフィアの近くにある大きな農場で暮らした。そこで鳥類を研究し始めたのである。❸彼は鳥の絵もかき始めた。オーデュボンの絵は，大変細かくかかれていたので，独特であった。彼は鳥がどう動き，生活しているかについても研究した。

その後，1808 年にオーデュボンはケンタッキー州に引っ越した。そこで彼は店を持っていたが，暇のあるときにはまだ鳥の絵をかいていた。❹オーデュボンの店はあまりもうけにはならなかったので，1819 年には店を閉じた。彼はミシシッピ川を下る旅に出ることに決めた。その道中，オーデュボンは目にした鳥の絵をかいた。❺彼の最大の夢は，アメリカにいるありとあらゆる種類の鳥の絵をかくことであった。

1826 年，オーデュボンはイギリスに渡り，自分のかいた絵を持っていった。彼は 300 枚以上の絵を持っていた。イギリスの人々は彼の絵を大変気に入り，そこで彼は大変人気が出た。1827 年にはオーデュボンは『アメリカの鳥類』という本を出版した。今日，この本は世界に 120 冊しかなく，中には一部あたり何百万ドルという価格で販売されたものもある。

Words

▶第 1 段 □ be born「生まれる」 □ Haiti「ハイチ」（国名）

□ grew：grow「成長する」の過去形。 □ paint「絵をかく」

▶第 2 段 □ leader「指導者」 □ at that time「当時」

□ tell＋人＋to＋動詞の原形「（人）に～するよう言う，命じる」

□ men：man「男性」の複数形。

▶第 3 段 □ large「広い，大きい」 □ farm「農場」

□ Philadelphia「フィラデルフィア」（地名）

□ how＋主語＋動詞「どのように～するか，～するやり方，～する様子」

□ move「動く，引っ越す」

▶第 4 段 □ later「その後」 □ Kentucky「ケンタッキー州」（地名）

□ own「～を所有する」 □ still「まだ，いまだに」

□ make money「金をもうける」 □ enough「十分な」

□ decide to＋動詞の原形「～することに決める」

□ the Mississippi River「ミシシッピ川」 □ on the way「途中で」

□ the birds [that he saw]「彼が見た鳥」：that は関係代名詞（目的格）。

☐ different「異なる，いろいろな」　☐ kind「種類」

▶**第 5 段**　☐ took：take「～を持っていく」の過去形。　☐ over「～を超えて」

☐ a book［called *Birds of America*］：called が過去分詞で a book を修飾。

☐ sold：sell「～を売る」の過去形，過去分詞。

☐ millions of ～「何百万もの～」　☐ each「それぞれ，1 つにつき」

---

(26) Answer 1

質問の訳　**ジョン・ジェームズ・オーデュボンはなぜアメリカに移住したのですか？**

選択肢の訳
1 彼はフランス軍に入りたくなかった。
2 彼はナポレオンに会いたかった。
3 彼はフランスの指導者にそこに移住するよう言われた。
4 彼は有名な画家と一緒に美術を学びたかった。

質問の the United States より❶ **Audubon didn't want to be in the army**, so he went to the United States. に注目。～, so …「～なので…」から，アメリカに行った理由は下線部なので，**1 He didn't want to join the French army.** が正解です。

(27) Answer 2

質問の訳　**オーデュボンはどこで鳥の絵をかき始めましたか？**

選択肢の訳	
1 ケンタッキー州にある店で。	**2** フィラデルフィアの近くの農場で。
3 ミシシッピ川のそばで。	**4** イギリスに向かう途中で。

質問の start painting pictures of birds は❸ He started painting pictures of them, too. にあたり，同段落の最初に❷ Audubon lived on **a large farm near Philadelphia**. とあるので，**2 On a farm near Philadelphia.** が正解です。

(28) Answer 2

質問の訳　オーデュボンが自分の店を閉めたのはいつですか？

選択肢の訳
1　1808年。　**2**　1819年。　**3**　1826年。　**4**　1827年。

質問の close his store より ❹ Audubon's store didn't make enough money, so **he closed it in 1819**. を確認します。下線部の it は Audubon's store を指すので，**2 In 1819.** が正解です。

(29) Answer 3

質問の訳　オーデュボンは（　　　）たかった。

選択肢の訳
1　多種多様な鳥を販売するペットショップで働き（たかった）
2　ミシシッピ川のそばに店を開き（たかった）
3　アメリカの鳥を全種類，絵にかき（たかった）
4　イギリスにある有名な美術館に行き（たかった）

質問の Audubon wanted to に近い表現は，❺ His biggest dream was **to paint pictures of all the different kinds of American birds**. の dream です。下線部の内容に最も近い **3 paint pictures of every kind of American bird.** を選びます。

(30) Answer 1

質問の訳　この話は何についてのものですか？

選択肢の訳
1　アメリカの鳥をかいた男性。
2　アメリカの鳥に関する初めての本。
3　アメリカの鳥が人気になった経緯。
4　特別な種類のアメリカの鳥。

本文全体で語られているのは，オーデュボンがアメリカの鳥をかき続けた，ということ。**1 A man who painted American birds.** が正解です。

一次試験　筆記　4

Answer 1　**I like hot weather better. First, I can enjoy swimming in the pool when the weather is hot. Also, I like to eat ice cream on hot summer days.** (25～35 語)

訳　私は暑い天候の方が好きです。第一に，暑いときにはプールで水泳を楽しめます。また，暑い夏の日にはアイスクリームを食べるのが好きです。

Answer 2　**I like cold weather better. This is because in winter, I like to wear gloves made by my mother. In addition, I enjoy playing winter sports like skiing and skating.** (25～35 語)

訳　私は寒い天候の方が好きです。なぜなら，冬に母が作ってくれた手袋をつけるのが好きだからです。また，スキーやスケートといった冬のスポーツを楽しめます。

Answer 3　**I like hot weather better. First, I do not have to wear heavy clothes. Second, I enjoy growing sunflowers in my garden during the summer.** (25～35 語)

訳　私は暑い天候の方が好きです。1つ目の理由は，服を重ねて着なくてよいからです。2つ目の理由は，夏に庭でひまわりを育てるのを楽しんでいるからです。

質問の訳　**暑い天候と寒い天候，あなたはどちらが好きですか？**

Which do you like better, *A* or *B*? という質問に対する返答は，I like *A*〔*B*〕better. の形を用います。

「暑い天候」を選んだ場合に使える表現：

swimming「水泳」 surfing「サーフィン」 sea「海」 pool「プール」 beach「浜辺」 river「川」 hiking「ハイキング」 mountain「山」 firework「花火」 summer festival「夏祭り」 watermelon「すいか」 cold noodles「冷たい麺《めん》類」 ice cream「アイスクリーム」 shaved ice「かき氷」 sunflower「ひまわり」 morning glory「あさがお」 collect insects「昆虫採集をする」

「寒い天候」を選んだ場合に使える表現：

skiing「スキー」 skating「スケート」 snowboarding「スノーボード」

snow「雪」 have a snowball fight「雪合戦をする」 make a snowman「雪だるまを作る」 see stars「星を見る」 have a hot drink「温かい飲み物を飲む」 hot〔spicy〕food「辛い料理」 hot pot dishes「鍋料理」 hot spring「温泉」 stove「ストーブ」

「〜へ…しに行く」と書きたい場合：go swimming〔fishing〕in the river「川に泳ぎ〔釣り〕に行く」 go shopping at the mall「モールに買い物に行く」

一次試験　リスニング　第1部

No. 1　Answer　1

★＝男性　☆＝女性　（以下同）

☆ Let's play tennis together sometime.

★ Sounds good.

☆❶ Do you have a racket?

★ 1　No, but I can borrow my dad's.

★ 2　OK, that's perfect.

★ 3　Yes, it was a fun match.

訳

☆いつか一緒にテニスをしましょうよ。

★いいね。

☆❶ラケットは持ってるの？

★ 1　持ってないけど，お父さんの（ラケット）を借りることができるよ。

★ 2　わかった，それで完璧《かんぺき》だね。

★ 3　うん，楽しい試合だったよ。

Words

□ sound＋形容詞「～に聞こえる」　□ racket「ラケット」

□ borrow「～を借りる」　□ match「試合」

❶で「ラケットを持っているか」を問われています。1 は No, but I can borrow my dad's (racket). と dad's の後ろに racket が省略されており，ラケットの有無に対する返答として適切です。

No. 2 Answer 3

☆ Are we going to that restaurant?

★ Yes, it's very popular.

☆❶ How long will we have to wait?

★ 1 Once or twice a month.

★ 2 Around twenty dollars each.

★ 3 Probably about half an hour.

Script

訳 ☆あのレストランに行くの？

★うん，すごい人気なんだ。

☆❶どのくらい待たないといけないかしら？

★1　月に１～２回だよ。

★2　１つにつき 20 ドル程度だよ。

★3　たぶん 30 分くらいだろうね。

Words

□How long ～?「どのくらいの間～？」

□have to＋動詞の原形「～しなければならない」　□once「１回」

□twice「２回」　□～ a month「１カ月あたり～」　□around ～「およそ～」

□each「それぞれ，１つにつき」　□probably「おそらく～だろう」

□half an hour「30 分」

❶の How long … wait? で待ち時間を問われているため，時間を含む 3 Probably about half an hour. が正解。

No. 3 Answer 1

☆ **Is Uncle Jack going to stay at our house tonight?**

★ **Yes.**

☆❶ **Where will he sleep?**

★ **1 In the living room.**

★ **2 He's very tired.**

★ **3 At about eleven.**

訳

☆ジャックおじさんは今夜，うちに泊まるの？

★そうだよ。

☆❶どこで寝るの？

★1　リビングだよ。

★2　彼はとても疲れているんだ。

★3　11時くらいだね。

Words

□ be going to＋動詞の原形「～する予定だ」　□ tired「疲れた」

❶の Where …? より，場所（the living room）を含む1 In the living room. が正解。

No. 4 Answer 1

★ **How was school today?**

☆ **Good.**

★❶ **Did you show your teacher your social studies report?**

☆ **1 Yes, he said it was great.**

☆ **2 Yes, but I like math, too.**

☆ **3 Yes, it's tomorrow.**

訳
★今日は学校，どうだった？
☆楽しかったわ。
★❶学校の先生に社会科のレポートを見せた？

☆1　うん，よくできてるって先生が言ってくれたわ。
☆2　うん，でも私は数学も好きなの。
☆3　うん，それは明日よ。

Words

□social studies「社会科」　□report「レポート」　□math「数学」

❶より，話題の中心は先生に提出した社会科のレポートであるとわかります。先生（he）とレポート（it）のどちらも含む **1** Yes, he said it was great. が正解です。

No. 5 Answer 1

Script

★ **Did you go to the pool yesterday?**
☆ **Yes, with my brother.**
★❶ **Is he good at swimming?**

☆ **1** Yes, he's faster than me.
☆ **2** **Yes, it's open on Sundays.**
☆ **3** **Yes, it was too cold.**

訳
★昨日，君はプールに行ったの？
☆うん，弟と一緒に行ったわ。
★❶君の弟は泳ぎが得意なの？

☆1　ええ，彼は私よりも泳ぐのが速いのよ。
☆2　ええ，そこは毎週日曜日に開いているわ。
☆3　ええ，寒すぎたのよ。

Words

☐ be good at＋動詞 -ing 形「～するのが得意である」

☐ faster：fast「速く」の比較級。

❶より，話題の中心は弟が泳ぐのが得意かどうかです。弟の泳ぐスピードについて答えている **1 Yes, he's faster than me.** が正解。**2** はプールの営業日，**3** は気温が話題となり，不適切です。

No. 6 Answer 3

☆ **We finally finished cleaning the meeting room.**

★ **It looks great.**

☆❶ **Thanks for helping me, Dan!**

★ **1 Sounds like fun.**

★ **2 Not right now.**

★ **3 My pleasure.**

訳

☆やっと会議室の掃除が終わったわね。

★すごくきれいになったね。

☆❶手伝ってくれてありがとう，ダン！

★1　おもしろそうだね。

★2　今すぐじゃないよ。

★3　どういたしまして。

Words

☐ finally「最終的に，やっと」　☐ look great「よさそうに見える」

☐ sound like＋名詞「～のように聞こえる」　☐ right now「たった今」

☐ pleasure「喜び」

❶のお礼に対する返答なので，「どういたしまして」という意味になる **3 My pleasure.** が正解。

No. 7 Answer 2

☆❶ My smartphone isn't working.

★ What's wrong with it?

☆❷ I can't turn it on.

★1 That's a good idea.

★2 Maybe you need a new one.

★3 I have that game.

訳

☆❶私のスマホ，動かないわ。

★どこか調子が悪いの？

☆❷電源が入らないのよ。

★1　それはいいアイデアだね。

★2　たぶん，新しいのが必要だね。

★3　僕，そのゲーム持ってるよ。

Words

- □ work「機能する」
- □ What's wrong with ～?「～はどこか調子が悪いのですか？」
- □ turn ～ on「～の電源を入れる」

❶，❷から，女性のスマホの調子が悪いことがわかります。それに対し，2 Maybe you need a new one. は a new one の one が smartphone を指し，新しいスマホにした方がいい，とアドバイスをしていると考えられます。

No. 8 Answer 1

★❶ Have you had a piece of cake yet?

☆ Yes.

★❷ Was it too sweet?

☆ 1 No, it was perfect.

☆ 2 No, I haven't had any.

☆ 3 No, it's my cake.

Script

訳

★❶ケーキ，もう食べた？

☆うん。

★❷甘すぎたかな？

☆ 1 いいえ，完璧《かんぺき》だったわよ。

☆ 2 いいえ，まったく食べなかったわ。

☆ 3 いいえ，それは私のケーキよ。

Words

- □ a piece of ～「一切れの～」
- □ yet「(疑問文で) もう」
- □ not ～ any「まったく～ない」

❶の質問に少女は Yes. と答えているため，**2** は不適切です。❷の質問はケーキの感想を求めているため，ケーキの味を「完璧《かんぺき》」と答えている **1** No, it was perfect. が正解です。

No. 9 Answer 3

☆❶ **Are you going to the Halloween party?**

★ **Yes. What are you going to wear?**

☆❷ **An astronaut costume.**

★ **1 It was a very scary movie.**

★ **2 I'm not going, either.**

★ **3 I can't wait to see that.**

Script

訳

☆❶あなたはハロウィンパーティーに行くつもりなの？

★うん。君は何を着るの？

☆❷宇宙飛行士の衣装よ。

★**1**　それ，すごく怖い映画だったよね。

★**2**　僕も行かないよ。

★**3**　それを見るのが待ち遠しいな。

Words

- □ be going to＋動詞の原形「～するつもりだ」
- □ wear「～を着る」
- □ astronaut「宇宙飛行士」
- □ costume「衣装」
- □ scary「恐ろしい」
- □ not ～, either「…もまた～ない」
- □ can't wait to＋動詞の原形「～するのが待ち遠しい」

❶の質問に少年は Yes. と答えているので，**2** は不適切。また，話題はハロウィンパーティーなので movie を含む **1** も不適切。**3 I can't wait to see that.** の that は❷の少女の着る衣装を指しているため，これが正解です。

No. 10 Answer 1

★ That's a nice picture, Mandy.

☆ Thanks, Mr. Jones.

★❶ <u>Is it a picture of your mom?</u>

☆ 1 No, it's my piano teacher.

☆ 2 No, I did it myself.

☆ 3 No, it's my favorite color.

訳

★素敵な絵だね，マンディ。

☆ありがとうございます，ジョーンズ先生。

★❶<u>それは，君のお母さんの絵かな？</u>

☆ 1　いいえ，私のピアノの先生なんです。

☆ 2　いいえ，自分でやりました。

☆ 3　いいえ，それは私の好きな色です。

❶の質問は，少女がかいている絵のモデルがお母さんかどうか，というものなので，絵のモデルが「ピアノの先生」だと答えている 1 No, it's my piano teacher. が正解。

一次試験　リスニング　第2部

No. 11　Answer　1

★＝男性　☆＝女性　（以下同）

★ Are there any boys in the drama club this year?

☆ Yes. ❶ There are three boys and nine girls.

★ I heard ❷ there was only one boy last year.

☆ That's right.

Question：How many boys were in the drama club last year?

訳
★今年は演劇部に男子はいるの？

☆うん。❶男子が3人，女子が9人いるわ。

★❷去年は男子が1人しかいなかったって聞いたから。

☆その通りよ。

質問の訳　**昨年は演劇部に男子が何人いましたか？**

選択肢の訳			
1　1人。	2　3人。	3　9人。	4　12人。

Words

□drama club「演劇部」　□only「～しかない」　□That's right.「その通り」

選択肢がすべて数字なので，会話中の数字が指すものを聞き取りながらメモしていきましょう。❶より2は演劇部の今年の男子の数，3は今年の女子の数。❷より1は昨年の男子の部員数。質問のHow many boysとlast yearより1 One.が正解。

No. 12 Answer 1

☆ You look sad, Billy.

★ Yeah. ❶ I wanted to look at the stars tonight, but it's too cloudy.

☆ Well, ❷ the newspaper says it'll be nice tomorrow.

★ I hope so.

Question：Why is Billy sad?

訳

☆悲しそうな顔をしてるわね，ビリー。

★うん。❶今夜，星を見たかったんだけど，雲が多すぎるんだ。

☆そうね，❷新聞には明日は晴れるって書いてあったわよ。

★そうだといいなあ。

質問の訳 ビリーはなぜ悲しんでいるのですか？

選択肢の訳	
1	彼は今夜星を見ることができない。
2	明日はくもりになる。
3	彼は新聞を見つけられない。
4	彼の理科の宿題が難しい。

Words

- □ look＋形容詞「～に見える」
- □ look at ～「～を見る」
- □ newspaper「新聞」
- □ hope so「そうであることを願う」

選択肢のほとんどが He / His から始まるため，男性の状況を中心に聞き取りましょう。❶より雲が多すぎて星が見えないことがわかるため，**1** He can't see the stars tonight. が正解。**2** は❷より明日の天気は晴れとわかるため，不適切です。

No. 13 Answer 3

☆ Did you buy anything in Australia?

★ I got ❶ a toy koala for my daughter and ❷ a T-shirt for my son.

☆❸ Didn't you get anything for yourself?

★❹ Just this necktie.

Question：What did the man buy for himself?

訳
☆オーストラリアでは何か買ったの？
★❶娘にはコアラのおもちゃ，❷息子にはTシャツを買ったよ。
☆❸自分には何も買わなかったの？
★❹このネクタイだけだよ。

質問の訳 男性は自分用に何を買いましたか？

選択肢の訳	
1 コアラのおもちゃ。	2 オーストラリアの地図。
3 ネクタイ。	4 Tシャツ。

Words

- ☐ anything「何か」
- ☐ got：get「～を買う」の過去形。
- ☐ toy「おもちゃ」
- ☐ koala「コアラ」
- ☐ yourself「あなた自身」
- ☐ necktie「ネクタイ」
- ☐ himself「彼自身」

選択肢の物が，それぞれ誰のために買った物かをメモしておきましょう。❶より 1 は娘，❷より 4 は息子，❸，❹より 3 は自分に買った物とわかります。3 A necktie. が正解。

No. 14 Answer 1

☆Have you tried ❶ the new French restaurant?

★Yes. ❷ The food is really good.

☆❸ Is it expensive?

★❹ Not at all. It's nice and ❺ quiet, too.

Question : What does the man think about the French restaurant?

Script

訳

☆❶新しいフランス料理店，行ってみた？

★うん。❷料理は本当においしいよ。

☆❸値段は高い？

★❹全然。上品で❺静かでもあったよ。

質問の訳　男性はフランス料理店についてどう思っていますか？

選択肢の訳	
1　料理がおいしい。	2　うるさすぎる。
3　料理の値段が高い。	4　古すぎる。

Words

□tried：try「～を試す」の過去形・過去分詞。 □expensive「高価な」

□not ～ at all「まったく～ない」 □quiet「静かな」

各選択肢のプラス・マイナスがはっきりしている点に注目します。❶より4は不適切。❷より1 The food is delicious. が正解。❸，❹より3は不適切，❺より2も不適切。

No. 15 Answer 4

★❶ Are you making a birthday cake for Mom?

☆❷ I'm trying to, but it's difficult.

★ I'll help you after I finish writing this e-mail.

☆ Thanks, Dad.

Script

Question : What is the girl trying to do?

訳

★❶お母さんに誕生日ケーキを作ってるの？

☆❷作ろうとしてるんだけど，難しくて。

★このＥメールを書き終えたら，手伝うよ。

☆ありがとう，お父さん。

質問の訳 **少女は何をしようとしていますか？**

選択肢の訳	
1 母に手紙を書く。	2 料理を注文する。
3 Ｅメールを読む。	4 ケーキを作る。

Words

- birthday「誕生日」
- try to＋動詞の原形「～しようとする」
- difficult「難しい」
- help「～を手伝う」
- finish＋動詞 -ing 形「～し終える」

❶，❷より少女がしていることは誕生日ケーキを作ることであり，それ以外の選択肢の行動は会話中に出てきません。よって 4 Make a cake. が正解。

No. 16 Answer 1

★ Did you go to Harry's Music Hall on Friday night?

☆ Yeah, ❶ I saw a band called the Blue Dragons.

★ Were they good?

☆ Yeah. ❷ They played some great songs.

Question : What are they talking about?

訳
★金曜日の夜にハリー音楽ホールに行ったの？

☆ええ，ブルー・ドラゴンズという❶バンドを見たのよ。

★良かった？

☆ええ。❷すばらしい曲をいくつか演奏したのよ。

質問の訳 彼らは何について話しているのですか？

選択肢の訳	
1 コンサート。	2 野球の試合。
3 ハリーの誕生日パーティー。	4 彼らの好きな色。

Words

□ hall「（コンサートなどを開く）ホール」

□ a band called ～「～と呼ばれるバンド」 ※ called は過去分詞で a band を説明している。

❶，❷よりバンドのコンサートに行ったことが話題の中心です。1 A concert. が正解。

No. 17 Answer 4

★ Thanks for driving me home.

☆ No problem. Is your house on this street?

★ Yes. ❶ Just stop the car outside that bank. I'll get out there.

☆ OK.

Question : Where are they talking?

訳

★家まで車で送ってくれてありがとう。

☆どういたしまして。あなたの家はこの通りにあるの？

★うん。❶あの銀行のところで車を停めて。そこで降りるよ。

☆わかったわ。

質問の訳　彼らはどこで話をしていますか？

選択肢の訳	
1　自動車教習所で。	2　男性の家の中で。
3　銀行で。	4　車の中で。

Words

☐ drive＋人＋to＋場所「(人) を (場所) へ車で送る」 ※ home はこの単語だけで「家へ」という意味なので to は不要。

☐ no problem「問題がない，どういたしまして」 ☐ outside「～の外で」

☐ bank「銀行」 ☐ get out「出る，出ていく」

選択肢がすべて場所を指す表現であることに注目。❶で車を停める場所を指示していることから，まだ二人は車の中にいるとわかります。**4 In a car.** が正解。

No. 18 Answer 4

☆ Is this store open on weekends?

★ Yes, ❶ we're open all day on Saturday and ❷ also on Sunday afternoon.

☆ Great. ❸ I'll come back after lunch on Sunday.

★ See you then.

Question : When will the woman go back to the store?

Script

訳

☆この店は週末，営業しているのですか？

★はい，❶土曜日は１日中営業していますし，❷日曜日の午後もやっています。

☆すばらしいわ。❸日曜日の昼食後にまた来るわ。

★では，その時にお待ちしております。

質問の訳　女性が店にまたやって来るのはいつですか？

選択肢の訳	
1　土曜日の午前に。	2　土曜日の午後に。
3　日曜日の午前に。	4　**日曜日の午後に。**

Words

□open「営業中の」　□all day「１日中」　□come back「もどる，また来る」

選択肢の曜日と時間帯がそれぞれ何を指すか，メモを取りながら聞きましょう。❶と❷より 1，2，4 は店の営業時間，❸より 4 は女性がもう一度店を訪れる日時だとわかります。質問の the woman go back to the store より，4 On Sunday afternoon. が正解。

No. 19　Answer　2

☆❶ Are you going to today's meeting, Scott?

★❷ No.

☆❸ Me, neither. I have to pick up my husband at the airport.

★❹ Jason said he's going to the meeting.

Question：Who will go to the meeting today?

訳

☆❶スコット，今日の会議には出るの？

★❷出ないよ。

☆❸私も出ないのよ。空港に夫を迎えに行かないといけないの。

★❹ジェイソンは会議に行くつもりだって言っていたよ。

質問の訳　今日，会議に出るのは誰ですか？

選択肢の訳	
1　スコット。	2　ジェイソン。
3　女性。	4　女性の夫。

Words

□meeting「会議」　□Me, neither「（相手の否定的な内容に対して）私もです」

□pick up＋人「（人）を車で迎えに行く」

選択肢の人がそれぞれ何をするのかを，リスニング中にメモしましょう。❶，❷より 1 のスコットは会議に欠席，❸より 3 の女性も会議を欠席し，❹より 2 のジェイソンが会議に出るとわかります。2 Jason. が正解です。

No. 20 Answer 3

☆ What are you doing?

★ I'm looking for books about our city on the Internet.

☆❶ You should look in your school library.

★❷ I'll check there tomorrow.

Question：What will the boy do tomorrow?

訳

☆何してるの？

★僕らの街に関する本をインターネットで探してるんだよ。

☆❶学校の図書館で探すといいわよ。

★❷そこには明日，確認しにいくよ。

質問の訳 少年は明日，何をしますか？

選択肢の訳	
1 本を返却する。	2 自分の街を見学してまわる。
3 学校の図書館に行く。	4 インターネットについて学ぶ。

Words

□ look for ～「～を探す」　□ look in ～「～で調べる」

❷の there は❶の in your school library を指します。よって 3 Go to the library at school. が正解。

一次試験　リスニング　第3部

No. 21　Answer　4

☆❶ My husband and I had a party last Friday. ❷ We invited our friends and cooked lots of food. ❸ My brothers came, too, but I was angry with them because ❹ they were both late.

Question : Who was late for the party?

訳　❶夫と私は先週の金曜日にパーティーを開いた。❷友人を招き，料理をたくさん作った。❸私の兄弟も来たが，❹二人とも遅刻してきたので私は彼らに腹を立てた。

質問の訳　パーティーに遅刻したのは誰ですか？

選択肢の訳	
1　女性。	2　女性の夫。
3　女性の友人。	4　女性の兄弟。

Words

□ invite「～を招待する」

❶より 1 の女性と 2 の夫はパーティーの主催者，❷，❸より 3 の友人と 4 の兄弟は招待客，❹より兄弟が遅刻したとわかります。4 The woman's brothers. が正解。

No. 22　Answer　2

★ Tomomi just got home from basketball practice. ❶ Now, she has to take a shower because she's going to the library with her friend in an hour.

Question : What does Tomomi need to do now?

訳　トモミはちょうどバスケットボールの練習から帰宅したところだ。❶今からシャワーを浴びなければならない。１時間後に友人と図書館に行くことになっているからだ。

質問の訳　**トモミは今，何をする必要がありますか？**

選択肢の訳	
1　練習の準備をする。	**2**　シャワーを浴びる。
3　友人の本を借りる。	**4**　バスケットボールの監督に電話する。

Words

☐ just「ちょうど〜したばかり」　☐ got：get「着く」の過去形。

☐ practice「練習」　☐ take a shower「シャワーを浴びる」

選択肢の中で，英文中に登場する行動は，❶より **2** Take a shower. のみです。

No. 23　Answer　2

★ Welcome to Cuddly Creatures. Today, ❶ all dog and cat food is half price. We also have some interesting new animals on the second floor. Have a look at our turtles and mice! They're very cute.

Question：Where is the man talking?

Script

訳　カドリー・クリーチャーズへようこそ。本日は❶犬用・猫用のエサが全品半額となっております。２階には新しくやってきた変わった動物もいます。当店のカメとネズミをぜひご覧ください！　とてもかわいいですよ。

質問の訳　**男性はどこで話をしていますか？**

選択肢の訳	
1　動物園で。	**2**　ペットショップで。
3　衣料品店で。	**4**　レストランで。

Words

☐ welcome to 〜「〜へようこそ」　☐ floor「階」　☐ have a look at 〜「〜を見る」

□turtle「カメ」　□mice：mouse「ネズミ」の複数形。

❶で犬や猫のエサの値段についてふれられているため，これらが売られている場所である 2 At a pet store. が正解です。

No. 24 Answer 4

★ My mom usually gives me a calendar as a Christmas present. This year, she gave me some nice paper and some paints instead. ❶ This morning, I used them to make my own calendar.

Question：What did the boy do this morning?

訳　うちの母はいつも僕に，クリスマスプレゼントにカレンダーをくれる。今年はその代わりに，すてきな紙と絵の具をくれた。❶今朝，僕はそれを使って自分のオリジナルカレンダーを作った。

質問の訳　今朝，少年は何をしましたか？

選択肢の訳	
1	彼は母親にカレンダーをあげた。
2	彼はクリスマスカードを作った。
3	彼は絵の具をいくつか買った。
4	彼はカレンダーを作った。

Words

□calendar「カレンダー」　□paint「絵の具」　□instead「その代わりに」
□own「独自の」

選択肢はすべて He が主語なので，話している少年の行動を聞き取ります。❶の make my own calendar より 4 He made a calendar. が正解です。

No. 25 Answer 1

☆Lisa had a cold yesterday, so ❶ she asked her brother to get some orange juice from the supermarket. Lisa was happy because ❷ he bought her some pumpkin soup, too.

Question : What did Lisa ask her brother to do?

訳 昨日，リサは風邪をひいていたので，❶兄にスーパーでオレンジジュースを買うよう頼んだ。❷彼はカボチャのスープも買ってきてくれたので，リサは喜んだ。

質問の訳 リサは兄に何をするよう頼んだのですか？

選択肢の訳			
1	オレンジジュースを買う。	2	カボチャのスープを作る。
3	オレンジを切る。	4	スーパーで彼女に会う。

Words

- ☐have a cold「風邪をひいている」 ☐get「～を買う」
- ☐ask＋人＋to＋動詞の原形「（人）に～するよう頼む」
- ☐bought：buy「～を買う」の過去形。

❶より **1** はリサが兄に頼んだこと，**2** の pumpkin soup は❷より兄が買ったもの，とわかります。質問の Lisa ask her brother to do より，リサが兄に頼んだことである **1** Buy some orange juice. を選びます。

No. 26 Answer 1

☆❶ Kate started taking German classes three years ago. This spring, ❷ she'll go to Germany for two months to study at a university there. Three of her classmates are going with her.

Question : How long will Kate study in Germany?

訳 ❶ケイトは3年前，ドイツ語の授業を受け始めた。この春，❷彼女は現地の大学で勉強するために，2カ月間ドイツに行く予定だ。彼女のクラスメイトのうち3人が彼女と一緒に行くことになっている。

質問の訳 どのくらいの間，ケイトはドイツで勉強をする予定ですか？

選択肢の訳			
1　2カ月間。	2　3カ月間。	3　2年間。	4　3年間。

Words

☐ take classes「授業を受ける」　☐ university「大学」

❶より4の3年間はケイトがドイツ語の授業を受けてきた期間，❷より1の2カ月間はケイトがドイツに留学する期間です。質問の will Kate study in Germany より 1 For two months. が正解。German「ドイツ語」と Germany「ドイツ」の違いに気をつけましょう。

No. 27　Answer　4

☆Today's speech contest was wonderful. ❶ Scott, your speech was so funny, and ❷ Peter, yours was very interesting. However, ❸ I'm going to give the prize for the best speech to Simon. Congratulations!

Question：Whose speech won first prize?

訳　今日のスピーチコンテストはすばらしかった。❶スコット，あなたのスピーチはとてもおもしろかったわ。そして❷ピーター，あなたのも大変興味深かった。でも，❸最優秀スピーチ賞はサイモンに授与します。おめでとう！

質問の訳 誰のスピーチが1位になりましたか？

選択肢の訳	
1　女性のもの。	2　スコットのもの。
3　ピーターのもの。	4　サイモンのもの。

Words

☐ prize「賞」　☐ Congratulations!「おめでとう！」

❶よりスコットのスピーチは so funny，❷よりピーターのスピーチは very interesting，❸よりサイモンのスピーチが best speech と聞き取れ

ます。質問の first prize より，4 Simon's. が正解。

No. 28 Answer 3

★I love swimming. ❶When I was young, I often went to the beach, but now I live far from the ocean. ❷My friend has a swimming pool at his house, so I sometimes go swimming there.

Question : Where does the man sometimes go swimming now?

訳 私は泳ぐのが大好きだ。❶若いころ，浜辺によく行っていたが，今は海から遠く離れた場所に住んでいる。❷友人が自宅にスイミングプールを所有しているので，ときどきそこに泳ぎにいっている。

質問の訳 現在，男性はときどきどこに泳ぎにいっていますか？

選択肢の訳			
1 海。	2 川。	3 友人のプール。	4 学校のプール。

Words

□far from ～「～から遠くに」 □ocean「海」 □go＋動詞 -ing 形「～しにいく」

❶より 1 の海は若いころ泳いでいた場所，❷より 3 の友人のプールは男性がときどき泳ぎにいく場所だとわかります。質問の sometimes go swimming now より，3 In his friend's pool. が正解。

No. 29 Answer 1

☆❶I'm really interested in stamps. ❷I have over 700, and I keep them in a special album. Most of them are from Canada, but my favorite ones are from China.

Question : What does the girl like to do?

訳 ❶私は切手にとても興味がある。❷700 枚以上（の切手を）持っており，それらを特別なアルバムに保管している。そのほとんどはカナダのものだが，私のお気に入りの切手は中国のものだ。

質問の訳　少女は何をするのが好きですか？

選択肢の訳	
1　切手を集める。	2　中国語を学ぶ。
3　カナダを旅行する。	4　写真をとる。

Words

☐ be interested in ～「～に興味がある」　☐ stamp「切手」　☐ over「～以上」

☐ keep「～を保管する」　☐ most of ～「～のほとんど」

❶，❷より少女の趣味が切手収集であるとわかります。**1** Collect stamps. が正解。

No. 30　Answer　2

★Kana walked to the library this afternoon because she wanted to borrow a book about spiders. ❶ When she arrived there, she was surprised because it was closed. She'll go again tomorrow.

Question : What was Kana's problem?

訳　カナは今日の午後，図書館まで歩いていった。クモに関する本を借りたかったからだ。❶そこに到着すると閉館していたので彼女は驚いた。彼女は明日，また行くつもりだ。

質問の訳　カナの問題は何でしたか？

選択肢の訳	
1　彼女は間違った本を借りた。	2　図書館が閉まっていた。
3　彼女は大きなクモを見た。	4　本が難しすぎた。

Words

☐ walk to ～「～まで歩いていく」　☐ borrow「～を借りる」　☐ spider「クモ」

☐ surprised「驚いた」　☐ closed「閉まった」

❶より図書館が閉まっていたとわかるので，**2** The library was closed. が正解。

二次試験　面接　問題カードD

Green Tea

People love the taste of green tea. ❶ Green tea is healthy and delicious, so it is enjoyed by people around the world. In Japan, a lot of green tea is grown in Shizuoka and Kagoshima.

訳

緑茶

人々は緑茶の味がとても好きだ。❶緑茶は健康によくおいしいので，世界中の人々によって楽しまれている。日本では，たくさんの緑茶が静岡や鹿児島で栽培されている。

Words

- □ green tea「緑茶」 □ taste「味」 □ healthy「健康によい」
- □ delicious「おいしい」 □ grown：grow「～を育てる」の過去分詞。

質問の訳

No. 1　本文を見てください。なぜ緑茶は世界中の人々によって楽しまれているのですか？

No. 2　イラストを見てください。ぼうしはどこにありますか？

No. 3　女性を見てください。彼女は何をしようとしていますか？

No. 4　あなたは次の週末に何をする予定ですか？

No. 5　あなたは学生ですか？

はい → あなたにとってどの科目が一番難しいですか？

いいえ → あなたは冬に何をするのが好きですか？

No. 1 Answer **Because it is healthy and delicious.**

訳　健康によく，おいしいからです。

❶ Green tea is healthy and delicious, so it is enjoyed by people around the world. の下線部分が質問（Why is green tea enjoyed by people around the world?）と同じであることに注目します。so の前の Green tea is healthy and delicious の部分が理由となります。主語の Green tea は it に変えて，Because をつけて答えましょう。

No. 2 Answer **It's on a chair.**

訳　それはイスの上にあります。

Where ～? は場所を問う表現。hat「ぼうし」はイスの上にあるため，on a chair を解答に入れること。質問（Where is the hat?）の the hat を It にして It is ～〔It's ～〕を使って答えましょう。～の部分に on a chair をおきます。

No. 3 Answer **She's going to open the window.**

訳　彼女は窓を開けようとしています。

イラスト中の女性は窓の方を見ながら，自分が窓を開けている場面を思い浮かべています。「窓を開ける」となる open the window を解答に入れます。質問（What is she going to do?）に対する返答なので，〈She is〔She's〕going to＋動詞の原形 ～.〉という形で答えましょう。

No. 4 Answer **I'm planning to go to a concert.**

訳　私はコンサートに行くつもりです。

〈plan to＋動詞の原形〉は「～する計画を立てる，～するつもりである」という意味です。質問（What are you planning to do next weekend?）に対する返答なので，下線部分を使い，〈I am planning to＋動詞の原形 ～.〉の動詞の原形の部分に週末にする予定を入れて答えます。また，その他の未来の表現を使ってもよいでしょう。動詞の原形の部分には，正確な英語で答えられる表現を使いましょう。

自分の予定を相手に伝えるときに使える表現
I am going to＋動詞の原形／I will＋動詞の原形／I'm planning to＋動詞の原形／I'm＋動詞 -ing 形（現在進行形）

予定として使える表現の例：
clean my room「部屋の掃除をする」，have a party for my sister's birthday「妹の誕生日会をする」，go shopping for clothes「服を買いに行く」，prepare for an exam「試験勉強をする」，go camping with my family「家族とキャンプに行く」，play video games at home「家でゲームをする」

No. 5 Answer

（Yes. → What school subject is the most difficult for you?）

Math is the most difficult.

（No. → What do you like to do in winter?）

I like to read books.

訳
（Yes. の場合 → あなたにとってどの科目が一番難しいですか？）
数学が一番難しいです。
（No. の場合 → あなたは冬に何をするのが好きですか？）
読書をするのが好きです。

質問（Are you a student?）に対し，まずは Yes.／No. であなたが学生であるかどうかを伝えます。

Yes. と答えると，What school subject is the most difficult for you? と一番難しいと思う科目を問われるので，〈科目名＋is the most difficult (for me).〉と主語に科目名を入れて答えます。正しく発音のできる科目名を入れて答えましょう。

科目名の例：English「英語」，math／mathematics「数学，算数」，Japanese「国語」，social studies「社会」，science「理科」，music「音楽」，art「美術」，P.E.／physical education「体育」

No. と答えると，冬にするのが好きなことを問われます。質問（What do

you like to do in winter?）に合わせて I like to＋動詞の原形 ～.「～するのが好きです」と答えます。動詞の原形の部分に「すること」を入れて答えましょう。

冬にすることの例：go skiing「スキーに行く」, run a marathon「マラソンを走る」, eat ice cream in front of a stove「ストーブの前でアイスを食べる」, fly a kite「たこあげをする」, take a hot spring「温泉に入る」, make a snowman「雪だるまを作る」, build a fire「たき火をする」

二次試験　面接　問題カード J

The Izu Islands

The Izu Islands are near Tokyo. People usually get to these islands by boat. ❶ The Izu Islands have beautiful nature and interesting activities for everyone, so they are popular places to visit in summer.

訳

伊豆《いず》諸島

伊豆《いず》諸島は東京の近くにある。人々はふつう船でこれらの島々に行く。❶伊豆《いず》諸島には美しい自然と，誰もが楽しめるおもしろい活動があるので，夏に訪れるのに人気の場所である。

Words

- ☐ island「島」　※発音に注意。
- ☐ near「～の近くの」
- ☐ get to ～「～に到着する」
- ☐ by＋交通手段「～で」
- ☐ boat「船」
- ☐ beautiful「美しい」
- ☐ nature「自然」
- ☐ activity「活動」

質問の訳

No. 1　本文を見てください。なぜ，伊《い》豆《ず》諸島は夏に訪れるのに人気の場所なのですか？

No. 2　イラストを見てください。水の中には何人の人がいますか？

No. 3　ぼうしをかぶっている少年を見てください。彼は何をしようとしていますか？

No. 4　先週の土曜日，あなたは何をしましたか？

No. 5　あなたは動物園に行ったことがありますか？
はい → もっと話してください。
いいえ → あなたは週末，いつも何をしていますか？

No. 1　Answer　**Because they have beautiful nature and interesting activities.**

訳　美しい自然があり，おもしろい活動ができるからです。

❶ **The Izu Islands** have beautiful nature and interesting activities for everyone, so they **are popular places to visit in summer**. の下線部分が質問（Why **are the Izu Islands popular places to visit in summer**?）と同じであることに注目。～, so … は「～なので…」という意味で，so の前の～の部分が，so の後の…の部分の理由となるため，have beautiful nature and interesting activities（for everyone）を解答に入れましょう。for everyone「誰にとっても，誰もが」はつけてもつけなくてもよいです。主語の The Izu Islands は they に変えて，Because をつけて答えます。

No. 2　Answer　**There are three people in the water.**

訳　水の中には 3 人の人がいます。

How many people ～? は人数を問う表現。in the water は「水（海）の中」ということです。海の中には女の子が 3 人いるので，three people を解答に入れましょう。ただし，文にして答えたいので，「～がいる，ある」の表現である There is / There are ～ の構文を使いましょう。質問（How many people **are there** in the water?）にも含まれています。

No. 3 Answer He's going to catch a ball.

訳 彼はボールをとろうとしています。

イラスト中のぼうしをかぶった少年は，女性の投げるボールを見ながら，自分がそのボールをとる姿を思い浮かべています。「ボールをとる」はcatch a ballと表現します。質問（What is he going to do?）の下線部分を使い，He is going to catch a ball. やHe's going to catch a ball. と答えます。

No. 4 Answer I went shopping.

訳 私は買い物に行きました。

質問（What did you do last Saturday?）が過去形となっているため，答えも過去形にします。過去形は動詞に -ed をつけますが，不規則に変化するものもあるので，気をつけましょう。

したことを表現するときに使えそうな不規則変化の動詞の例：
ate a watermelon「スイカを食べた」，bought〔got〕notebooks「ノートを買った」，did my homework「宿題をした」，drew a picture「絵をかいた」，ran a marathon「マラソンを走った」，read comic books「漫画を読んだ」（過去形 read の発音は［réd］となる），rode a bike「自転車に乗った」，saw〔met〕my cousin「いとこに会った」

No. 5 Answer

（Yes. → Please tell me more.）

I visited a zoo on Sunday.

（No. → What do you usually do on weekends?）

I read magazines.

訳 （Yes. の場合 → もっと話してください。）
私は日曜日に動物園に行きました。
（No. の場合 → あなたは週末，いつも何をしていますか？）
私は雑誌を読みます。

まず，Yes. / No. で動物園に行ったことがあるかどうかを伝えます。

Yes. と答えると，Please tell me more. と言われるので，動物園の場所，行った時期，見た動物など，自分が正しく使える英語を使って表現するとよいでしょう。

例：I have been to the zoo in Hiroshima.「広島にある動物園に行ったことがあります」，I went to a zoo last month.「私は先月，動物園に行きました」，I saw an elephant in the zoo.「動物園でゾウを見ました」

No. と答えると，普段週末にしていることを問われるので，質問（What do you usually do on weekends?）に合わせて〈I usually＋動詞の原形 ～.〉と答えます。動詞の原形の部分に「すること」を入れて答えます。

例：do my homework「宿題をする」，go to the library「図書館に行く」，hang out with my friends「友達と遊ぶ」，draw cartoons「漫画をかく」，visit my grandparents「祖父母に会いに行く」

2024年度版

英検®3級過去問集

別冊問題編

矢印の方向に引くと
本体から取り外せます

教学社

CONTENTS

英検® 赤本シリーズ
2024 年度版

英検® 3 級 過去問集　問題編

◆ 2023年度

第 2 回 検定♠
一次試験　筆記
一次試験　リスニング
二次試験　面接

第 1 回 検定♦
一次試験　筆記
一次試験　リスニング
二次試験　面接

◆ 2022年度

第 3 回 検定♣
一次試験　筆記
一次試験　リスニング
二次試験　面接

第 2 回 検定●
一次試験　筆記
一次試験　リスニング
二次試験　面接

第 1 回 検定★
一次試験　筆記
一次試験　リスニング
二次試験　面接

◆ 2021 年度

第 3 回 検定■
一次試験　筆記
一次試験　リスニング
二次試験　面接

第 2 回 検定♥
一次試験　筆記
一次試験　リスニング
二次試験　面接

巻末付録　解答用紙

（注 1）本書に掲載している問題は、公益財団法人 日本英語検定協会より提供されたものです。一次試験は本会場で実施されたもの、二次試験は試験ごとに、提供された 2 種類を掲載しています。

（注 2）音声は専用サイトにて配信しています。リスニングテストの音声は許諾を得たうえで、公益財団法人 日本英語検定協会提供のものを使用しています。面接の音声は、提供された資料に基づいて小社独自にレコーディングしたものです。

Grade 3

2023年度 第2回

試験内容		試験時間	掲載ページ
一次試験	筆記（リーディング・ライティング）	50分	♠ P. 2〜14
	リスニング	約26分	♠ P. 15〜20
二次試験	面接（スピーキング）	約5分	♠ P. 21〜24

リスニングテスト・面接の音声について

音声は専用サイトにて配信しています。

専用サイト トップページ
（イメージ）

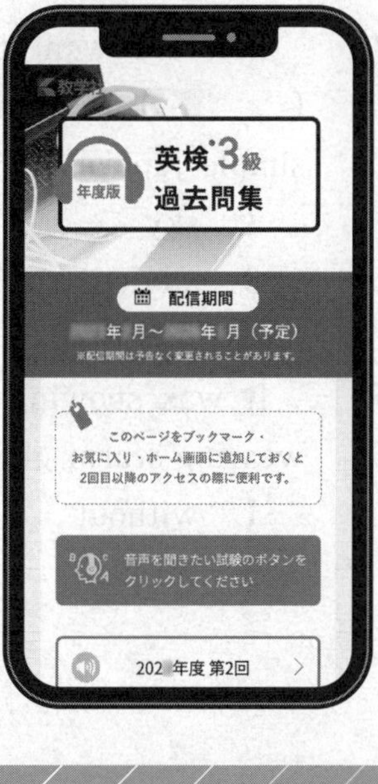

▷ 専用サイトのご利用方法：

1. 本冊（解答編）の袋とじ（音声配信のご案内）をキリトリ線に沿って開封。
2. 袋とじの内側に印刷されているQRコードをスマートフォンなどで読み取る。QRコードを読み取れない場合は，アドレスを入力。
   ➡専用サイトのトップページに。
3. 音声を聞きたい試験のボタンを押す。
   ➡該当の試験の音声再生ページに。
   ※試験1回分を通して聞くことも，1問ずつ聞くこともできます。
   ※面接の解答時間（無音部分）は実際の試験とは異なります。

▷ 配信内容：本書に掲載のリスニングテストおよび面接の音声

※面接の音声は，音読の指示と質問英文だけでなく，音読問題のモデルリーディングも配信。

一次試験

1

次《つぎ》の*(1)*から*(15)*までの（　　　）に入《い》れるのに最《もっと》も適切《てきせつ》なものを**1**，**2**，**3**，**4**の中《なか》から一《ひと》つ選《えら》び，その番号《ばんごう》のマーク欄《らん》をぬりつぶしなさい。

---

(1) ***A*** **:** Thanks for lending me this book. I really enjoyed it.
B **:** You can (　　　) it if you like.

1 win　**2** wait　**3** rise　**4** keep

(2) I played soccer in the rain today, so my uniform is really (　　　) now.

1 new　**2** dirty　**3** long　**4** quick

(3) ***A*** **:** I hear you run five kilometers every morning.
B **:** That's not (　　　). I usually only run three kilometers.

1 warm　**2** true　**3** ready　**4** fast

(4) Before I went to Japan last month, I got some good (　　　) from my father. He told me to learn some simple Japanese words before my trip.

1 sky　**2** meaning
3 advice　**4** time

(5) It was snowing today, but Linda went out (　　　) wearing warm gloves. Her hands became very cold.

1 without　**2** among
3 through　**4** between

(6) **A** : Are you OK, Jim?
B : My finger ( ). I'm going to see the school nurse.
1 shouts **2** laughs **3** knows **4** hurts

(7) Paul ( ) nine friends to his birthday party, but only six came. The other three were too busy.
1 invited **2** introduced
3 met **4** felt

(8) **A** : How often do you go skiing?
B : A ( ) of times a year. I usually go once in Niigata and once in Nagano.
1 hobby **2** couple **3** fact **4** group

(9) **A** : How was Lucy's swimming race today?
B : She didn't win, but she did her ( ). I'm proud of her.
1 just **2** next **3** first **4** best

(10) **A** : We need to clean our house before tonight's dinner party.
B : Yeah. ( ) of all, let's clean the living room. Then we can clean the kitchen and bathroom after that.
1 Right **2** Straight **3** Next **4** First

(11) Yuko's father can speak a little Spanish. He lived in Spain for a ( ) when he was a child.
1 matter **2** while **3** chance **4** future

(12) Scott was only in Boston for one day, but he had time to look ( ) a famous art museum. He saw many beautiful paintings there.

1 around **2** against **3** away **4** like

(13) ***A*:** Is that building ( ) than Tokyo Tower?

***B*:** I think so.

1 tallest **2** tall **3** taller **4** too tall

(14) ***A*:** Is Peter coming to the 5:00 p.m. meeting?

***B*:** No. He has already ( ) home. He said he wasn't feeling well.

1 to go **2** went **3** go **4** gone

(15) Yuriko has two brothers. She enjoys ( ) video games with them every weekend.

1 played **2** playing **3** plays **4** play

2

次《つぎ》の*(16)*から*(20)*までの会話《かいわ》について，(　　　) に入《い》れるのに最《もっと》も適切《てきせつ》なものを**1**，**2**，**3**，**4**の中《なか》から一《ひと》つ選《えら》び，その番号《ばんごう》のマーク欄《らん》をぬりつぶしなさい。

---

(16) ***Boy*:** I'm going swimming this weekend. Do you want to come with me?

***Girl*:** Sorry, I'm really busy. ( )

1 About one hour by train.

2 Five times a week.

3 Just once.

4 Maybe some other time.

(17) ***Boy 1 :*** Merry Christmas! Have a nice winter vacation.

Boy 2 : (　　　　) Mike. See you next year.

1 That's OK,　　**2** He will,

3 Just a minute,　　**4** Same to you,

(18) ***Son :*** It's getting dark. (　　　　)

Mother : Yes, please. And close the curtains, too.

1 Can we go home soon?

2 Are you watching TV?

3 Shall I turn on the light?

4 Would you like some breakfast?

(19) ***Mother :*** How do you like your Chinese history class, Bobby?

Son : It's really interesting. (　　　　)

1 I hope you do.　　**2** I want to take a class.

3 I'm learning a lot.　　**4** I'm glad you like it.

(20) ***Father :*** Lucy, don't run across the street. (　　　　)

Daughter : Don't worry, Dad. I won't.

1 It's dangerous.　　**2** It's time to go.

3 It's for you.　　**4** It's over there.

3 A

次《つぎ》の掲示《けいじ》の内容《ないよう》に関《かん》して，*(21)*と*(22)*の質問《しつもん》に対《たい》する答《こた》えとして最《もっと》も適切《てきせつ》なもの，または文《ぶん》を完成《かんせい》させるのに最《もっと》も適切《てきせつ》なものを**1**，**2**，**3**，**4**の中《なか》から一《ひと》つ選《えら》び，その番号《ばんごう》のマーク欄《らん》をぬりつぶしなさい。

This Saturday's Basketball Game

Brownsville Junior High School's basketball team will have a big game this weekend. We want all students to come!

Place : Springfield Junior High School's gym
Please ask your parents to take you to Springfield Junior High School. It's far away, so they will have to drive there. They can put their car in the parking lot near the school. Then you have to walk five minutes from there to the front gate.

Time : 7:00 p.m.–8:30 p.m.
The game starts at 7:00 p.m., but please arrive before 6:30 p.m. The doors of the school will be closed until 6:00 p.m.

Let's have fun!

(21) If students want to watch the game, they should go

1 on foot from the parking lot to the front gate.

2 by car to Brownsville Junior High School's gym.

3 by bike to Springfield Junior High School.

4 by train to Springfield.

---

(22) When will the school doors open on Saturday?

1 At 6:00 p.m.

2 At 6:30 p.m.

3 At 7:00 p.m.

4 At 8:30 p.m.

3 **B**

次《つぎ》のEメールの内容《ないよう》に関《かん》して，*(23)*から*(25)*までの質問《しつもん》に対《たい》する答《こた》えとして最《もっと》も適切《てきせつ》なもの，または文《ぶん》を完成《かんせい》させるのに最《もっと》も適切《てきせつ》なものを**1**，**2**，**3**，**4**の中《なか》から一《ひと》つ選《えら》び，その番号《ばんごう》のマーク欄《らん》をぬりつぶしなさい。

From: Kathy Ramirez
To: Alison Ramirez
Date: April 3
Subject: Party for Mark

Hey Alison,
Guess what? Mark is going to go to Hillside University to study for four years! I can’t believe our younger brother will go to such a good university. I was so surprised when I heard that news, but I know he studied hard and did well in high school. He says he’s going to study science. I’m planning a party for him this Saturday at Mom and Dad’s house. I’ll ask some of his friends to come, too. Can you help me to get ready for the party? It’ll start at 4:00 p.m., so I want you to arrive by 3:00 p.m. to clean our parents’ house with me. Of course, Mom and Dad will help, too. Also, could you make curry and rice and bring it to the party? It’s Mark’s favorite food, and he thinks your cooking is delicious.
Your sister,
Kathy

From: Alison Ramirez
To: Kathy Ramirez
Date: April 3
Subject: Great news!

Hi Kathy,
That's great news! I can't believe Mark will go to university soon! He really wanted to go to a good university, so I'm sure he is very happy. I can help you to prepare for the party on Saturday. I have a singing lesson from 10:00 a.m. until 11:30 a.m. After that, I'll go to the supermarket and buy meat and vegetables, and then I'll make curry and rice at my house. I'll arrive at Mom and Dad's house at 2:30 p.m. Then I can help you to clean the house.
See you on Saturday,
Alison

(23) Why was Kathy surprised?

1 Her brother didn't do well in high school.

2 Her brother will go to Hillside University.

3 Her brother said he didn't like science.

4 Her brother will go to a different high school.

---

(24) Kathy wants Alison to

1 call Mark's friends.

2 make some food for the party.

3 tell their parents about Kathy's plan.

4 find a place to have the party.

---

(25) What will Alison do after her singing lesson?

1 She will eat curry and rice at a restaurant.

2 She will clean her house.

3 She will pick up Mark from school.

4 She will go shopping at the supermarket.

3 C

次《つぎ》の英文《えいぶん》の内容《ないよう》に関《かん》して，*(26)*から*(30)*までの質問《しつもん》に対《たい》する答《こた》えとして最《もっと》も適切《てきせつ》なもの，または文《ぶん》を完成《かんせい》させるのに最《もっと》も適切《てきせつ》なものを**1**，**2**，**3**，**4**の中《なか》から一《ひと》つ選《えら》び，その番号《ばんごう》のマーク欄《らん》をぬりつぶしなさい。

Saffron

Saffron is a spice* that is used for cooking in many countries around the world. It is made from small parts of a flower called a crocus. These parts are red, but food cooked with saffron is yellow. Many people think the taste is strong and delicious. Saffron is used to cook many kinds of food, such as rice, meat, and soup.

People in parts of Asia have used saffron when they cook for a long time. It has also been popular for hundreds of years in parts of southern Europe. Later, people in other places started using it, too. Many people used saffron for cooking, but some people used it for other things. It was given to sick people to help them to feel better, and people also used it to dye* clothes.

Making saffron isn't easy. Usually, more than 150 crocus flowers must be collected to make one gram* of saffron. The flowers only grow for a few months in fall and winter. The flowers are weak, so people have to collect them with their hands. This takes a long time, so many people are needed to collect them. Also, the flowers should be collected early in the morning before the sun damages* them.

For these reasons, saffron is expensive. It is the most expensive spice in the world. In the past, it was more expensive than gold. However, people don't need to use much of it when they cook because of its strong taste. Because of that, many people still buy saffron to use at home.

* spice：香辛料《こうしんりょう》
* dye：～を染《そ》める
* gram：グラム
* damage：～を傷《きず》つける

---

(26) What is saffron made from?

1 Meat.
2 Rice.
3 Parts of a flower.
4 A yellow vegetable.

(27) What has been popular with people in parts of southern Europe for a long time?

1 Using saffron in their meals.
2 Wearing yellow clothes when they are sick.
3 Washing clothes with saffron.
4 Visiting doctors in Asia.

(28) What do people need to do when they collect crocus flowers?

1 Use their hands.
2 Start when it is hot outside.
3 Use an old machine.
4 Start early in the afternoon.

(29) People don't use a lot of saffron when they cook because

1 it makes most people sick.
2 red isn't a popular color.
3 it is difficult to buy.
4 it has a strong taste.

---

(30) What is this story about?

1 A spice that people don't eat anymore.
2 A new way to grow many kinds of flowers.
3 A popular spice that is used in many dishes.
4 A place that is famous for flowers.

4 ライティング

- あなたは，外国人《がいこくじん》の友達《ともだち》から以下《いか》の **QUESTION** をされました。
- **QUESTION** について，あなたの考《かんが》えとその理由《りゆう》を2つ英文《えいぶん》で書《か》きなさい。
- 語数《ごすう》の目安《めやす》は25語《ご》〜35語《ご》です。
- 解答《かいとう》は，解答用紙《かいとうようし》のB面《めん》にあるライティング解答欄《かいとうらん》に書《か》きなさい。なお，解《かい》答欄《とうらん》の外《そと》に書《か》かれたものは採点《さいてん》されません。
- 解答《かいとう》が **QUESTION** に対応《たいおう》していないと判断《はんだん》された場合《ばあい》は，0点《てん》と採点《さいてん》されることがあります。**QUESTION** をよく読《よ》んでから答《こた》えてください。

QUESTION

Do you want to work in a foreign country in the future?

Listening Test

3級リスニングテストについて

❶このテストには，第《だい》1部《ぶ》から第《だい》3部《ぶ》まであります。

英文《えいぶん》は第《だい》1部《ぶ》では一度《いちど》だけ，第《だい》2部《ぶ》と第《だい》3部《ぶ》では二度《にど》，放送《ほうそう》されます。

第《だい》1部《ぶ》	イラストを参考《さんこう》にしながら対話《たいわ》と応答《おうとう》を聞《き》き，最《もっと》も適切《てきせつ》な応答《おうとう》を **1**，**2**，**3** の中《なか》から一《ひと》つ選《えら》びなさい。
第《だい》2部《ぶ》	対話《たいわ》と質問《しつもん》を聞《き》き，その答《こた》えとして最《もっと》も適切《てきせつ》なものを **1**，**2**，**3**，**4** の中《なか》から一《ひと》つ選《えら》びなさい。
第《だい》3部《ぶ》	英文《えいぶん》と質問《しつもん》を聞《き》き，その答《こた》えとして最《もっと》も適切《てきせつ》なものを **1**，**2**，**3**，**4** の中《なか》から一《ひと》つ選《えら》びなさい。

❷ *No.30* のあと，10秒《びょう》すると試験終了《しけんしゅうりょう》の合図《あいず》がありますので，筆記用具《ひっきようぐ》を置《お》いてください。

第《だい》1部《ぶ》　*例題《れいだい》*

No. 1

No. 2

No. 3

No. 4

No. 5

No. 6

No. 7

No. 8

No. 9

No. 10

第《だい》2部《ぶ》

No. 11

1 He forgot to buy a present.

2 His mother caught a cold.

3 Mike can't come to his party.

4 No one liked his birthday cake.

No. 12

1 At 1:00.

2 At 2:30.

3 At 3:00.

4 At 3:30.

No. 13

1 Her brother.

2 Her aunt.

3 Tom.

4 Tom's cousin.

No. 14

1 Go out to play.

2 Cook his dinner.

3 Help his mother.

4 Eat some dessert.

No. 15

1 Start work late.

2 Leave work early.

3 Look after his son.

4 See his doctor.

No. 16

1 Two.

2 Three.

3 Four.

4 Five.

No. 17

1 He doesn't have his pen now.

2 He lost his bag.

3 He broke his desk.

4 His textbook is at home.

No. 18

1 The boy.

2 The girl.

3 The boy's mother.

4 The girl's mother.

No. 19

1 In one day.

2 In two days.

3 In three days.

4 In four days.

No. 20

1 5.

2 10.

3 12.

4 15.

第《だい》3部《ぶ》

No. 21

1 Become a professional golfer.

2 Join the swimming team.

3 Teach sports to children.

4 Work at a university.

No. 22

1 On Tuesday.

2 On Wednesday.

3 On Thursday.

4 On Friday.

No. 23

1 George.

2 George's mother.

3 George's sister.

4 George's father.

No. 24

1 The horror movie.

2 The action movie.

3 The musical.

4 The comedy.

No. 25

1 Learn how to sing.

2 Become a music teacher.

3 Sell his piano.

4 Join a band.

No. 26

1 Her favorite museum.

2 Her basketball coach.

3 Her field trip.

4 Her math teacher.

No. 27

1 Meet him at the store.

2 Cut some fruit.

3 Buy some tea.

4 Call his doctor.

No. 28

1 Some soup.

2 Some rice.

3 Some salad.

4 An apple pie.

No. 29

1 At a zoo.

2 At a school.

3 At a concert.

4 At a bookstore.

No. 30

1 To study for a test.

2 To get some rest.

3 To take care of her mother.

4 To prepare for a tournament.

二次試験

受験者用問題カードD

Baseball Caps

Baseball caps are popular in Japan. Baseball fans often wear them at stadiums when they watch their favorite teams. Some people worry about strong sunlight, so they wear baseball caps on hot summer days.

問題カードD　Questions

No. 1　Please look at the passage. Why do some people wear baseball caps on hot summer days?

No. 2　Please look at the picture. How many people are sitting under the tree?

No. 3　Please look at the girl with long hair. What is she going to do?

No. 4　What time do you usually go to bed?

No. 5　Have you ever been to a zoo?
Yes. → Please tell me more.
No.　→ What do you like to do in winter?

編集部注：本ページの質問英文は問題カードには印刷されていません。

受験者用問題カードJ

Flower Shops

There are many flower shops in Japan. They sell different types of colorful flowers. Many people like to keep beautiful flowers in their homes, so they go shopping for flowers each season.

問題カードＪ　**Questions**

No. 1　Please look at the passage. Why do many people go shopping for flowers each season?

No. 2　Please look at the picture. Where is the cat?

No. 3　Please look at the woman with long hair. What is she going to do?

No. 4　What time do you usually get up on weekdays?

No. 5　Are you a student?
Yes. → Please tell me more.
No. → What are you going to do this evening?

編集部注：本ページの質問英文は問題カードには印刷されていません。

Grade 3

2023年度 第1回

試験内容		試験時間	掲載ページ
一次試験	筆記（リーディング・ライティング）	50 分	◆ P. 2〜15
	リスニング	約 26 分	◆ P. 16〜20
二次試験	面接（スピーキング）	約 5 分	◆ P. 21〜24

リスニングテスト・面接の音声について

音声は専用サイトにて配信しています。

▷ 専用サイトのご利用方法：

1. 本冊（解答編）の袋とじ（音声配信のご案内）をキリトリ線に沿って開封。
2. 袋とじの内側に印刷されている QR コードをスマートフォンなどで読み取る。QR コードを読み取れない場合は，アドレスを入力。
   ➡専用サイトのトップページに。
3. 音声を聞きたい試験のボタンを押す。
   ➡該当の試験の音声再生ページに。
   ※試験 1 回分を通して聞くことも，1 問ずつ聞くこともできます。
   ※面接の解答時間（無音部分）は実際の試験とは異なります。

▷ 配信内容：本書に掲載のリスニングテストおよび面接の音声
   ※面接の音声は，音読の指示と質問英文だけでなく，音読問題のモデルリーディングも配信。

専用サイト トップページ
（イメージ）

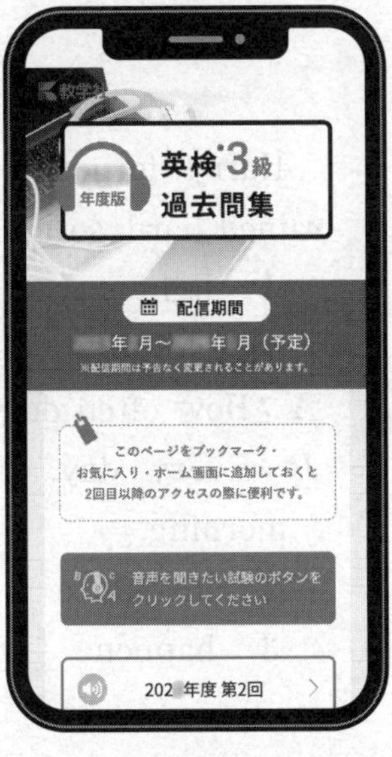

一次試験

1

次《つぎ》の*(1)*から*(15)*までの(　　　)に入《い》れるのに最《もっと》も適切《てきせつ》なものを**1**，**2**，**3**，**4**の中《なか》から一《ひと》つ選《えら》び，その番号《ばんごう》のマーク欄《らん》をぬりつぶしなさい。

---

(1) ***A*** **:** Mom, I think this bread is old.
B **:** I agree. Please throw it in the (　　　).

1 future　**2** garbage　**3** lesson　**4** north

(2) The Internet has a lot of useful (　　　), so people often use it to learn about places before they travel abroad.

1 breakfast　**2** police
3 information　**4** smell

(3) ***A*** **:** I'm going to do some volunteer work at a farm this weekend.
B **:** That (　　　) interesting.

1 sounds　**2** hopes　**3** explains　**4** grows

(4) Harry forgot to take his umbrella this morning. It rained hard, so he was (　　　) when he got to school.

1 light　**2** narrow　**3** deep　**4** wet

(5) ***A*** **:** How often do you (　　　), Grandpa?
B **:** Every day. I walk my dog for one hour every morning.

1 introduce　**2** exercise
3 happen　**4** keep

(6) All of the people became ( ) when the popular singer began her concert. They enjoyed listening to her songs.

1 fast **2** low
3 silent **4** expensive

(7) ***A*** : Mom, have you seen my ( )? I'm going shopping.
B : I saw it on the kitchen table.

1 garden **2** museum **3** wallet **4** gym

(8) ***A*** : Excuse me, where is the library?
B : It's not far ( ) here. Just walk two minutes that way.

1 through **2** from **3** across **4** over

(9) At ( ), the boys and girls couldn't sing well together. But after practicing hard for one month, they sang beautifully.

1 stick **2** minute **3** time **4** first

(10) ***A*** : Why did you like that movie, Karen?
B : Well, the young girl's dream ( ) true. She became a famous singer.

1 came **2** grew **3** had **4** went

(11) Takahiro ( ) some mistakes during his English speech, but his parents were still very proud of him.

1 did **2** bought **3** made **4** spent

(12) **A**: I love your new bike.

B: Thanks. It's the same ( ) my brother's.

1 as **2** for **3** by **4** with

(13) **A**: You already had breakfast this morning, ( ) you?

B: Yes, Mom. I'm going to my piano lesson now.

1 doesn't **2** didn't **3** aren't **4** couldn't

(14) **A**: Can you speak ( )? I can't hear you very well.

B: Of course, Grandma.

1 loudest **2** more loud

3 most loud **4** louder

(15) **A**: Have you called Henry yet?

B: It's seven, so it's too early ( ) him. I'll call him at eight.

1 call **2** called **3** to call **4** calls

2 次《つぎ》の(16)から(20)までの会話《かいわ》について，(　　)に入《い》れるのに最《もっと》も適切《てきせつ》なものを**1**，**2**，**3**，**4**の中《なか》から一《ひと》つ選《えら》び，その番号《ばんごう》のマーク欄《らん》をぬりつぶしなさい。

---

(16) ***Son :*** Those cookies look delicious. When did you make them?

Mother : This afternoon. (　　　　)

Son : Yes, please!

1 Did your friends like them?
2 How many did you have?
3 Do you have enough time?
4 Would you like to try one?

(17) ***Girl 1 :*** How long have we run for?

Girl 2 : Fifty minutes. (　　　　) I'm getting tired.

Girl 1 : Good idea.

1 I like your running shoes.
2 I didn't bring my watch.
3 Let's walk for a while.
4 I started four years ago.

(18) ***Mother :*** Dan, you have a piano lesson at five today. (　　　　)

Son : I won't, Mom. I'll be there on time.

1 Don't be late.
2 Don't go there.
3 Stop practicing the piano.
4 Say hello to the teacher for me.

(19) ***Husband :*** Is there a post office near here?

Wife : (   ) Let's ask that police officer.

1 Be careful. **2** I'm not sure.

3 I have some stamps. **4** You can't do that.

(20) ***Man :*** Sarah, do you know how to use this coffee machine?

Woman : (   ) You just need to push that button.

1 No, thanks. **2** It's over there.

3 It's easy. **4** With sugar, please.

3 **A** 次《つぎ》の掲示《けいじ》の内容《ないよう》に関《かん》して，*(21)*と*(22)*の質問《しつもん》に対《たい》する答《こた》えとして最《もっと》も適切《てきせつ》なもの，または文《ぶん》を完成《かんせい》させるのに最《もっと》も適切《てきせつ》なものを**1**，**2**，**3**，**4**の中《なか》から一《ひと》つ選《えら》び，その番号《ばんごう》のマーク欄《らん》をぬりつぶしなさい。

Take Photos on the Art Club Trip!

On May 10, the Bloomville Junior High School Art Club will go on a trip to Rabbit River. Any student can come! You can borrow a camera from the club on that day and take beautiful photos of the area.

If you want to come, you have to talk to Mr. Edwards, the art teacher, by May 3.

There are many bugs near the river, so please wear long pants. Also, you must bring your own lunch.

On May 17, the club will have a party after school. You can see the pictures that the club took. Please come if you can!

(21) What will the art club lend to students on the day of the trip?

1 A camera.

2 A picture.

3 Some long pants.

4 A lunch box.

---

(22) At the party on May 17, students can

1 buy new pants.

2 swim in the river.

3 look at pictures of the trip.

4 see bugs.

3 B

次《つぎ》のEメールの内容《ないよう》に関《かん》して，*(23)*から*(25)*までの質問《しつもん》に対《たい》する答《こた》えとして最《もっと》も適切《てきせつ》なもの，または文《ぶん》を完成《かんせい》させるのに最《もっと》も適切《てきせつ》なものを**1**，**2**，**3**，**4**の中《なか》から一《ひと》つ選《えら》び，その番号《ばんごう》のマーク欄《らん》をぬりつぶしなさい。

From: Melissa Baker
To: Rick Thompson
Date: April 8
Subject: Class trip

Hi Rick,
I'm so excited about our class trip to the city aquarium next week. You said that you went to the aquarium last year. What's it like? Is it cold inside the aquarium? And what should I wear? Do I need to wear a jacket or a warm sweater? I'm interested in seeing the fish and other sea animals there. I'm really looking forward to seeing the penguins. I hear that people can take pictures with the penguins at the aquarium. Is that true?
Your friend,
Melissa

From: Rick Thompson
To: Melissa Baker
Date: April 8
Subject: The aquarium

Hello Melissa,
Our class trip to the aquarium is going to be so much fun!

Yes, I went to the aquarium with my family last summer. My cousins visited us, and we all went together. I also went with my parents when I was only five years old. The aquarium has two parts. One part is inside, and the other is outside. It isn't very cold inside, but you'll need a jacket for the outside part. It's so cold this month! The penguins are in the outside part. Two years ago, people could take pictures with the penguins, but the aquarium changed its rule. People can't take pictures with them now.

Your friend,

Rick

From: Melissa Baker

To: Rick Thompson

Date: April 8

Subject: Thanks

Hi Rick,

Thanks for telling me about your trips to the aquarium. I'll remember to take a jacket. Thanks for telling me about the aquarium's new rule, too. I won't be able to take pictures with the penguins, but it'll be fun to watch them. I can't wait! I'm going to buy a toy penguin, too.

Your friend,

Melissa

(23) Melissa asked Rick about

1 the best clothes to wear to the aquarium.

2 the most dangerous sea animal at the aquarium.

3 their school's new uniform.

4 the fish in their classroom at school.

(24) When did Rick visit the aquarium with his cousins?

1 Last week.

2 Last summer.

3 Two years ago.

4 When he was five.

(25) What will Melissa do at the aquarium?

1 Ask the staff about a new rule.

2 Take pictures with the penguins.

3 Buy a new jacket.

4 Get a toy penguin.

3 C

次《つぎ》の英文《えいぶん》の内容《ないよう》に関《かん》して，*(26)*から*(30)*までの質問《しつもん》に対《たい》する答《こた》えとして最《もっと》も適切《てきせつ》なもの，または文《ぶん》を完成《かんせい》させるのに最《もっと》も適切《てきせつ》なものを**1**，**2**，**3**，**4**の中《なか》から一《ひと》つ選《えら》び，その番号《ばんごう》のマーク欄《らん》をぬりつぶしなさい。

Ann Lowe

Ann Lowe was an African American fashion designer. She was born in Alabama in the United States around 1898. When she was a child, Lowe's mother and grandmother taught her how to make clothes. Both her mother and her grandmother had jobs. They made clothes for rich people in Alabama, and Lowe often helped them with their work.

Lowe's mother died in 1914. When she died, Lowe's mother was making some dresses in Alabama. The dresses weren't finished, so Lowe finished making them. In 1916, she met a rich woman from Florida in a department store. Lowe was wearing clothes that she made, and the woman really liked them. So, Lowe became a dressmaker for her in Florida. After that, Lowe went to live in New York in 1917.

In New York, Lowe went to the S.T. Taylor School of Design. Lowe was the only African American student at the school, and she couldn't join the class with the other students. She took classes in a room by herself. She finished studying at the design school in 1919, and she opened her own store in Florida.

After that, Lowe made dresses for many years. Her dresses were special because they had beautiful flower designs on them. She made dresses for some rich and famous people, but not many people knew about her work. Also, she sometimes didn't get much money for her dresses. Lowe became more famous after she died in 1981. Many people today know that she was a very good fashion designer and dressmaker.

---

(26) What did Ann Lowe's mother and grandmother do?

1 They sent Lowe to Florida.

2 They stopped Lowe from going to Alabama.

3 They told Lowe to get a job.

4 They taught Lowe how to make clothes.

(27) When did Lowe go to New York?

1 In 1898.

2 In 1914.

3 In 1917.

4 In 1981.

(28) What happened when Lowe went to the S.T. Taylor School of Design?

1 She didn't do well in her classes.

2 She couldn't study with the other students.

3 She had a fight with her teacher.

4 She met her favorite fashion designer.

(29) Lowe's dresses were special because

1 they had beautiful flower designs.

2 they had interesting colors.

3 they were made by many people.

4 they took many hours to make.

(30) What is this story about?

1 A popular dress store in New York.

2 A woman who was a great dressmaker.

3 A teacher at a fashion school.

4 A design school in the United States.

4　ライティング

●あなたは，外国人《がいこくじん》の友達《ともだち》から以下《いか》の **QUESTION** をされました。
● **QUESTION** について，あなたの考《かんが》えとその理由《りゆう》を2つ英文《えいぶん》で書《か》きなさい。
●語数《ごすう》の目安《めやす》は25語《ご》～35語《ご》です。
●解答《かいとう》は，解答用紙《かいとうようし》のB面《めん》にあるライティング解答欄《かいとうらん》に書《か》きなさい。なお，解《かい》答欄《とうらん》の外《そと》に書《か》かれたものは採点《さいてん》されません。
●解答《かいとう》が **QUESTION** に対応《たいおう》していないと判断《はんだん》された場合《ばあい》は，0点《てん》と採点《さいてん》されることがあります。**QUESTION** をよく読《よ》んでから答《こた》えてください。

QUESTION
What is the most exciting sport for you?

Listening Test

3級リスニングテストについて

❶このテストには，第《だい》1部《ぶ》から第《だい》3部《ぶ》まであります。

英文《えいぶん》は第《だい》1部《ぶ》では一度《いちど》だけ，第《だい》2部《ぶ》と第《だい》3部《ぶ》では二度《にど》，放送《ほうそう》されます。

第《だい》1部《ぶ》	イラストを参考《さんこう》にしながら対話《たいわ》と応答《おうとう》を聞《き》き，最《もっと》も適切《てきせつ》な応答《おうとう》を **1**，**2**，**3** の中《なか》から一《ひと》つ選《えら》びなさい。
第《だい》2部《ぶ》	対話《たいわ》と質問《しつもん》を聞《き》き，その答《こた》えとして最《もっと》も適切《てきせつ》なものを **1**，**2**，**3**，**4** の中《なか》から一《ひと》つ選《えら》びなさい。
第《だい》3部《ぶ》	英文《えいぶん》と質問《しつもん》を聞《き》き，その答《こた》えとして最《もっと》も適切《てきせつ》なものを **1**，**2**，**3**，**4** の中《なか》から一《ひと》つ選《えら》びなさい。

❷ *No. 30* のあと，10秒《びょう》すると試験終了《しけんしゅうりょう》の合図《あいず》がありますので，筆記用具《ひっきようぐ》を置《お》いてください。

第《だい》1部《ぶ》　*例題《れいだい》*

No. 1

No. 2

No. 3

No. 4

No. 5

No. 6

No. 7

No. 8

No. 9

No. 10

第《だい》2部《ぶ》

No. 11

1 A bag.
2 A pair of gloves.
3 A soccer ball.
4 Some shoes.

No. 12

1 Bill.
2 Bill's mother.
3 Bill's father.
4 Patty.

No. 13

1 Arrive home by six o'clock.
2 Call Sally's father.
3 Return Sally's math textbook.
4 Help Sally with her homework.

No. 14

1 Buy a bike.
2 Move a box.
3 Ride her bike.
4 Find her book.

No. 15

1 In her room.
2 In the art room.
3 At the boy's house.
4 At her teacher's house.

No. 16

1 Walking his dog.
2 Reading about animals.
3 Collecting cameras.
4 Taking pictures.

No. 17

1 She has to work today.
2 She can't find her money.
3 Her TV is broken.
4 Her TV is too loud.

No. 18

1 At four.
2 At five.
3 At six.
4 At seven.

No. 19

1 It is cute.
2 It is warm.
3 It is cheap.
4 It is long.

No. 20

1 By train.
2 By bike.
3 By car.
4 On foot.

第《だい》3部《ぶ》

No. 21

1 On Tuesdays.
2 On Wednesdays.
3 On Thursdays.
4 On Fridays.

No. 22

1 A student.
2 A musician.
3 A salesclerk.
4 A museum guide.

No. 23

1 She rode a bike.
2 She took the bus.
3 Her father took her.
4 Her brother took her.

No. 24

1 He asked his history teacher.
2 He visited Japan.
3 He read a book.
4 He looked on the Internet.

No. 25

1 He went to a movie.
2 He went hiking.
3 He made popcorn at home.
4 He ate at a restaurant.

No. 26

1 Drink tea.
2 Eat dessert.
3 Go jogging.
4 Read the news.

No. 27

1 A new doctor started working.

2 The woman worked late.

3 The woman got sick.

4 The hospital closed early.

No. 28

1 Eat lunch.

2 Do his homework.

3 Play games with his father.

4 Skate with his friend.

No. 29

1 Beef soup.

2 Tuna salad.

3 A ham sandwich.

4 A chicken sandwich.

No. 30

1 In his bag.

2 In his car.

3 On a chair in his house.

4 On his desk in his office.

二次試験

受験者用問題カードD

Pets

Many people want to have a pet dog. Playing with dogs can be relaxing. Some people don't have time to take dogs for walks, so they get pets such as hamsters or birds.

問題カードD　Questions

No. 1　Please look at the passage. Why do some people get pets such as hamsters or birds?

No. 2　Please look at the picture. How many people are wearing hats?

No. 3　Please look at the man. What is he doing?

No. 4　What did you do last Sunday?

No. 5　Do you like shopping in your free time?
Yes. → What do you like to buy?
No. → What do you want to do this summer?

編集部注：本ページの質問英文は問題カードには印刷されていません。

受験者用問題カードJ

Singing

Singing can be a good way to relax. Some people enjoy performing in front of many people, so they join singing groups or bands. Taking singing lessons can help people to sing better.

問題カードJ　Questions

No. 1　Please look at the passage. Why do some people join singing groups or bands?

No. 2　Please look at the picture. How many books are there on the bench?

No. 3　Please look at the boy. What is he doing?

No. 4　Where do you often go on weekends?

No. 5　Have you ever been to a beach?

Yes. → Please tell me more.

No. → What do you like to do when the weather is cold?

編集部注：本ページの質問英文は問題カードには印刷されていません。

Grade 3

2022年度 第3回

試験内容		試験時間	掲載ページ
一次試験	筆記（リーディング・ライティング）	50分	♣ P. 2～13
	リスニング	約26分	♣ P. 14～18
二次試験	面接（スピーキング）	約5分	♣ P. 19～22

リスニングテスト・面接の音声について

音声は専用サイトにて配信しています。

▷ 専用サイトのご利用方法：

1. 本冊（解答編）の袋とじ（音声配信のご案内）をキリトリ線に沿って開封。
2. 袋とじの内側に印刷されているQRコードをスマートフォンなどで読み取る。QRコードを読み取れない場合は，アドレスを入力。
   ➡専用サイトのトップページに。
3. 音声を聞きたい試験のボタンを押す。
   ➡該当の試験の音声再生ページに。
   ※試験1回分を通して聞くことも，1問ずつ聞くこともできます。
   ※面接の解答時間（無音部分）は実際の試験とは異なります。

▷ 配信内容：本書に掲載のリスニングテストおよび面接の音声

※面接の音声は，音読の指示と質問英文だけでなく，音読問題のモデルリーディングも配信。

専用サイト トップページ
（イメージ）

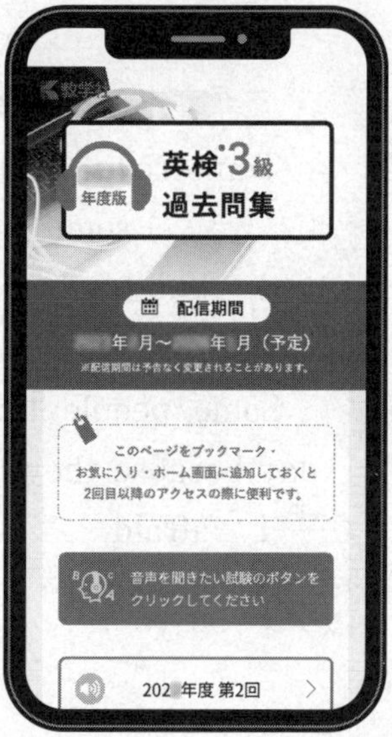

一次試験

1

次《つぎ》の(1)から(15)までの (　　　) に入《い》れるのに最《もっと》も適切《てきせつ》なものを**1**，**2**，**3**，**4**の中《なか》から一《ひと》つ選《えら》び，その番号《ばんごう》のマーク欄《らん》をぬりつぶしなさい。

---

(1) ***A*** **:** Have you (　　　) Mom's birthday present yet?
B **:** No, I'll do that tonight.

1 contacted　　**2** invited
3 wrapped　　**4** climbed

(2) Last Friday, we had a (　　　) lunch to welcome the new member of our team. He just started working at the company.

1 special　**2** deep　**3** weak　**4** low

(3) ***A*** **:** Have you washed the dishes yet?
B **:** Yes, I've (　　　) done that, and I've cleaned the kitchen floor, too.

1 soon　**2** already　**3** out　**4** ago

(4) Tomorrow, we'll go to a zoo for children. They can (　　　) some of the animals there.

1 build　**2** close　**3** touch　**4** shout

(5) Some people like to run for about 30 minutes every day because they think it is (　　　).

1 afraid　　**2** expensive
3 crowded　　**4** healthy

(6) My friend Peter is ( ). He always gets a good score on his math tests.

1 clever **2** sunny **3** clear **4** early

(7) This comic book is funny. I ( ) a lot when I was reading it.

1 drove **2** borrowed
3 heard **4** laughed

(8) When Keita moved to Canada, he wasn't ( ) to speak much English. But now, he speaks it very well.

1 absent **2** able **3** angry **4** another

(9) Tom's mother ( ) a message for him. She told him to walk the dog before dinner.

1 met **2** closed **3** left **4** held

(10) ***A***: Did you make this yogurt, Grandma?
B: Yes, it's easy. It's made ( ) milk.

1 from **2** under **3** before **4** over

(11) Miho doesn't ( ) much money on lunch because she always brings her lunch from home.

1 catch **2** stay **3** know **4** spend

(12) Yesterday, Mark was sick ( ) bed, so he didn't go to work today.

1 above **2** in **3** across **4** on

(13) **A :** You have a really nice house, Bob.

B : Thank you. It was (　　　) by my grandfather.

1 build　　**2** built

3 to build　　**4** building

(14) Our school is planning an event to collect plastic bottles. A local artist will (　　　) them into art.

1 recycles　　**2** recycled

3 recycle　　**4** recycling

(15) **A :** Do you know (　　　) the next bus to the airport leaves?

B : Yes. In 15 minutes.

1 which　　**2** who　　**3** where　　**4** when

2

次《つぎ》の(16)から(20)までの会話《かいわ》について，(　　　) に入《い》れるのに最《もっと》も適切《てきせつ》なものを**1**，**2**，**3**，**4**の中《なか》から一《ひと》つ選《えら》び，その番号《ばんごう》のマーク欄《らん》をぬりつぶしなさい。

(16) **Father :** Have you finished your homework?

Daughter : No, (　　　) I'll finish it after dinner.

1 not so bad.　　**2** not yet.

3 I'm very full.　　**4** I'm from here.

(17) ***Woman :*** Excuse me. I like this hat. May I try it on, please?

Salesclerk : Certainly. (　　　　)

1 That's kind of you.

2 Have a good day.

3 The mirror is over there.

4 It's always open.

(18) ***Girl 1 :*** I didn't know you had a violin. (　　　　)

Girl 2 : Only once or twice a month.

1 When did you get it?

2 How often do you play it?

3 Was it a present?

4 Is it an expensive one?

(19) ***Clerk :*** Welcome to the Greenwood Jazz Festival. Do you have a ticket, ma'am?

Woman : No. (　　　　)

Clerk : At the blue tent over there.

1 What color are they? **2** Where can I buy one?

3 Where's my seat? **4** How much are they?

(20) ***Mother :*** Why is your baseball cap on the sofa? Take it to your room.

Son : (　　　　) I have practice at three.

1 We won again.

2 Did you look for it over there?

3 I'm going to wear it today.

4 Will you come and watch?

3 **A**

次《つぎ》の掲示《けいじ》の内容《ないよう》に関《かん》して，*(21)*と*(22)*の質問《しつもん》に対《たい》する答《こた》えとして最《もっと》も適切《てきせつ》なもの，または文《ぶん》を完成《かんせい》させるのに最《もっと》も適切《てきせつ》なものを**1**，**2**，**3**，**4**の中《なか》から一《ひと》つ選《えら》び，その番号《ばんごう》のマーク欄《らん》をぬりつぶしなさい。

Ice-Skating Lessons

Do you want to try a new activity after school?

The Berryl City Sports Center has afternoon lessons for students. You don't need to be good at ice-skating. Beginners are welcome. If you practice hard, you will become very good at skating!

Place : First Floor, Berryl City Sports Center
Cost : $18 for a one-hour lesson
Lesson schedule : Every Tuesday, Thursday, and Friday from 4 p.m. to 5 p.m. (The sports center is closed on Wednesdays.)

If you are interested, please send Jenny Harding an e-mail or call her between 8 a.m. and 6 p.m. on weekdays.

Jenny Harding
Phone number : 555-8778
E-mail address : ice-skating@berrylsports.com

(21) Who is this notice for?

1 Students who want to try a new activity.

2 Ice-skating coaches who want a new job.

3 People who want to sell their old ice skates.

4 Children who want to go to a snow festival.

---

(22) Ice-skating lessons are held

1 at 8 a.m. on weekdays.

2 only on Wednesdays.

3 three times a week.

4 on weekend afternoons.

3 B

次《つぎ》のＥメールの内容《ないよう》に関《かん》して，*(23)*から*(25)*までの質問《しつもん》に対《たい》する答《こた》えとして最《もっと》も適切《てきせつ》なもの，または文《ぶん》を完成《かんせい》させるのに最《もっと》も適切《てきせつ》なものを**1**，**2**，**3**，**4**の中《なか》から一《ひと》つ選《えら》び，その番号《ばんごう》のマーク欄《らん》をぬりつぶしなさい。

From: Beth Greene
To: The Book Worm
Date: September 4
Subject: Looking for a book

Hello,
My name is Beth, and I'm looking for a book called *Into the Forest*. It was written by my favorite writer, Charles Vance. I went to the Readers Rule bookstore in Bakersville last Friday, but they don't sell it. Charles Vance wrote it 30 years ago, so it's a little old. On Saturday, I went to my friend's house, and he told me about your store, The Book Worm. He said that you sold used books.* I checked your website yesterday, and I found your e-mail address. Do you have *Into the Forest* in your store?
Sincerely,
Beth Greene

From: The Book Worm
To: Beth Greene
Date: September 5
Subject: Sorry

Hello Ms. Greene,

I'm Sam Winters, and I'm the owner of The Book Worm. I love Charles Vance's books, too. Sorry, but I don't have *Into the Forest* in my store right now. You should check some online stores. You can probably find it on www.warmwords.com. Also, have you looked for that book at the library? Maybe you can borrow it. People bring old books to my shop every day, and I often buy them. If someone brings *Into the Forest* to my store, I'll buy it, and then I'll send you an e-mail.

Best regards,

Sam Winters

From: Beth Greene

To: The Book Worm

Date: September 6

Subject: Thank you

Hello Sam,

Thanks for your e-mail. I checked the website you told me about. They have it, but it's too expensive for me. I also checked the library, but sadly, they don't have it. Please send me another e-mail if someone sells it to you.

Sincerely,

Beth Greene

---

* used book：古本《ふるほん》

(23) Who told Beth about Sam's store?

1 Her friend.

2 Charles Vance.

3 The owner of Readers Rule.

4 A famous writer.

---

(24) What will Sam do if someone sells *Into the Forest* to him?

1 Keep it at his house.

2 Give it to another bookstore.

3 Send Beth an e-mail.

4 Take it to the library.

---

(25) Why won't Beth buy *Into the Forest* on www.warmwords.com?

1 They don't have it.

2 It is too expensive.

3 She found it at the library.

4 She doesn't like shopping on the Internet.

3 **C**

次《つぎ》の英文《えいぶん》の内容《ないよう》に関《かん》して，*(26)*から*(30)*までの質問《しつもん》に対《たい》する答《こた》えとして最《もっと》も適切《てきせつ》なもの，または文《ぶん》を完成《かんせい》させるのに最《もっと》も適切《てきせつ》なものを**1**，**2**，**3**，**4**の中《なか》から一《ひと》つ選《えら》び，その番号《ばんごう》のマーク欄《らん》をぬりつぶしなさい。

Lilian Bland

Lilian Bland was born in 1878. She was different from most girls at that time. Lilian enjoyed hunting, fishing, and riding horses. She also practiced a martial art* and studied art in Paris. In 1900, she moved to Ireland with her father. By 1908, she was working for newspapers in London.

In 1909, Lilian's uncle sent her postcards. One of them had a picture of Louis Blériot on it. Blériot was a pilot, and he built his own plane. He was the first person to fly a plane across the English Channel.* His plane had an accident when it landed,* but Blériot wasn't hurt. His story soon became famous.

Lilian saw the postcard and became interested in planes. She decided to design a plane and build it by herself. She used wood and simple things to build the body.* Then, she bought an engine and put it on the plane. It took her one year to make the plane, and she finished it in 1910. She named the plane "Mayfly." Then, she flew it for the first time. It stayed 10 meters high in the air for 400 meters.

Lilian wanted to build a new plane. However, her father thought that flying was too dangerous for his daughter, so she stopped flying. Then, Lilian got married and moved to Canada. In 1935, she returned to England and enjoyed a simple life there until she died in 1971. Today, people remember her because she was the first woman to build and fly her own plane.

*martial art：武術《ぶじゅつ》　*the English Channel：イギリス海峡《かいきょう》
*land：着陸《ちゃくりく》する　*body：（飛行機《ひこうき》の）胴体《どうたい》

---

(26) What was Lilian Bland's job in London?

1 She rode horses in races.
2 She was an artist.
3 She taught martial arts.
4 She worked for newspapers.

---

(27) How did Lilian get interested in planes?

1 She read a story in the newspaper.
2 She became friends with a pilot.
3 She got a postcard of a famous pilot.
4 She met Louis Blériot in Paris.

---

(28) Lilian finished making the plane named "Mayfly" in

1 1909.　**2** 1910.　**3** 1935.　**4** 1971.

---

(29) Why did Lilian stop flying?

1 Her father wanted her to stop.
2 She wanted to get married.
3 Her uncle said it was dangerous.
4 She found a new hobby.

---

(30) What is this story about?

1 The first woman to make and fly her own plane.
2 A famous plane company in England.
3 A school for pilots in Canada.
4 How to build plane engines.

4 ライティング

- あなたは，外国人《がいこくじん》の友達《ともだち》から以下《いか》の **QUESTION** をされました。
- **QUESTION** について，あなたの考《かんが》えとその理由《りゆう》を 2 つ英文《えいぶん》で書《か》きなさい。
- 語数《ごすう》の目安《めやす》は 25 語《ご》～35 語《ご》です。
- 解答《かいとう》は，解答用紙《かいとうようし》のB面《めん》にあるライティング解答欄《かいとうらん》に書《か》きなさい。なお，解《かい》答欄《とうらん》の外《そと》に書《か》かれたものは採点《さいてん》されません。
- 解答《かいとう》が **QUESTION** に対応《たいおう》していないと判断《はんだん》された場合《ばあい》は，0 点《てん》と採点《さいてん》されることがあります。**QUESTION** をよく読《よ》んでから答《こた》えてください。

QUESTION

What do you like to do on Sunday mornings?

Listening Test

3級リスニングテストについて

❶このテストには，第《だい》1部《ぶ》から第《だい》3部《ぶ》まであります。

英文《えいぶん》は第《だい》1部《ぶ》では一度《いちど》だけ，第《だい》2部《ぶ》と第《だい》3部《ぶ》では二度《にど》，放送《ほうそう》されます。

第《だい》1部《ぶ》	イラストを参考《さんこう》にしながら対話《たいわ》と応答《おうとう》を聞《き》き，最《もっと》も適切《てきせつ》な応答《おうとう》を**1**，**2**，**3**の中《なか》から一《ひと》つ選《えら》びなさい。
第《だい》2部《ぶ》	対話《たいわ》と質問《しつもん》を聞《き》き，その答《こた》えとして最《もっと》も適切《てきせつ》なものを**1**，**2**，**3**，**4**の中《なか》から一《ひと》つ選《えら》びなさい。
第《だい》3部《ぶ》	英文《えいぶん》と質問《しつもん》を聞《き》き，その答《こた》えとして最《もっと》も適切《てきせつ》なものを**1**，**2**，**3**，**4**の中《なか》から一《ひと》つ選《えら》びなさい。

❷ *No. 30*のあと，10秒《びょう》すると試験終了《しけんしゅうりょう》の合図《あいず》がありますので，筆記用具《ひっきようぐ》を置《お》いてください。

第《だい》1部《ぶ》

例題《れいだい》

No. 1

No. 2

No. 3

No. 4

No. 5

No. 6

No. 7

No. 8

No. 9

No. 10

第《だい》2部《ぶ》

No. 11

1 Mark's.
2 Jessica's.
3 The father's.
4 The mother's.

No. 12

1 On Saturday morning.
2 On Saturday afternoon.
3 On Sunday morning.
4 On Sunday afternoon.

No. 13

1 Make dinner.
2 Get some meat.
3 Buy some carrots.
4 Wash the vegetables.

No. 14

1 Watch TV.
2 Be quiet.
3 Play with him.
4 Study with him.

No. 15

1 By train.
2 By bike.
3 By bus.
4 On foot.

No. 16

1 Go to a rock concert with him.
2 Give him a drum.
3 Stop playing the drums.
4 Join his band.

No. 17

1 It had good coffee.
2 It had many magazines.
3 It had delicious food.
4 The food was cheap.

No. 18

1 He went to the hospital.
2 He bought some shoes.
3 He found $50.
4 He visited Kristen.

No. 19

1 Sunny.
2 Rainy.
3 Cloudy.
4 Snowy.

No. 20

1 At one.
2 At five.
3 At six.
4 At seven.

第《だい》3部《ぶ》

No. 21

1 She will move soon.
2 She has made many friends.
3 She has finished school.
4 She saw an old friend.

No. 22

1 $50.
2 $100.
3 $150.
4 $300.

No. 23

1 Talk with her friends.
2 Watch a movie.
3 Read a music magazine.
4 Do her homework.

No. 24

1 The bus is crowded.
2 The zoo is closed.
3 The train will be late.
4 The tickets are sold out.

No. 25

1 The tennis club.
2 The table tennis club.
3 The soccer club.
4 The volleyball club.

No. 26

1 Write songs.
2 Make desserts.
3 Clean the kitchen.
4 Watch cooking shows.

No. 27

1 Going fishing.

2 Reading books.

3 Riding his bicycle.

4 Painting pictures.

No. 28

1 Her cousin.

2 Her friend.

3 Her aunt.

4 Her teacher.

No. 29

1 His friends were busy.

2 He needed to cook dinner.

3 His son was sick.

4 He wanted to watch a movie.

No. 30

1 At her house.

2 At the college.

3 At the festival.

4 At the museum.

二次試験

受験者用問題カードD

Umbrellas

Umbrellas are very useful. They help people to stay dry on rainy days. Department stores sell different kinds of colorful umbrellas, and convenience stores are good places to buy cheap and simple ones.

問題カードD　Questions

No. 1　Please look at the passage. What do department stores sell?

No. 2　Please look at the picture. How many cars are there in front of the store?

No. 3　Please look at the girl wearing a cap. What is she doing?

No. 4　How many hours do you sleep every night?

No. 5　Do you like to travel?
Yes. → Please tell me more.
No.　→ What are you planning to do tomorrow?

編集部注：本ページの質問英文は問題カードには印刷されていません。

受験者用問題カードJ

Playing the Guitar

Playing the guitar is a popular hobby. Many people want to learn how to play their favorite songs, so they practice playing the guitar every day. Some people take lessons with a guitar teacher.

問題カードＪ　Questions

No. 1　Please look at the passage. Why do many people practice playing the guitar every day?

No. 2　Please look at the picture. How many children are there under the tree?

No. 3　Please look at the boy wearing a cap. What is he going to do?

No. 4　What did you do last weekend?

No. 5　Do you often go to a movie theater?
Yes. → Please tell me more.
No. → Why not?

編集部注：本ページの質問英文は問題カードには印刷されていません。

Grade 3

2022年度 第2回

	試験内容	試験時間	掲載ページ
一次試験	筆記（リーディング・ライティング）	50分	● P. 2〜13
	リスニング	約26分	● P. 14〜18
二次試験	面接（スピーキング）	約5分	● P. 19〜22

リスニングテスト・面接の音声について

音声は専用サイトにて配信しています。

▷ 専用サイトのご利用方法：

① 本冊（解答編）の袋とじ（音声配信のご案内）をキリトリ線に沿って開封。

② 袋とじの内側に印刷されているQRコードをスマートフォンなどで読み取る。QRコードを読み取れない場合は，アドレスを入力。
➡専用サイトのトップページに。

③ 音声を聞きたい試験のボタンを押す。
➡該当の試験の音声再生ページに。
※試験1回分を通して聞くことも，1問ずつ聞くこともできます。
※面接の解答時間（無音部分）は実際の試験とは異なります。

▷ 配信内容：本書に掲載のリスニングテストおよび面接の音声
※面接の音声は，音読の指示と質問英文だけでなく，音読問題のモデルリーディングも配信。

専用サイト トップページ
（イメージ）

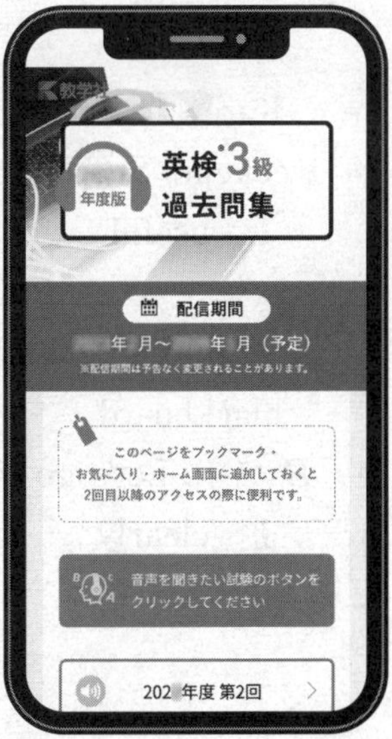

一次試験

1

次《つぎ》の*(1)*から*(15)*までの（　　　）に入《い》れるのに最《もっと》も適切《てきせつ》なものを**1**，**2**，**3**，**4**の中《なか》から一《ひと》つ選《えら》び，その番号《ばんごう》のマーク欄《らん》をぬりつぶしなさい。

---

(1) The principal gave (　　　) to the winners of the speech contest.

1 designs　**2** mistakes　**3** prizes　**4** capitals

(2) ***A*** : Excuse me. How do I get to Bakerstown?
B : Just drive (　　　) down this road for about ten minutes.

1 suddenly　**2** straight　**3** forever　**4** finally

(3) ***A*** : Are you busy tomorrow night?
B : Yes. I'll practice the piano (　　　) late at night. I'm taking part in a piano competition on Sunday.

1 until　**2** over　**3** about　**4** since

(4) Karen is very (　　　) because she has to work this weekend. She had plans to see a concert on Sunday.

1 useful　**2** bright　**3** clean　**4** angry

(5) ***A*** : Mom, I think I need glasses. I can't see the blackboard (　　　).
B : OK. Let's go to see the eye doctor next week.

1 clearly　**2** greatly　**3** quietly　**4** slowly

(6) **A**：It was nice to meet you. Could I have your e-mail (　　　)?

B：Sure. I was just going to ask you the same thing.

1 address　**2** ocean　**3** society　**4** coat

(7) **A**：Did you find (　　　) at the bookstore?

B：Yes, I did. I bought a book about the history of music.

1 nothing　**2** nobody　**3** anything　**4** other

(8) Janet's friend gave her a (　　　) home because it was raining hard after work.

1 point　**2** star　**3** view　**4** ride

(9) On the first day of school, the gym was (　　　) with many new students and their families.

1 pulled　**2** filled　**3** ordered　**4** showed

(10) **A**：I tried calling you last night.

B：Sorry, I was talking (　　　) the phone with my sister.

1 on　**2** for　**3** as　**4** of

(11) When the little boy saw a big spider on the tree, he (　　　) away very quickly to his mother.

1 sat　**2** picked　**3** ran　**4** washed

(12) **A**：How did you and Chris meet?

B：We grew up together in Canada. (　　　) fact, we met over 30 years ago.

1 To　**2** After　**3** In　**4** Near

(13) This baseball bat was (　　　) to me by a professional baseball player.

1 gave　**2** given　**3** give　**4** giving

(14) **A**：I saw the (　　　) movie on TV last night. It was so boring.

B：I think I saw the same movie.

1 too bad　**2** worse　**3** badly　**4** worst

(15) **A**：Lisa, is the baby crying again?

B：Yes, Matt. I don't know (　　　) she won't go to sleep.

1 why　**2** then　**3** what　**4** which

2

次《つぎ》の(16)から(20)までの会話《かいわ》について，(　　　)に入《い》れるのに最《もっと》も適切《てきせつ》なものを**1**，**2**，**3**，**4**の中《なか》から一《ひと》つ選《えら》び，その番号《ばんごう》のマーク欄《らん》をぬりつぶしなさい。

---

(16) ***Man***：Have you been to England before?

Woman：Actually, (　　　) My family moved to Japan when I was eight.

1 I don't have time.

2 I have an older sister.

3 I'll ask my English teacher.

4 I was born there.

(17) **Woman :** Excuse me. Is there a bakery in this area?

Man : Sorry, I don't know. (　　　　)

1 I'm glad you like it. **2** It's delicious.

3 I'm not from here. **4** It was my turn.

(18) **Girl 1 :** Do you want to go to the aquarium with me on Sunday?

Girl 2 : (　　　　) I'm really interested in fish.

1 It's not mine. **2** I'd love to.

3 That's all for today. **4** You'll do well.

(19) **Brother :** Are you ready to go to the library?

Sister : No. Mom asked me to wash the dishes first. (　　　　)

Brother : OK. I'll see you there.

1 Please go ahead. **2** Good job.

3 You can keep it. **4** I've read that book.

(20) **Sister :** Let's buy a cake for Mom's birthday.

Brother : (　　　　) Let's make one!

1 It was my party.

2 I know a good cake shop.

3 She made a mistake.

4 I have a better idea.

3 **A**

次《つぎ》の掲示《けいじ》の内容《ないよう》に関《かん》して，*(21)*と*(22)*の質問《しつもん》に対《たい》する答《こた》えとして最《もっと》も適切《てきせつ》なもの，または文《ぶん》を完成《かんせい》させるのに最《もっと》も適切《てきせつ》なものを**1**，**2**，**3**，**4**の中《なか》から一《ひと》つ選《えら》び，その番号《ばんごう》のマーク欄《らん》をぬりつぶしなさい。

A New Café in Leadville Bookstore

From November 1, you'll be able to read books in Leadville Bookstore's new café. The café will be inside the bookstore on the second floor. Come and enjoy some cakes and drinks!

Cakes

Carrot cake, strawberry cake, chocolate cake

Drinks

Coffee, tea, soft drinks

If you buy two books, you'll receive a cup of coffee or tea for free!

There are more than 30,000 books to choose from in our bookstore. We also sell calendars, magazines, and newspapers. The café will open at 6 a.m., so come in and read a newspaper before you go to work.

(21) What is this notice about?

1 A bookstore that will close on November 1.

2 A café that will open inside a bookstore.

3 A book written by the owner of a café.

4 A magazine with many recipes.

---

(22) People who buy two books will get

1 a free magazine.

2 a free newspaper.

3 a free cake.

4 a free drink.

3 B

次《つぎ》の手《て》紙《がみ》文《ぶん》の内容《ないよう》に関《かん》して，*(23)*から*(25)*までの質問《しつもん》に対《たい》する答《こた》えとして最《もっと》も適切《てきせつ》なもの，または文《ぶん》を完成《かんせい》させるのに最《もっと》も適《てき》切《せつ》なものを**1**，**2**，**3**，**4**の中《なか》から一《ひと》つ選《えら》び，その番号《ばんごう》のマーク欄《らん》をぬりつぶしなさい。

January 3

Dear Grandma,

How are you and Grandpa doing? I hope you are both well and staying warm. The weather is so cold now. I missed you at Christmas this year. Thank you for sending a beautiful card and some money. I used the money to buy some nice paper and pens. When I use them, I always think of you.

I had a great winter vacation. Do you remember my friend Mia? You met her last year. Well, during the winter vacation, I went skiing in Yamanashi with Mia and her family. We traveled from Osaka to Yamanashi by car. On the way, we stopped in Nagoya. We went to Nagoya Castle and a train museum there. At night, Mia's mother bought us noodles for dinner. My noodles had fried beef in them. They were delicious.

We stayed in Nagoya for one night, and then we went to Yamanashi. On the first day in Yamanashi, I took a skiing lesson with Mia and her little sister. We fell over a lot, but it was a lot of fun. By the end of the trip, I could ski down the mountain really fast. We spent New Year's Eve in Yamanashi and went to a temple there on January 1.

I didn't see you and Grandpa at Christmas, so I hope

I can come and see you both in the summer. Do you think I can do that? I really hope so.

Love,

Sara

(23) How did Sara use the money from her grandparents?

1 To go on vacation.
2 To buy a Christmas cake.
3 To buy some paper and pens.
4 To get a present for her friend.

(24) What did Sara do in Yamanashi?

1 She went to a castle.
2 She went skiing.
3 She ate noodles.
4 She went to a museum.

(25) What does Sara want to do in the summer?

1 Visit her grandparents.
2 Go to a temple.
3 Get a part-time job.
4 Go back to Yamanashi.

3 C

次《つぎ》の英文《えいぶん》の内容《ないよう》に関《かん》して，*(26)*から*(30)*までの質問《しつもん》に対《たい》する答《こた》えとして最《もっと》も適切《てきせつ》なもの，または文《ぶん》を完成《かんせい》させるのに最《もっと》も適切《てきせつ》なものを**1**，**2**，**3**，**4**の中《なか》から一《ひと》つ選《えら》び，その番号《ばんごう》のマーク欄《らん》をぬりつぶしなさい。

The Challenger Deep

Most people know the name of the highest place in the world. It is Mount Everest, and it is a mountain between Nepal and Tibet in Asia. But not many people know the lowest place in the world. It is called the Challenger Deep, and it is at the bottom of the Pacific Ocean.* The Challenger Deep is about 10,984 meters deep in the ocean. It is to the south of Japan in a part of the Pacific Ocean called the Mariana Trench.* This part of the ocean is about 2,550 kilometers long and 69 kilometers wide. The Challenger Deep is at the end of the Mariana Trench, near an island called Guam.

Scientists don't know much about the Challenger Deep. It isn't safe to go there because the water pressure* is too high for most submarines.* In the past, scientists thought that fish and other animals couldn't live in such a place. Also, there is no light from the sun, and the Challenger Deep is very cold. It is usually between 1℃ and 4℃.

In 1960, two people traveled to the Challenger Deep for the first time. They went there in a special submarine. This submarine could move in areas with high water pressure. It took the people five hours to get to the bottom of the ocean, but they could only stay there for about 20 minutes. At that time, they saw two kinds of sea animals. Now, scientists know that animals can live in such deep places.

*Pacific Ocean：太平洋《たいへいよう》
*Mariana Trench：マリアナ海溝《かいこう》
*water pressure：水圧《すいあつ》
*submarine：潜水艦《せんすいかん》

---

(26) Where is the Mariana Trench?

1 In the Pacific Ocean.
2 On the island of Guam.
3 Between Nepal and Tibet.
4 At the bottom of a lake in Japan.

(27) How wide is the Mariana Trench?

1 About 2,550 meters.
2 About 10,984 meters.
3 About 20 kilometers.
4 About 69 kilometers.

(28) Why is the Challenger Deep dangerous for people?

1 The water pressure is very high.
2 Dangerous animals and fish live there.
3 The lights are too bright for their eyes.
4 The water is too hot for them.

(29) In 1960, two people

1 lost a special submarine.
2 drew a map of the bottom of the ocean.
3 went to the Challenger Deep.
4 found a mountain under the sea.

(30) What is this story about?

1 A dark and very deep place in the ocean.

2 The history of submarines.

3 A special and delicious kind of fish.

4 Places to go hiking in Asia.

4 ライティング

- あなたは，外国人《がいこくじん》の友達《ともだち》から以下《いか》の **QUESTION** をされました。
- **QUESTION** について，あなたの考《かんが》えとその理由《りゆう》を 2 つ英文《えいぶん》で書《か》きなさい。
- 語数《ごすう》の目安《めやす》は 25 語《ご》～35 語《ご》です。
- 解答《かいとう》は，解答用紙《かいとうようし》のＢ面《めん》にあるライティング解答欄《かいとうらん》に書《か》きなさい。なお，解《かい》答欄《とうらん》の外《そと》に書《か》かれたものは採点《さいてん》されません。
- 解答《かいとう》が **QUESTION** に対応《たいおう》していないと判断《はんだん》された場合《ばあい》は，0 点《てん》と採点《さいてん》されることがあります。**QUESTION** をよく読《よ》んでから答《こた》えてください。

QUESTION

Do you like eating in parks?

Listening Test

3級リスニングテストについて

❶このテストには，第《だい》**1**部《ぶ》から第《だい》**3**部《ぶ》まであります。

英文《えいぶん》は第《だい》**1**部《ぶ》では一度《いちど》だけ，第《だい》**2**部《ぶ》と第《だい》**3**部《ぶ》では二度《にど》，放送《ほうそう》されます。

第《だい》**1**部《ぶ》	イラストを参考《さんこう》にしながら対話《たいわ》と応答《おうとう》を聞《き》き，最《もっと》も適切《てきせつ》な応答《おうとう》を**1**，**2**，**3**の中《なか》から一《ひと》つ選《えら》びなさい。
第《だい》**2**部《ぶ》	対話《たいわ》と質問《しつもん》を聞《き》き，その答《こた》えとして最《もっと》も適切《てきせつ》なものを**1**，**2**，**3**，**4**の中《なか》から一《ひと》つ選《えら》びなさい。
第《だい》**3**部《ぶ》	英文《えいぶん》と質問《しつもん》を聞《き》き，その答《こた》えとして最《もっと》も適切《てきせつ》なものを**1**，**2**，**3**，**4**の中《なか》から一《ひと》つ選《えら》びなさい。

❷ *No.30* のあと，10秒《びょう》すると試験終了《しけんしゅうりょう》の合図《あいず》がありますので，筆記用具《ひっきようぐ》を置《お》いてください。

第《だい》1部《ぶ》　*例題*《れいだい》

No. 1

No. 2

No. 3

No. 4

No. 5

No. 6

No. 7

No. 8

No. 9

No. 10

第《だい》2部《ぶ》

No. 11

1 Make lunch.

2 Eat at a restaurant.

3 Go to a movie.

4 Buy some sandwiches.

No. 12

1 Leave the park with her dog.

2 Look for the man's dog.

3 Show the man around the park.

4 Get a new pet.

No. 13

1 Two.

2 Three.

3 Five.

4 Twelve.

No. 14

1 To go skiing.

2 To go hiking.

3 To see his sister.

4 To see his aunt.

No. 15

1 At 8:00.

2 At 8:30.

3 At 9:00.

4 At 9:30.

No. 16

1 Write a report.

2 Study social studies.

3 Draw a picture.

4 Buy some flowers.

No. 17

1 Yesterday morning.

2 Last night.

3 This morning.

4 This afternoon.

No. 18

1 To the mall.

2 To the girl's house.

3 To a gardening store.

4 To a park.

No. 19

1 160 centimeters.
2 165 centimeters.
3 170 centimeters.
4 175 centimeters.

No. 20

1 Ben.
2 Ben's brother.
3 Olivia.
4 Olivia's brother.

第《だい》3部《ぶ》

No. 21

1 Buy a house by the sea.
2 Move to Hawaii.
3 Take swimming lessons.
4 Teach her son how to swim.

No. 22

1 Clean the living room.
2 Wash the dishes.
3 Buy food for a party.
4 Look for a new apartment.

No. 23

1 Jenny's.
2 Sara's.
3 Donna's.
4 His mother's.

No. 24

1 Paul didn't call her.
2 Paul didn't study hard.
3 Paul lost his library card.
4 Paul was late for school.

No. 25

1 Greg.
2 Greg's sister.
3 Greg's mother.
4 Greg's father.

No. 26

1 This afternoon.
2 Tomorrow morning.
3 Tomorrow afternoon.
4 Next Saturday.

No. 27

1 Potatoes.

2 Lettuce.

3 Onions.

4 Carrots.

No. 28

1 Every day.

2 Once a week.

3 Twice a week.

4 Once a month.

No. 29

1 A book about animals.

2 A book about gardening.

3 A book about traveling.

4 A book about Christmas.

No. 30

1 On the second floor.

2 On the third floor.

3 On the fourth floor.

4 On the fifth floor.

二次試験

受験者用問題カードD

Chinese Restaurants

There are many Chinese restaurants in Japan. They usually sell noodles and other popular Chinese dishes. Some people want to eat delicious Chinese meals at home, so they order take-out food from Chinese restaurants.

問題カードD　Questions

No. 1　Please look at the passage. Why do some people order take-out food from Chinese restaurants?

No. 2　Please look at the picture. How many people are holding cups?

No. 3　Please look at the man wearing glasses. What is he going to do?

No. 4　What time do you usually get up in the morning?

No. 5　Have you ever been to the beach?
Yes. → Please tell me more.
No. → What are you going to do this evening?

編集部注：本ページの質問英文は問題カードには印刷されていません。

受験者用問題カードJ

Beach Volleyball

Beach volleyball is an exciting sport. It is fun to play on hot summer days. Many people like seeing their favorite players, so they enjoy going to professional beach volleyball tournaments.

問題カードＪ　Questions

No. 1　Please look at the passage. Why do many people enjoy going to professional beach volleyball tournaments?

No. 2　Please look at the picture. How many people are wearing sunglasses?

No. 3　Please look at the girl with long hair. What is she going to do?

No. 4　What kind of TV programs do you like?

No. 5　Do you have any plans for the winter vacation?
Yes. → Please tell me more.
No. → What time do you usually get up on weekends?

編集部注：本ページの質問英文は問題カードには印刷されていません。

Grade 3

2022年度 第1回

試験内容		試験時間	掲載ページ
一次試験	筆記（リーディング・ライティング）	50分	★ P. 2～15
	リスニング	約26分	★ P. 16～20
二次試験	面接（スピーキング）	約5分	★ P. 21～24

リスニングテスト・面接の音声について

音声は専用サイトにて配信しています。

専用サイト トップページ
（イメージ）

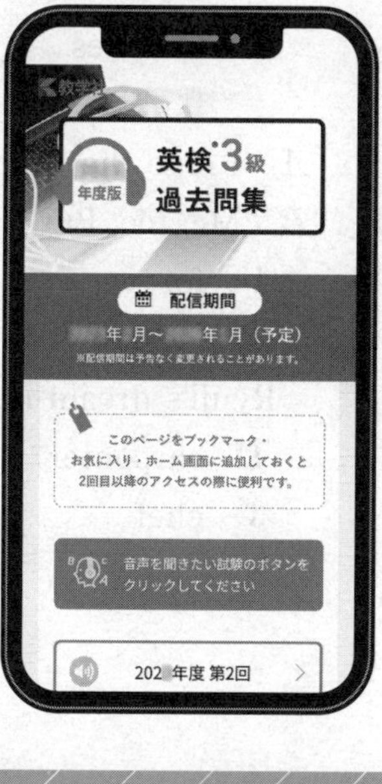

▷ 専用サイトのご利用方法：

1. 本冊（解答編）の袋とじ（音声配信のご案内）をキリトリ線に沿って開封。
2. 袋とじの内側に印刷されているQRコードをスマートフォンなどで読み取る。QRコードを読み取れない場合は，アドレスを入力。
   ➡専用サイトのトップページに。
3. 音声を聞きたい試験のボタンを押す。
   ➡該当の試験の音声再生ページに。
   ※試験1回分を通して聞くことも，1問ずつ聞くこともできます。
   ※面接の解答時間（無音部分）は実際の試験とは異なります。

▷ 配信内容：本書に掲載のリスニングテストおよび面接の音声

※面接の音声は，音読の指示と質問英文だけでなく，音読問題のモデルリーディングも配信。

一次試験

1

次《つぎ》の*(1)*から*(15)*までの (　　　) に入《い》れるのに最《もっと》も適切《てきせつ》なものを**1**，**2**，**3**，**4**の中《なか》から一《ひと》つ選《えら》び，その番号《ばんごう》のマーク欄《らん》をぬりつぶしなさい。

---

(1) ***A*** : Where are you going, Mom?

B : To the market to get some fresh vegetables. They were all grown by local (　　　).

1 doctors　　**2** pilots
3 farmers　　**4** musicians

(2) In summer, I often go running just before it gets (　　　). It's too hot to run during the day.

1 young　　**2** quiet　　**3** dark　　**4** real

(3) In Japan, (　　　) are useful because they sell medicine, food, and drinks.

1 churches　　**2** drugstores
3 libraries　　**4** post offices

(4) ***A*** : I love the beach. I want to stay here (　　　).

B : Me, too. But we have to leave tomorrow.

1 forever　　**2** nearly　　**3** straight　　**4** exactly

(5) Ryuji's dream is to become a famous sushi (　　　).

1 carpenter　　**2** dentist
3 chef　　**4** singer

(6) For English class, Kenji has to write five (　　　　) about himself. Tomorrow, he will read them in front of the class.

1 storms　　**2** calendars
3 sentences　　**4** centuries

(7) ***A*** **:** Mr. Smith. Could you tell me the (　　　　) answer to this question?
B **:** Sure, David. Let me see it.

1 narrow　　**2** correct　　**3** weak　　**4** quiet

(8) ***A*** **:** I can't wait for spring.
B **:** Me, neither. I'm (　　　　) of this snow and cold weather.

1 upset　　**2** tired　　**3** silent　　**4** wrong

(9) I couldn't sleep on the flight from New York, but I (　　　　) much better this morning. I slept really well last night.

1 cover　　**2** brush　　**3** feel　　**4** share

(10) ***A*** **:** It's going to snow (　　　　) day on Saturday.
B **:** That's great. I'm going skiing this weekend.

1 any　　**2** more　　**3** much　　**4** all

(11) Next week, Dave's brother is getting (　　　　). Dave will give a speech at the wedding.

1 collected　　**2** raised
3 married　　**4** crowded

(12) **A**: Peter, where were you? I was (   ) about you!
B: Sorry, Mom. I went to the library after school.
1 worried **2** excited
3 surprised **4** interested

(13) **A**: Has Mom already (   ) to work?
B: Yes, she left early today. She has an important meeting.
1 go **2** going **3** went **4** gone

(14) **A**: Guess what! I (   ) second prize in the poster contest.
B: That's great. I'm so proud of you.
1 win **2** won **3** winning **4** to win

(15) **A**: Do you think that dogs are (   ) than cats?
B: I'm not sure.
1 smart **2** smarter **3** smartest **4** most

2

次《つぎ》の(16)から(20)までの会話《かいわ》について，(　　　)に入《い》れるのに最《もっと》も適切《てきせつ》なものを**1**，**2**，**3**，**4**の中《なか》から一《ひと》つ選《えら》び，その番号《ばんごう》のマーク欄《らん》をぬりつぶしなさい。

---

(16) ***Woman 1 :*** I often have lunch at the Treetop Café.

Woman 2 : I do, too. (　　　　)

Woman 1 : OK.

1 Have you tried the spaghetti there?
2 May I take your order?
3 Shall we go there together sometime?
4 Can you make some for me?

(17) ***Mother :*** I'm going to order the chicken curry. What about you, Fred?

Son : (　　　　) It looks delicious.

1 I'll have the same.
2 I went to a restaurant.
3 Not at the moment.
4 I hope you're right.

(18) ***Boy :*** I called you last night, but you didn't answer the phone.

Girl : Sorry, (　　　　) I have to give it to my English teacher today.

1 I forgot about your question.
2 I was writing a report.
3 I don't have a phone.
4 I don't know the answer.

(19) ***Grandmother :*** I can't hear the TV, Tony. It's very quiet. (　　　　)

Grandson : Sure, Grandma. I'll do it right now.

1 May I borrow your radio?

2 Is it too loud for you?

3 Do you like this program?

4 Can you turn it up for me?

(20) ***Daughter :*** Can we go shopping for clothes tomorrow?

Father : (　　　　) I'm really busy this week.

1 You're probably right.

2 Maybe some other time.

3 They're in my bedroom.

4 Thanks for this present.

3 A

次《つぎ》の掲示《けいじ》の内容《ないよう》に関《かん》して，*(21)*と*(22)*の質問《しつもん》に対《たい》する答《こた》えとして最《もっと》も適切《てきせつ》なもの，または文《ぶん》を完成《かんせい》させるのに最《もっと》も適切《てきせつ》なものを**1**，**2**，**3**，**4**の中《なか》から一《ひと》つ選《えら》び，その番号《ばんごう》のマーク欄《らん》をぬりつぶしなさい。

Come and Dance on Stage!

If you like dancing, please enter the school dance contest. Dance by yourself or with your friends.

When : October 21 from 3 p.m.
Where : School gym

Your performance should be about two minutes long, and you can do any kind of dancing.

Mr. Lee, our P.E. teacher, was a professional hip-hop dancer when he was young. He'll do a special performance at the contest with our principal, Mr. Sharp. Mr. Sharp has never danced on stage before, so he's very excited!

If you're interested, please see Ms. Matthews by October 10. Dancing is fun, so don't be nervous and sign up!

(21) What is this notice about?

1 A contest at a school.
2 A party for a teacher.
3 A new school club.
4 Some free dance lessons.

---

(22) Mr. Sharp is going to

1 teach a P.E. class with Mr. Lee.
2 watch a dance performance on October 10.
3 go to a music festival with Ms. Matthews.
4 dance in the school gym on October 21.

3 B

次《つぎ》のEメールの内容《ないよう》に関《かん》して，*(23)*から*(25)*までの質問《しつもん》に対《たい》する答《こた》えとして最《もっと》も適切《てきせつ》なもの，または文《ぶん》を完成《かんせい》させるのに最《もっと》も適切《てきせつ》なものを**1**，**2**，**3**，**4**の中《なか》から一《ひと》つ選《えら》び，その番号《ばんごう》のマーク欄《らん》をぬりつぶしなさい。

From: Richard Keyser

To: Kelly Peterson, Joe Rogers

Date: September 18

Subject: Mr. Tanagawa

Hi Kelly and Joe,

Did you hear about our Japanese teacher, Mr. Tanagawa? He lives on my street, and my mom talked to his wife today. Mom heard that Mr. Tanagawa hurt his back. He was working in his garden on Thursday afternoon, and he got a strained back.* He can't come to school until Wednesday. Let's do something for him. Today is Saturday, so maybe we can get him something this weekend. Should we get him some flowers and a card?

Your friend,

Richard

From: Kelly Peterson

To: Richard Keyser, Joe Rogers

Date: September 18

Subject: Oh no!

Hello Richard and Joe,

I'm sad to hear about Mr. Tanagawa. Flowers are a nice

idea. I think he likes sunflowers. A card will be nice, too. I have an idea! Let's make a card for him in Japanese. All our classmates can sign it after our class on Monday afternoon. Then, Richard can take the card to Mr. Tanagawa. I'll make it on my computer tomorrow night and bring it to school on Monday morning. What do you think?
See you,
Kelly

From: Joe Rogers
To: Richard Keyser, Kelly Peterson
Date: September 19
Subject: Good idea

Hi,
That's a great idea, Kelly. My uncle owns a flower shop, and I asked him about the flowers. He'll give us some sunflowers. I'll get them from his shop after school on Monday, and then, I'll take them to Richard's house. Richard can give the card and flowers to Mr. Tanagawa on Tuesday morning before school. Also, let's plan something for him when he comes back to school. We can make a sign that says, "Welcome back, Mr. Tanagawa!"
See you tomorrow,
Joe

* strained back：ぎっくり腰《ごし》

(23) When did Mr. Tanagawa hurt his back?

1 On Monday.

2 On Wednesday.

3 On Thursday.

4 On Saturday.

---

(24) What will Kelly do tomorrow night?

1 Make a card.

2 Buy a gift.

3 Call Mr. Tanagawa.

4 Take a Japanese lesson.

---

(25) Who will take the sunflowers to Richard's house?

1 Richard.

2 Richard's mother.

3 Joe.

4 Joe's uncle.

3 C 次《つぎ》の英文《えいぶん》の内容《ないよう》に関《かん》して，*(26)*から*(30)*までの質問《しつもん》に対《たい》する答《こた》えとして最《もっと》も適切《てきせつ》なもの，または文《ぶん》を完成《かんせい》させるのに最《もっと》も適切《てきせつ》なものを**1**，**2**，**3**，**4**の中《なか》から一《ひと》つ選《えら》び，その番号《ばんごう》のマーク欄《らん》をぬりつぶしなさい。

Edwin Land

Many people like to take photos. These days, people usually take photos with smartphones or digital* cameras, so they can see their photos right away. Before digital photos, people usually had to wait to see their pictures. They took pictures on film* and sent the film to a store. Then, someone developed* the film and printed the pictures on paper. This usually took a few days. But in those days, there was one way to get pictures much more quickly. People could use instant cameras.*

A scientist named Edwin Land made the first instant camera. Land was born in 1909 in Connecticut in the United States. When he was a child, he enjoyed playing with things like radios and clocks. Land liked to understand how things worked, so he studied science at Harvard University. In 1932, he started a company with George Wheelwright, and they called it Land-Wheelwright Laboratories. In 1937, the company name was changed to Polaroid.

One day, Land was on vacation with his family. He took a photo of his daughter. She asked him, “Why can’t I see the photo now?” This gave him an idea. Land built an instant camera in 1947. It developed and printed photos in less than one minute.

Land’s company made 60 instant cameras in 1948. The cameras were very popular, and they were sold out in one day.

The company made more instant cameras, and customers all around the United States bought them. After that, people were able to see their pictures right away.

* digital：デジタルの
* film：フィルム
* develop：～を現像《げんぞう》する
* instant camera：インスタントカメラ

---

(26) What did Edwin Land like to do when he was a child?

1 Play with radios and clocks.
2 Make things with paper.
3 Dream about starting a company.
4 Study to get into a good school.

(27) What happened in 1937?

1 Land got into Harvard University.
2 Land met George Wheelwright.
3 Land-Wheelwright Laboratories changed its name.
4 Polaroid built a new kind of camera.

(28) Who gave Land the idea for an instant camera?

1 His daughter.
2 His wife.
3 A customer.
4 A friend.

(29) The first instant cameras

1 were too expensive.

2 were all sold very quickly.

3 could only be used for one day.

4 took a few minutes to print pictures.

---

(30) What is this story about?

1 The history of digital cameras.

2 A famous photo collection.

3 The first smartphone with a camera.

4 A man who built a special camera.

4 ライティング

●あなたは，外国人《がいこくじん》の友達《ともだち》から以下《いか》の **QUESTION** をされました。
● **QUESTION** について，あなたの考《かんが》えとその理由《りゆう》を 2 つ英文《えいぶん》で書《か》きなさい。
●語数《ごすう》の目安《めやす》は 25 語《ご》～35 語《ご》です。
●解答《かいとう》は，解答用紙《かいとうようし》のＢ面《めん》にあるライティング解答欄《かいとうらん》に書《か》きなさい。なお，解《かい》答欄《とうらん》の外《そと》に書《か》かれたものは採点《さいてん》されません。
●解答《かいとう》が **QUESTION** に対応《たいおう》していないと判断《はんだん》された場合《ばあい》は，0 点《てん》と採点《さいてん》されることがあります。**QUESTION** をよく読《よ》んでから答《こた》えてください。

QUESTION

Do you like going to festivals in summer?

Listening Test

3級リスニングテストについて

❶このテストには，第《だい》1部《ぶ》から第《だい》3部《ぶ》まであります。

英文《えいぶん》は第《だい》1部《ぶ》では一度《いちど》だけ，第《だい》2部《ぶ》と第《だい》3部《ぶ》では二度《にど》，放送《ほうそう》されます。

第《だい》1部《ぶ》	イラストを参考《さんこう》にしながら対話《たいわ》と応答《おうとう》を聞《き》き，最《もっと》も適切《てきせつ》な応答《おうとう》を**1**，**2**，**3**の中《なか》から一《ひと》つ選《えら》びなさい。
第《だい》2部《ぶ》	対話《たいわ》と質問《しつもん》を聞《き》き，その答《こた》えとして最《もっと》も適切《てきせつ》なものを**1**，**2**，**3**，**4**の中《なか》から一《ひと》つ選《えら》びなさい。
第《だい》3部《ぶ》	英文《えいぶん》と質問《しつもん》を聞《き》き，その答《こた》えとして最《もっと》も適切《てきせつ》なものを**1**，**2**，**3**，**4**の中《なか》から一《ひと》つ選《えら》びなさい。

❷ *No.30* のあと，10秒《びょう》すると試験終了《しけんしゅうりょう》の合図《あいず》がありますので，筆記用具《ひっきようぐ》を置《お》いてください。

第《だい》1部《ぶ》

例題《れいだい》

No. 1

No. 2

No. 3

No. 4

No. 5

No. 6

No. 7

No. 8

No. 9

No. 10

第《だい》2部《ぶ》

No. 11

1 Tonight.
2 Tomorrow morning.
3 Tuesday afternoon.
4 Tuesday night.

No. 12

1 Bob's father.
2 Bob's friend.
3 Bob's mother.
4 Bob's mother's friend.

No. 13

1 It was too expensive.
2 He was far from the mountains.
3 He had a bad headache.
4 There wasn't enough snow.

No. 14

1 He went on a business trip.
2 He bought a Japanese textbook.
3 He visited Alice's family.
4 He looked for a new office.

No. 15

1 Pick up Sam.
2 Clean the house.
3 Buy dinner.
4 Call her friend.

No. 16

1 At a supermarket.
2 At a bank.
3 At a library.
4 At an airport.

No. 17

1 Two.
2 Three.
3 Four.
4 Five.

No. 18

1 Send an e-mail to Mr. Kim.
2 Take a math test.
3 Ask Meg about their homework.
4 Look for their textbooks.

No. 19

1 The pizza.
2 The sandwiches.
3 The potato salad.
4 The vegetable soup.

No. 20

1 Work at a bookstore.
2 Go shopping with her friend.
3 Buy a Christmas present.
4 Make some cards.

第《だい》3部《ぶ》

No. 21

1 $10.
2 $14.
3 $25.
4 $40.

No. 22

1 In Canada.
2 In the United States.
3 In Japan.
4 In England.

No. 23

1 He runs in a park.
2 He calls his friend.
3 He works late.
4 He walks to his office.

No. 24

1 The water was warm.
2 They met a famous swimmer.
3 They saw a dolphin.
4 They got a new pet.

No. 25

1 He lost his notebook.
2 He forgets people's names.
3 His notebook is too small.
4 He is not good at writing.

No. 26

1 Buy some tickets.
2 Go to Mexico.
3 Get a passport.
4 Clean her suitcase.

No. 27

1 A tent.
2 A jacket.
3 A hat.
4 A blanket.

No. 28

1 Rice.
2 Curry.
3 Meat.
4 Vegetables.

No. 29

1 At a rock concert.
2 At a music store.
3 At her brother's school.
4 At a birthday party.

No. 30

1 On Tuesday night.
2 On Wednesday morning.
3 On Thursday night.
4 On Friday morning.

二次試験

受験者用問題カードD

Ice Cream

Ice cream is a popular dessert. Many people eat it outside on hot summer days. People often buy ice cream at supermarkets, and some people like to make different kinds of ice cream at home.

問題カードD　Questions

No. 1　Please look at the passage. What do some people like to do at home?

No. 2　Please look at the picture. How many people are wearing caps?

No. 3　Please look at the woman. What is she going to do?

No. 4　How did you come here today?

No. 5　Do you enjoy going shopping in your free time?
Yes. → Please tell me more.
No. → Where would you like to go next weekend?

編集部注：本ページの質問英文は問題カードには印刷されていません。

受験者用問題カードJ

Climbing Mountains

Climbing mountains can be exciting. Many people like taking photos of nature, so they carry a camera with them when they climb mountains. People should always take a map and warm clothes with them, too.

問題カードＪ　Questions

No. 1　Please look at the passage. Why do many people carry a camera with them when they climb mountains?

No. 2　Please look at the picture. How many birds are flying?

No. 3　Please look at the woman with long hair. What is she going to do?

No. 4　What do you want to do this summer?

No. 5　Do you like to eat at restaurants?
Yes. → Please tell me more.
No. → Why not?

編集部注：本ページの質問英文は問題カードには印刷されていません。

Grade 3

2021年度 第3回

試験内容		試験時間	掲載ページ
一次試験	筆記（リーディング・ライティング）	50分	■ P. 2～13
	リスニング	約26分	■ P. 14～18
二次試験	面接（スピーキング）	約5分	■ P. 19～22

リスニングテスト・面接の音声について

音声は専用サイトにて配信しています。

▷ 専用サイトのご利用方法：

1. 本冊（解答編）の袋とじ（音声配信のご案内）をキリトリ線に沿って開封。
2. 袋とじの内側に印刷されているQRコードをスマートフォンなどで読み取る。QRコードを読み取れない場合は，アドレスを入力。
   ➡専用サイトのトップページに。
3. 音声を聞きたい試験のボタンを押す。
   ➡該当の試験の音声再生ページに。
   ※試験1回分を通して聞くことも，1問ずつ聞くこともできます。
   ※面接の解答時間（無音部分）は実際の試験とは異なります。

▷ 配信内容：本書に掲載のリスニングテストおよび面接の音声

※面接の音声は，音読の指示と質問英文だけでなく，音読問題のモデルリーディングも配信。

専用サイト トップページ

（イメージ）

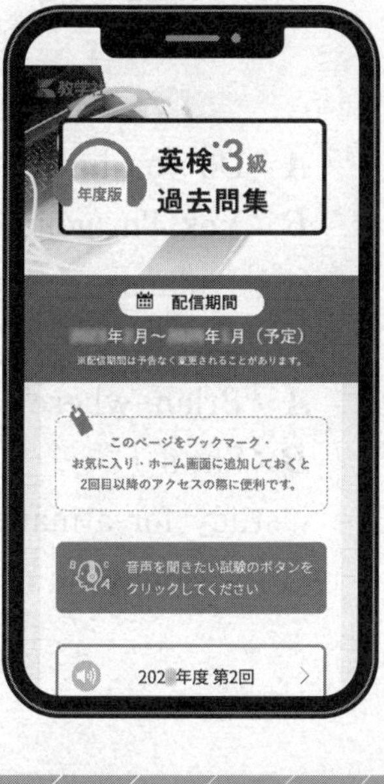

一次試験

1

次《つぎ》の(1)から(15)までの(　　　)に入《い》れるのに最《もっと》も適切《てきせつ》なものを1，2，3，4の中《なか》から一《ひと》つ選《えら》び，その番号《ばんごう》のマーク欄《らん》をぬりつぶしなさい。

---

(1) ***A*** : Mom, look! I taught Shiro to open the door.
B : Wow. He's a very (　　　) dog, isn't he?

1 correct　**2** careless　**3** clear　**4** clever

(2) ***A*** : I don't know much about baseball. Can you (　　　) the rules to me?
B : Sure. It's easy.

1 sell　**2** save　**3** happen　**4** explain

(3) ***A*** : These pancakes are good, Mom. Can I have (　　　) one?
B : Yes, here you are.

1 other　**2** all
3 another　**4** anything

(4) ***A*** : Do you have any (　　　) for tomorrow?
B : Yes. I'm going shopping in Shibuya.

1 plans　**2** symbols　**3** kinds　**4** voices

(5) ***A*** : Brian, where's Janet?
B : She's (　　　) at the library. She said she had to study for a math test.

1 slowly　**2** widely　**3** probably　**4** cheaply

(6) **A**：What did you think of the new French restaurant?

B：It was great. The food looked beautiful, and it (　　　) nice, too.

1 grew　**2** held　**3** tasted　**4** joined

(7) In the United States, it's a (　　　) to watch fireworks on the Fourth of July.

1 voice　**2** surprise

3 tradition　**4** meaning

(8) **A**：Bob, could you give me a (　　　)? I have to move this desk.

B：Sure.

1 face　**2** hand　**3** finger　**4** head

(9) **A**：This jacket is a little big for me. Can I (　　　) on a smaller one?

B：Certainly, sir. How about this one?

1 hit　**2** make　**3** enter　**4** try

(10) Laura's mother was reading a sad book to her at bedtime. At the (　　　) of the story, Laura cried.

1 back　**2** end　**3** page　**4** letter

(11) **A**：Are you (　　　) for your piano concert, Paula?

B：Yes. I practiced for three hours every day this week.

1 late　**2** ready　**3** near　**4** dark

(12) The ice skater didn't (　　　) any mistakes. She skated beautifully, so she got a great score.

1 meet　　**2** make　　**3** move　　**4** miss

(13) ***A*** **:** Where did you meet Jack?

B **:** We met in high school, so I've (　　　) him for over 20 years.

1 knows　　**2** knew

3 known　　**4** knowing

(14) Peter is very good at (　　　) stories. His English teacher says he should become a writer.

1 writing　　**2** to write　　**3** wrote　　**4** writes

(15) ***A*** **:** I want to buy something for Jacob's birthday.

B **:** I know (　　　) he wants. Let's go shopping together.

1 what　　**2** that　　**3** how　　**4** why

2

次《つぎ》の*(16)*から*(20)*までの会話《かいわ》について，(　　　) に入《い》れるのに最《もっと》も適切《てきせつ》なものを**1**，**2**，**3**，**4**の中《なか》から一《ひと》つ選《えら》び，その番号《ばんごう》のマーク欄《らん》をぬりつぶしなさい。

---

(16) ***Brother*** **:** What are you looking for?

Sister **:** My red scarf. (　　　)

Brother **:** No, not today.

1 Can I give you some?　　**2** Have you seen it?

3 May I get it?　　**4** Do you like the color?

(17) ***Son :*** Why isn't Mom eating dinner with us tonight?

Father : (　　　　) so she went to bed.

1 She loves chicken curry,

2 She's still at her office,

3 She called me this afternoon,

4 She has a bad stomachache,

(18) ***Wife :*** How many cups of coffee have you had today?

Husband : (　　　　)

Wife : Wow, that's a lot.

1 This is my fourth one.

2 You can have one, too.

3 Only one dollar each.

4 I'll have tea, please.

(19) ***Man 1 :*** I'm going fishing with Jim Clark tomorrow. Do you know him?

Man 2 : Yes, we're friends. (　　　　)

Man 1 : I will.

1 He has a fishing boat.

2 Thanks for asking me.

3 I'd like to go with you.

4 Say hello to him for me.

(20) ***Girl :*** The movie starts in 20 minutes. Are we going to be late?

Boy : Don't worry. (　　　　)

1 I lost your ticket.　　**2** We'll be on time.

3 That's a nice idea.　　**4** I like that actor.

3 **A**

次《つぎ》の掲示《けいじ》の内容《ないよう》に関《かん》して，*(21)*と*(22)*の質問《しつもん》に対《たい》する答《こた》えとして最《もっと》も適切《てきせつ》なもの，または文《ぶん》を完成《かんせい》させるのに最《もっと》も適切《てきせつ》なものを**1**，**2**，**3**，**4**の中《なか》から一《ひと》つ選《えら》び，その番号《ばんごう》のマーク欄《らん》をぬりつぶしなさい。

Staff Member Wanted

Are you interested in a part-time job? Do you enjoy riding a bike? Perry's Pizza Place is looking for a new staff member to take our pizzas to people's houses by bike.

Hours : Fridays 5 p.m. to 8 p.m. and Saturdays 11 a.m. to 6 p.m.
Pay : $10 an hour

You need to be 18 or older to do this job. You can use one of our bikes, so you don't need your own. You don't need to do any cooking or cleaning for this job.

If you're interested in this job, please send an e-mail to our manager, Perry Pitino (pitino@pizzaplace.com).

(21) What time will the new staff member finish work on Saturdays?

1 At 11 a.m.

2 At 5 p.m.

3 At 6 p.m.

4 At 8 p.m.

---

(22) People can't do this job if they

1 can't make delicious pizzas.

2 don't have their own bike.

3 are busy on Friday mornings.

4 are 17 years old or younger.

3 **B**

次《つぎ》のEメールの内容《ないよう》に関《かん》して，*(23)*から*(25)*までの質問《しつもん》に対《たい》する答《こた》えとして最《もっと》も適切《てきせつ》なものを**1**，**2**，**3**，**4**の中《なか》から一《ひと》つ選《えら》び，その番号《ばんごう》のマーク欄《らん》をぬりつぶしなさい。

From: Sandra Noble
To: Smithville Garden Center
Date: March 25
Subject: Flowers

Hello,
My name is Sandra Noble. My friend said your garden center is the best, but it's far from my house. I want to ask you for some advice, and maybe I'll visit your garden center next week. My husband and I bought a house in Smithville in January. This spring, we want to plant some flowers in front of our house. I don't have much time for gardening every year, so I want flowers that live longer than one or two years. What kind of flowers would be good?
Sincerely,
Sandra Noble

From: Smithville Garden Center
To: Sandra Noble
Date: March 25
Subject: My advice

Dear Ms. Noble,
Thanks for your e-mail. Flowers that live longer than two years are called perennials. We have lots of perennials at

Smithville Garden Center. Many of them are easy to take care of, but different flowers need different things. Some flowers need lots of sun, but others don't. Some flowers even like dry soil.* You said you wanted to put the flowers in front of your house. How many hours of sunshine* does that area get? Is the soil dry? What colors do you like? I'll be at the center every day next week from eight until noon.

Best wishes,

Gary Logan

Manager, Smithville Garden Center

From: Sandra Noble

To: Smithville Garden Center

Date: March 26

Subject: Thank you

Hello Mr. Logan,

My front yard has some big trees, so it doesn't get much sun in summer. The soil is a little wet. I'd like to have some pink or blue flowers. I'll come and visit your garden center and speak to you next Wednesday.

Sincerely,

Sandra Noble

*soil：土《つち》

*sunshine：日光《にっこう》

(23) What did Sandra Noble do in January?

1 She got married.

2 She got a new house.

3 She asked her friend for advice.

4 She visited a garden center.

(24) What does Gary Logan say about flowers called perennials?

1 His garden center doesn't sell them.

2 They don't need any sunlight.

3 They are too expensive to buy.

4 They live longer than two years.

(25) What will Sandra Noble do next week?

1 Meet with Gary Logan.

2 Buy some soil.

3 Plant trees in front of her house.

4 Start working at a garden center.

3 C

次《つぎ》の英文《えいぶん》の内容《ないよう》に関《かん》して，*(26)*から*(30)*までの質問《しつもん》に対《たい》する答《こた》えとして最《もっと》も適切《てきせつ》なもの，または文《ぶん》を完成《かんせい》させるのに最《もっと》も適切《てきせつ》なものを**1**，**2**，**3**，**4**の中《なか》から一《ひと》つ選《えら》び，その番号《ばんごう》のマーク欄《らん》をぬりつぶしなさい。

Phar Lap

Around the world, many people love to watch horse racing. Each year, thousands of horses take part in races. Most of them don't win, but sometimes there are horses that become famous. One of these horses was from New Zealand, and his name was Phar Lap.

Phar Lap was born in 1926. His father was a champion racehorse, so Phar Lap's owners thought he would run fast, too. But when Phar Lap was young, he was thin and weak,* and he lost every race he took part in. His owners weren't happy with him, so they sold him to an American businessman named David J. Davis in 1928. The trainer* for Phar Lap was a man from Australia named Harry Telford.

When Telford saw Phar Lap for the first time, he was very surprised to see the horse's bad health. However, he thought Phar Lap could become a successful racehorse, so they began training very hard together. Phar Lap became stronger and grew to 174 centimeters tall. Although he lost his first few races in Australia, in April 1929, he finally won his first race, the Maiden Juvenile Handicap in Rosehill.

After that, Phar Lap became much more popular with people. Between 1929 and 1931, large groups of people came to watch his races in Australia and other countries. During this time, he won 36 of the 41 races he took part in. He also made many new world records.* Because of this, Phar Lap will always be remembered as an amazing racehorse in the history of horse racing.

*weak：弱《よわ》い　*trainer：調《ちょう》教《きょう》師《し》　*world record：世《せ》界《かい》記《き》録《ろく》

---

(26) When was Phar Lap sold?

1 In 1926.　**2** In 1928.　**3** In 1929.　**4** In 1931.

(27) Who was Harry Telford?

1 An Australian horse racer.
2 An Australian horse trainer.
3 An American businessman.
4 An American runner.

(28) What happened in Australia in April 1929?

1 Telford won a lot of money.
2 Telford first met Phar Lap.
3 Phar Lap won a race for the first time.
4 Phar Lap started taking part in races.

(29) People will never forget Phar Lap because he

1 never lost a horse race.
2 ran in every race in Australia.
3 was the smallest horse at horse races.
4 made a lot of new world records.

(30) What is this story about?

1 A famous racehorse.
2 Different types of horse racing.
3 How to train horses.
4 A popular place for pet owners.

4 ライティング

●あなたは，外国人《がいこくじん》の友達《ともだち》から以下《いか》の **QUESTION** をされました。
● **QUESTION** について，あなたの考《かんが》えとその理由《りゆう》を2つ英文《えいぶん》で書《か》きなさい。
●語数《ごすう》の目安《めやす》は25語《ご》～35語《ご》です。
●解答《かいとう》は，解答用紙《かいとうようし》のB面《めん》にあるライティング解答欄《かいとうらん》に書《か》きなさい。なお，解《かい》答欄《とうらん》の外《そと》に書《か》かれたものは採点《さいてん》されません。
●解答《かいとう》が **QUESTION** に対応《たいおう》していないと判断《はんだん》された場合《ばあい》は，0点《てん》と採点《さいてん》されることがあります。**QUESTION** をよく読《よ》んでから答《こた》えてください。

QUESTION

What do you enjoy doing on weekends?

Listening Test

3級リスニングテストについて

❶このテストには，第《だい》**1**部《ぶ》から第《だい》**3**部《ぶ》まであります。

英文《えいぶん》は第《だい》**1**部《ぶ》では一度《いちど》だけ，第《だい》**2**部《ぶ》と第《だい》**3**部《ぶ》では二度《にど》，放送《ほうそう》されます。

第《だい》**1**部《ぶ》	イラストを参考《さんこう》にしながら対話《たいわ》と応答《おうとう》を聞《き》き，最《もっと》も適切《てきせつ》な応答《おうとう》を**1**，**2**，**3**の中《なか》から一《ひと》つ選《えら》びなさい。
第《だい》**2**部《ぶ》	対話《たいわ》と質問《しつもん》を聞《き》き，その答《こた》えとして最《もっと》も適切《てきせつ》なものを**1**，**2**，**3**，**4**の中《なか》から一《ひと》つ選《えら》びなさい。
第《だい》**3**部《ぶ》	英文《えいぶん》と質問《しつもん》を聞《き》き，その答《こた》えとして最《もっと》も適切《てきせつ》なものを**1**，**2**，**3**，**4**の中《なか》から一《ひと》つ選《えら》びなさい。

❷ *No.30* のあと，10秒《びょう》すると試験終了《しけんしゅうりょう》の合図《あいず》がありますので，筆記用具《ひっきようぐ》を置《お》いてください。

第《だい》**1**部《ぶ》

例題《れいだい》

No. 1

No. 2

No. 3

No. 4

No. 5

No. 6

No. 7

No. 8

No. 9

No. 10

第《だい》2部《ぶ》

No. 11

1 Looking for his ruler.
2 Buying a pencil case.
3 Cleaning his desk.
4 Doing his homework.

No. 12

1 She opened her own store.
2 She called Dan.
3 She went to the bank.
4 She bought a necklace.

No. 13

1 One and a half hours.
2 Two hours.
3 Two and a half hours.
4 Three hours.

No. 14

1 He is older than her.
2 She is taller than him.
3 They got birthday presents.
4 They have the same birthday.

No. 15

1 Make pies.
2 Talk to his grandmother.
3 Eat blueberries.
4 Go shopping.

No. 16

1 The English club.
2 The science club.
3 The music club.
4 The drama club.

No. 17

1 Eat at a restaurant.
2 Save money for a trip.
3 Travel to Japan.
4 Learn how to make curry.

No. 18

1 Jenny's.
2 Jenny's sister's.
3 Jenny's friend's.
4 The man's.

No. 19

1 In Carl's office.
2 In the meeting room.
3 On Tracy's desk.
4 On the copy machine.

No. 20

1 Once a week.
2 Twice a week.
3 Once a month.
4 Twice a month.

第《だい》3部《ぶ》

No. 21

1 Some balloons.
2 Some drinks.
3 Some cake.
4 Some presents.

No. 22

1 At school.
2 At her friend's house.
3 At the park.
4 At home.

No. 23

1 The monkeys.
2 The elephants.
3 The birds.
4 The snakes.

No. 24

1 A famous baseball player.
2 A new baseball stadium.
3 His ski trip.
4 His job.

No. 25

1 She took a bus tour.
2 She made new friends.
3 She went to a church.
4 She visited a museum.

No. 26

1 In his bag.
2 In the library.
3 In his classroom.
4 In the cafeteria.

No. 27

1 His friend.
2 His children.
3 His high school teacher.
4 His father.

No. 28

1 Her mother was sick.
2 Her mother was busy.
3 Her father is the coach.
4 Her father loves sports.

No. 29

1 He goes by train.
2 He goes by bus.
3 He rides his bike.
4 He walks.

No. 30

1 Give a speech.
2 Clean the cafeteria.
3 Make some posters.
4 Make some cookies.

二次試験

受験者用問題カードD

Pasta

Pasta is eaten in countries around the world. Pasta tastes good with both meat and vegetables, so it is a popular dish with many people. Some stores sell many defferent kinds and colors of pasta.

問題カードD　Questions

No. 1　Please look at the passage. Why is pasta a popular dish with many people?

No. 2　Please look at the picture. How many tomatoes is the man holding?

No. 3　Please look at the girl with long hair. What is she going to do?

No. 4　What did you do during your winter vacation?

No. 5　Do you like to go to festivals?
Yes. → Please tell me more.
No. → What would you like to do this spring?

編集部注：本ページの質問英文は問題カードには印刷されていません。

受験者用問題カードJ

Lakes

Japan has many beautiful lakes. They are often quiet and relaxing places to visit. There are places to camp near some lakes, and some people like to go swimming in lakes when it is sunny.

問題カードJ　Questions

No. 1　Please look at the passage. What do some people like to do when it is sunny?

No. 2　Please look at the picture. How many people are sitting in the boat?

No. 3　Please look at the man wearing a hat. What is he doing?

No. 4　What are you going to do this evening?

No. 5　Would you like to study abroad?
Yes. → Please tell me more.
No.　→ Why not?

編集部注：本ページの質問英文は問題カードには印刷されていません。

Grade 3

2021年度 第2回

試験内容		試験時間	掲載ページ
一次試験	筆記（リーディング・ライティング）	50分	♥ P. 2～13
	リスニング	約26分	♥ P. 14～18
二次試験	面接（スピーキング）	約5分	♥ P. 19～22

リスニングテスト・面接の音声について

音声は専用サイトにて配信しています。

専用サイト トップページ
（イメージ）

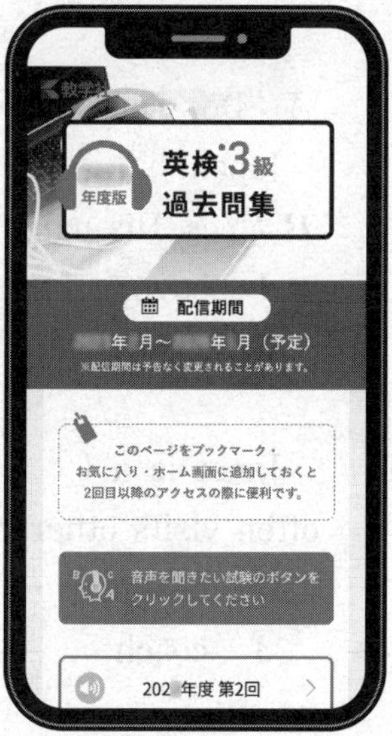

▷ 専用サイトのご利用方法：

1. 本冊（解答編）の袋とじ（音声配信のご案内）をキリトリ線に沿って開封。
2. 袋とじの内側に印刷されているQRコードをスマートフォンなどで読み取る。QRコードを読み取れない場合は，アドレスを入力。
   ➡専用サイトのトップページに。
3. 音声を聞きたい試験のボタンを押す。
   ➡該当の試験の音声再生ページに。
   ※試験1回分を通して聞くことも，1問ずつ聞くこともできます。
   ※面接の解答時間（無音部分）は実際の試験とは異なります。

▷ 配信内容：本書に掲載のリスニングテストおよび面接の音声

※面接の音声は，音読の指示と質問英文だけでなく，音読問題のモデルリーディングも配信。

一次試験

1

次《つぎ》の*(1)*から*(15)*までの (　　　) に入《い》れるのに最《もっと》も適切《てきせつ》なものを **1**，**2**，**3**，**4** の中《なか》から一《ひと》つ選《えら》び，その番号《ばんごう》のマーク欄《らん》をぬりつぶしなさい。

---

(1) **A**：Oh no! My pen has no more ink! Do you have one that I can (　　　　)?

B：Yes, here you are.

1 tell　　**2** think　　**3** borrow　　**4** put

(2) **A**：What happened, Sharon? Why is your dress so (　　　　)?

B：It was raining hard, and I fell off my bike.

1 tall　　**2** short　　**3** dirty　　**4** useful

(3) **A**：Jane, how does this dress look on me?

B：Really nice. Look in the (　　　　) over there.

1 center　　**2** counter　　**3** cloud　　**4** mirror

(4) **A**：Do you know the new (　　　　) student from Japan?

B：Yes. His name is Kentaro. He's in my class.

1 cover　　**2** exchange

3 plan　　**4** surprise

(5) Janet is a (　　　　). She works for a newspaper. She often visits other countries and writes stories about them.

1 designer　　**2** guard

3 coach　　**4** journalist

(6) **A**：Here's the salad dressing, Tony. (　　　) it well before you use it.

B：All right, Mom.

1 Call　**2** Build　**3** Invite　**4** Shake

(7) Some people think we should try to (　　　) old things. Others think people buy too many new things.

1 raise　**2** rise　**3** repeat　**4** recycle

(8) **A**：Can I help with dinner, Mom?

B：Sure. (　　　) of all, cut these potatoes and onions.

1 First　**2** More　**3** Quick　**4** Small

(9) **A**：Mom, can we make an apple pie together?

B：Sure. It's a (　　　) difficult, but I think we can do it.

1 high　**2** few　**3** much　**4** little

(10) Emma went shopping at the new department store yesterday. She bought a jacket and a new (　　　) of jeans.

1 piece　**2** pair　**3** slice　**4** sheet

(11) **A**：I'm going to study now, so please (　　　) on my door if you need to talk to me.

B：OK, Mike.

1 knock　**2** decide　**3** agree　**4** smell

(12) **A**：Do you have time now, Doug?

B：No, I'm sorry. (　　　　) fact, I have to leave for a meeting now. I'll call you later.

1 In　**2** At　**3** By　**4** On

(13) The town is famous for its beautiful old buildings. It has many houses (　　　　) in the last century.

1 build　**2** builds

3 built　**4** building

(14) **A**：I don't know (　　　　) Central Park is.

B：It's near here. I'll show you.

1 who　**2** when　**3** where　**4** why

(15) **A**：How was the basketball tournament?

B：Not good. We were the (　　　　) team there. We didn't win any games.

1 poor　**2** worst　**3** worse　**4** bad

2

次《つぎ》の(16)から(20)までの会話《かいわ》について，(　　　　)に入《い》れるのに最《もっと》も適切《てきせつ》なものを**1**，**2**，**3**，**4**の中《なか》から一《ひと》つ選《えら》び，その番号《ばんごう》のマーク欄《らん》をぬりつぶしなさい。

---

(16) ***Woman*：** I want to go and see the dolphin show at the aquarium.
Are you free this weekend?

***Man*：** I'm not sure. I'll check my schedule, and (　　　　)

1 I'll call you tonight.　**2** you'll like the show.

3 I'll take it.　**4** you can swim fast.

(17) ***Woman :*** Thank you very much for giving me advice.

Man : (　　　　) Good luck with your interview tomorrow.

Woman : Thank you.

1 Not at all.　　**2** Let me see.
3 No, thanks.　　**4** You gave me one.

(18) ***Man :*** I'm going on vacation next month.

Woman : Great! (　　　　)

Man : I'll take a tour of South America.

1 Where's your passport?　　**2** When do you leave?
3 What are your plans?　　**4** How long is it?

(19) ***Man :*** Are you ready to go to dinner?

Woman : Yes. (　　　　)

Man : Great idea! I don't want to walk in the rain, either.

1 Let's walk there.　　**2** Let's take a taxi.
3 Let's cook now.　　**4** Let's stay home.

(20) ***Woman :*** Hi, John. What time is it? I forgot my watch.

Man : Sorry, Janet. I don't know. (　　　　)

Woman : No problem. I'll ask Peter.

1 That's interesting.　　**2** I can't call you.
3 It's too late.　　**4** I left mine at home.

3 **A**

次《つぎ》のお知《し》らせの内容《ないよう》に関《かん》して，*(21)*と*(22)*の質問《しつもん》に対《たい》する答《こた》えとして最《もっと》も適切《てきせつ》なもの，または文《ぶん》を完成《かんせい》させるのに最《もっと》も適切《てきせつ》なものを**1**，**2**，**3**，**4**の中《なか》から一《ひと》つ選《えら》び，その番号《ばんごう》のマーク欄《らん》をぬりつぶしなさい。

Special Event

Emily Simmons will come to Noland Junior High School to give a talk. Ms. Simmons has been a member of the Noland Rockets, a professional soccer team, for more than five years. She was a student at our school and the captain of the soccer team.

When : March 10 from 3:30 p.m. to 5:00 p.m.

Where : School gym

If you want to come and hear about her experiences, sign up soon. Send an e-mail to our P.E. teacher, Mr. Knight, by March 1.

knight@nolandjrh.edu

Ms. Simmons will show us how to pass the ball well during a game. You'll have many chances to ask her questions!

(21) Who is coming to Noland Junior High School?

1 A famous P.E. teacher.

2 A new soccer coach.

3 A student of another school.

4 A soccer player.

---

(22) Students can take part in this event

1 by writing a letter to Ms. Simmons.

2 by asking a soccer team member by March 10.

3 by sending an e-mail to Mr. Knight by March 1.

4 by calling the Noland Rockets soccer team.

3 B 次《つぎ》のＥメールの内容《ないよう》に関《かん》して，*(23)*から*(25)*までの質問《しつもん》に対《たい》する答《こた》えとして最《もっと》も適切《てきせつ》なものを**1**，**2**，**3**，**4**の中《なか》から一《ひと》つ選《えら》び，その番号《ばんごう》のマーク欄《らん》をぬりつぶしなさい。

From: Grace Morgan
To: Silvertown Public Library
Date: July 20
Subject: Books

Hello,
My name is Grace Morgan, and I graduated from Silvertown High School last month. This fall, I'll move to Chicago for university. I have a lot of books because I love to read, but I can't take all the books with me. My friend said that maybe the Silvertown Public Library would want them. Please write back if you're interested.
Sincerely,
Grace Morgan

From: Silvertown Public Library
To: Grace Morgan
Date: July 21
Subject: Thank you

Dear Grace,
Thank you for your e-mail. Yes, we're interested in your books. Please put your books in a box and leave the box by the large door at the back of the library. You can bring them any morning. Every afternoon, I bring the boxes of books

into the library, and every Wednesday and Friday, I look at the books and choose some for our library. Sometimes, people give us books that we don't need. I try to send those books to other libraries or to schools. If the books are old and damaged,* we sometimes sell them to the Silvertown Paper Company. After we sell them, we use the money to buy things for the library such as magazines and newspapers.
Best regards,
George Livingston

From: Grace Morgan
To: Silvertown Public Library
Date: July 22
Subject: Monday morning

Dear Mr. Livingston,
Thank you for writing back. I have decided to take the books to a bookstore near my house. I'll try to sell them there this weekend. If I can't sell some of them, I'll put them in a box and bring them to the library on Monday morning.
Sincerely,
Grace

* damaged：破損《はそん》した

(23) What will Grace Morgan start doing this fall?

1 Working at a library.

2 Writing a book.

3 Teaching at a high school.

4 Studying at university.

---

(24) What does George Livingston do every Wednesday and Friday?

1 He looks at the books in the boxes.

2 He goes to the Silvertown Paper Company.

3 He reads a book to the children at a school.

4 He takes a box of books to a different library.

---

(25) Where will Grace go this weekend?

1 To a library.

2 To a bookstore.

3 To her university.

4 To her friend's house.

3 **C**

次《つぎ》の英文《えいぶん》の内容《ないよう》に関《かん》して，(26)から(30)までの質問《しつもん》に対《たい》する答《こた》えとして最《もっと》も適切《てきせつ》なもの，または文《ぶん》を完成《かんせい》させるのに最《もっと》も適切《てきせつ》なものを**1**，**2**，**3**，**4**の中《なか》から一《ひと》つ選《えら》び，その番号《ばんごう》のマーク欄《らん》をぬりつぶしなさい。

John James Audubon

John James Audubon was a famous painter and bird scientist. He was born in Haiti in 1785, but he grew up in France. When he was a child, he enjoyed painting and nature, and he really loved birds. He also played the violin.

When Audubon was 18, Napoleon was the leader of France. At that time, Napoleon told all the young men in France to join the French army.* Audubon didn't want to be in the army, so he went to the United States.

Audubon lived on a large farm near Philadelphia. There, he started to study birds. He started painting pictures of them, too. Audubon's paintings were special because they were very detailed.* He also studied how the birds moved and lived.

Later, in 1808, Audubon moved to Kentucky. He owned a store there, but he still painted pictures of birds in his free time. Audubon's store didn't make enough money, so he closed it in 1819. He decided to travel down the Mississippi River. On the way, Audubon painted pictures of the birds that he saw. His biggest dream was to paint pictures of all the different kinds of American birds.

In 1826, Audubon went to England and took his paintings with him. He had over 300 pictures. The people in England loved his paintings, and he became very popular there. In 1827, Audubon published* a book called *Birds of America*. Today, there are only 120 of these books in the world, and some of them were sold for millions of dollars each.

*army：軍隊《ぐんたい》
*detailed：細《こま》かい
*publish：～を出版《しゅっぱん》する

---

(26) Why did John James Audubon move to the United States?

1 He didn't want to join the French army.
2 He wanted to meet Napoleon.
3 He was told to move there by the leader of France.
4 He wanted to study art with a famous painter.

(27) Where did Audubon start painting pictures of birds?

1 At a store in Kentucky.
2 On a farm near Philadelphia.
3 By the Mississippi River.
4 On his way to England.

(28) When did Audubon close his store?

1 In 1808. **2** In 1819. **3** In 1826. **4** In 1827.

(29) Audubon wanted to

1 work in a pet store that sold lots of different birds.
2 open a store beside the Mississippi River.
3 paint pictures of every kind of American bird.
4 go to a famous art museum in England.

(30) What is this story about?

1 A man who painted American birds.
2 The first book about American birds.
3 How American birds became popular.
4 A special kind of American bird.

4 ライティング

●あなたは，外国人《がいこくじん》の友達《ともだち》から以下《いか》の **QUESTION** をされました。

● **QUESTION** について，あなたの考《かんが》えとその理由《りゆう》を 2 つ英文《えいぶん》で書《か》きなさい。

●語数《ごすう》の目安《めやす》は 25 語《ご》～35 語《ご》です。

●解答《かいとう》は，解答用紙《かいとうようし》のＢ面《めん》にあるライティング解答欄《かいとうらん》に書《か》きなさい。なお，解《かい》答欄《とうらん》の外《そと》に書《か》かれたものは採点《さいてん》されません。

●解答《かいとう》が **QUESTION** に対応《たいおう》していないと判断《はんだん》された場合《ばあい》は，0 点《てん》と採点《さいてん》されることがあります。**QUESTION** をよく読《よ》んでから答《こた》えてください。

QUESTION

Which do you like better, hot weather or cold weather?

Listening Test

3級リスニングテストについて

❶このテストには，第《だい》1部《ぶ》から第《だい》3部《ぶ》まであります。

英文《えいぶん》は第《だい》1部《ぶ》では一度《いちど》だけ，第《だい》2部《ぶ》と第《だい》3部《ぶ》では二度《にど》，放送《ほうそう》されます。

第《だい》1部《ぶ》	イラストを参考《さんこう》にしながら対話《たいわ》と応答《おうとう》を聞《き》き，最《もっと》も適切《てきせつ》な応答《おうとう》を **1**，**2**，**3** の中《なか》から一《ひと》つ選《えら》びなさい。
第《だい》2部《ぶ》	対話《たいわ》と質問《しつもん》を聞《き》き，その答《こた》えとして最《もっと》も適切《てきせつ》なものを **1**，**2**，**3**，**4** の中《なか》から一《ひと》つ選《えら》びなさい。
第《だい》3部《ぶ》	英文《えいぶん》と質問《しつもん》を聞《き》き，その答《こた》えとして最《もっと》も適切《てきせつ》なものを **1**，**2**，**3**，**4** の中《なか》から一《ひと》つ選《えら》びなさい。

❷ *No.30* のあと，10 秒《びょう》すると試験終了《しけんしゅうりょう》の合図《あいず》がありますので，筆記用具《ひっきようぐ》を置《お》いてください。

第《だい》1部《ぶ》

例題《れいだい》

No. 1

No. 2

No. 3

No. 4

No. 5

No. 6

No. 7

No. 8

No. 9

No. 10

第《だい》2部《ぶ》

No. 11

1 One.

2 Three.

3 Nine.

4 Twelve.

No. 12

1 He can't see the stars tonight.

2 It will be cloudy tomorrow.

3 He can't find the newspaper.

4 His science homework is hard.

No. 13

1 A toy koala.

2 A map of Australia.

3 A necktie.

4 A T-shirt.

No. 14

1 The food is delicious.

2 It is too noisy.

3 The food is expensive.

4 It is too old.

No. 15

1 Write to her mother.

2 Order some food.

3 Read an e-mail.

4 Make a cake.

No. 16

1 A concert.

2 A baseball game.

3 Harry's birthday party.

4 Their favorite colors.

No. 17

1 At a driving school.

2 In the man's house.

3 At a bank.

4 In a car.

No. 18

1 On Saturday morning.

2 On Saturday afternoon.

3 On Sunday morning.

4 On Sunday afternoon.

No. 19

1 Scott.

2 Jason.

3 The woman.

4 The woman's husband.

No. 20

1 Return a book.

2 Take a tour of his city.

3 Go to the library at school.

4 Learn about the Internet.

第《だい》3部《ぶ》

No. 21

1 The woman.

2 The woman's husband.

3 The woman's friends.

4 The woman's brothers.

No. 22

1 Get ready for practice.

2 Take a shower.

3 Borrow her friend's book.

4 Call her basketball coach.

No. 23

1 At a zoo.

2 At a pet store.

3 At a clothes store.

4 At a restaurant.

No. 24

1 He gave his mother a calendar.

2 He made a Christmas card.

3 He bought some paints.

4 He made a calendar.

No. 25

1 Buy some orange juice.

2 Make pumpkin soup.

3 Cut an orange.

4 Meet her at the supermarket.

No. 26

1 For two months.

2 For three months.

3 For two years.

4 For three years.

No. 27

1 The woman's.

2 Scott's.

3 Peter's.

4 Simon's.

No. 28

1 In the ocean.

2 In a river.

3 In his friend's pool.

4 In the school pool.

No. 29

1 Collect stamps.

2 Learn Chinese.

3 Travel around Canada.

4 Take photos.

No. 30

1 She borrowed the wrong book.

2 The library was closed.

3 She saw a big spider.

4 The book was too difficult.

二次試験

受験者用問題カードD

Green Tea

People love the taste of green tea. Green tea is healthy and delicious, so it is enjoyed by people around the world. In Japan, a lot of green tea is grown in Shizuoka and Kagoshima.

問題カードD　Questions

No. 1　Please look at the passage. Why is green tea enjoyed by people around the world?

No. 2　Please look at the picture. Where is the hat?

No. 3　Please look at the woman. What is she going to do?

No. 4　What are you planning to do next weekend?

No. 5　Are you a student?

Yes. → What school subject is the most difficult for you?

No. → What do you like to do in winter?

編集部注：本ページの質問英文は問題カードには印刷されていません。

受験者用問題カードJ

The Izu Islands

The Izu Islands are near Tokyo. People usually get to these islands by boat. The Izu Islands have beautiful nature and interesting activities for everyone, so they are popular places to visit in summer.

問題カードJ　Questions

No. 1　Please look at the passage. Why are the Izu Islands popular places to visit in summer?

No. 2　Please look at the picture. How many people are there in the water?

No. 3　Please look at the boy wearing a cap. What is he going to do?

No. 4　What did you do last Saturday?

No. 5　Have you ever been to a zoo?

Yes. → Please tell me more.

No. → What do you usually do on weekends?

編集部注：本ページの質問英文は問題カードには印刷されていません。

A面

3級　一次試験解答用紙

【注意事項】

① 解答にはHBの黒鉛筆（シャープペンシルも可）を使用し，解答を訂正する場合には消しゴムで完全に消してください。

② 解答用紙は絶対に汚したり折り曲げたり，所定以外のところへの記入はしないでください。

③ マーク例

良い例	悪い例
●	⊙ ⊠ ◓

⓪ これ以下の濃さのマークは読めません。

解答欄					
問題番号		1	2	3	4
1	(1)	①	②	③	④
	(2)	①	②	③	④
	(3)	①	②	③	④
	(4)	①	②	③	④
	(5)	①	②	③	④
	(6)	①	②	③	④
	(7)	①	②	③	④
	(8)	①	②	③	④
	(9)	①	②	③	④
	(10)	①	②	③	④
	(11)	①	②	③	④
	(12)	①	②	③	④
	(13)	①	②	③	④
	(14)	①	②	③	④
	(15)	①	②	③	④

解答欄					
問題番号		1	2	3	4
2	(16)	①	②	③	④
	(17)	①	②	③	④
	(18)	①	②	③	④
	(19)	①	②	③	④
	(20)	①	②	③	④
3	(21)	①	②	③	④
	(22)	①	②	③	④
	(23)	①	②	③	④
	(24)	①	②	③	④
	(25)	①	②	③	④
	(26)	①	②	③	④
	(27)	①	②	③	④
	(28)	①	②	③	④
	(29)	①	②	③	④
	(30)	①	②	③	④

4 の解答欄は裏面にあります。

リスニング解答欄					
問題番号		1	2	3	4
第1部	例題	①	②	●	
	No. 1	①	②	③	
	No. 2	①	②	③	
	No. 3	①	②	③	
	No. 4	①	②	③	
	No. 5	①	②	③	
	No. 6	①	②	③	
	No. 7	①	②	③	
	No. 8	①	②	③	
	No. 9	①	②	③	
	No. 10	①	②	③	
第2部	No. 11	①	②	③	④
	No. 12	①	②	③	④
	No. 13	①	②	③	④
	No. 14	①	②	③	④
	No. 15	①	②	③	④
	No. 16	①	②	③	④
	No. 17	①	②	③	④
	No. 18	①	②	③	④
	No. 19	①	②	③	④
	No. 20	①	②	③	④
第3部	No. 21	①	②	③	④
	No. 22	①	②	③	④
	No. 23	①	②	③	④
	No. 24	①	②	③	④
	No. 25	①	②	③	④
	No. 26	①	②	③	④
	No. 27	①	②	③	④
	No. 28	①	②	③	④
	No. 29	①	②	③	④
	No. 30	①	②	③	④

編集部注：実際の解答用紙とは，デザイン・サイズが異なります。

B面

4 ライティング解答欄

・指示事項を守り，文字は，はっきりと分かりやすく書いてください。
・太枠に囲まれた部分のみが採点の対象です。

編集部注：実際の解答用紙とは，デザイン・サイズが異なります。

A面

3級　一次試験解答用紙

【注意事項】

① 解答にはHBの黒鉛筆（シャープペンシルも可）を使用し，解答を訂正する場合には消しゴムで完全に消してください。

② 解答用紙は絶対に汚したり折り曲げたり，所定以外のところへの記入はしないでください。

③ マーク例

良い例	悪い例
●	⊙ ⊠ ◓

⓪ これ以下の濃さのマークは読めません。

解答欄					
問題番号		1	2	3	4
1	(1)	①	②	③	④
	(2)	①	②	③	④
	(3)	①	②	③	④
	(4)	①	②	③	④
	(5)	①	②	③	④
	(6)	①	②	③	④
	(7)	①	②	③	④
	(8)	①	②	③	④
	(9)	①	②	③	④
	(10)	①	②	③	④
	(11)	①	②	③	④
	(12)	①	②	③	④
	(13)	①	②	③	④
	(14)	①	②	③	④
	(15)	①	②	③	④

解答欄					
問題番号		1	2	3	4
2	(16)	①	②	③	④
	(17)	①	②	③	④
	(18)	①	②	③	④
	(19)	①	②	③	④
	(20)	①	②	③	④
3	(21)	①	②	③	④
	(22)	①	②	③	④
	(23)	①	②	③	④
	(24)	①	②	③	④
	(25)	①	②	③	④
	(26)	①	②	③	④
	(27)	①	②	③	④
	(28)	①	②	③	④
	(29)	①	②	③	④
	(30)	①	②	③	④

4 の解答欄は裏面にあります。

リスニング解答欄					
問題番号		1	2	3	4
第1部	例題	①	②	●	
	No. 1	①	②	③	
	No. 2	①	②	③	
	No. 3	①	②	③	
	No. 4	①	②	③	
	No. 5	①	②	③	
	No. 6	①	②	③	
	No. 7	①	②	③	
	No. 8	①	②	③	
	No. 9	①	②	③	
	No. 10	①	②	③	
第2部	No. 11	①	②	③	④
	No. 12	①	②	③	④
	No. 13	①	②	③	④
	No. 14	①	②	③	④
	No. 15	①	②	③	④
	No. 16	①	②	③	④
	No. 17	①	②	③	④
	No. 18	①	②	③	④
	No. 19	①	②	③	④
	No. 20	①	②	③	④
第3部	No. 21	①	②	③	④
	No. 22	①	②	③	④
	No. 23	①	②	③	④
	No. 24	①	②	③	④
	No. 25	①	②	③	④
	No. 26	①	②	③	④
	No. 27	①	②	③	④
	No. 28	①	②	③	④
	No. 29	①	②	③	④
	No. 30	①	②	③	④

編集部注：実際の解答用紙とは，デザイン・サイズが異なります。

B面

4 ライティング解答欄

・指示事項を守り，文字は，はっきりと分かりやすく書いてください。
・太枠に囲まれた部分のみが採点の対象です。

編集部注：実際の解答用紙とは，デザイン・サイズが異なります。

A面

3級　一次試験解答用紙

【注意事項】

① 解答には HB の黒鉛筆（シャープペンシルも可）を使用し，解答を訂正する場合には消しゴムで完全に消してください。

② 解答用紙は絶対に汚したり折り曲げたり，所定以外のところへの記入はしないでください。

③ マーク例

良い例	悪い例
●	⊙ ⊗ ◓

⓪ これ以下の濃さのマークは読めません。

解答欄					
問題番号		1	2	3	4
1	(1)	①	②	③	④
	(2)	①	②	③	④
	(3)	①	②	③	④
	(4)	①	②	③	④
	(5)	①	②	③	④
	(6)	①	②	③	④
	(7)	①	②	③	④
	(8)	①	②	③	④
	(9)	①	②	③	④
	(10)	①	②	③	④
	(11)	①	②	③	④
	(12)	①	②	③	④
	(13)	①	②	③	④
	(14)	①	②	③	④
	(15)	①	②	③	④

解答欄					
問題番号		1	2	3	4
2	(16)	①	②	③	④
	(17)	①	②	③	④
	(18)	①	②	③	④
	(19)	①	②	③	④
	(20)	①	②	③	④
3	(21)	①	②	③	④
	(22)	①	②	③	④
	(23)	①	②	③	④
	(24)	①	②	③	④
	(25)	①	②	③	④
	(26)	①	②	③	④
	(27)	①	②	③	④
	(28)	①	②	③	④
	(29)	①	②	③	④
	(30)	①	②	③	④

4 の解答欄は裏面にあります。

リスニング解答欄					
問題番号		1	2	3	4
	例題	①	②	●	
第1部	No. 1	①	②	③	
	No. 2	①	②	③	
	No. 3	①	②	③	
	No. 4	①	②	③	
	No. 5	①	②	③	
	No. 6	①	②	③	
	No. 7	①	②	③	
	No. 8	①	②	③	
	No. 9	①	②	③	
	No. 10	①	②	③	
第2部	No. 11	①	②	③	④
	No. 12	①	②	③	④
	No. 13	①	②	③	④
	No. 14	①	②	③	④
	No. 15	①	②	③	④
	No. 16	①	②	③	④
	No. 17	①	②	③	④
	No. 18	①	②	③	④
	No. 19	①	②	③	④
	No. 20	①	②	③	④
第3部	No. 21	①	②	③	④
	No. 22	①	②	③	④
	No. 23	①	②	③	④
	No. 24	①	②	③	④
	No. 25	①	②	③	④
	No. 26	①	②	③	④
	No. 27	①	②	③	④
	No. 28	①	②	③	④
	No. 29	①	②	③	④
	No. 30	①	②	③	④

編集部注：実際の解答用紙とは，デザイン・サイズが異なります。

B面

4 ライティング解答欄

・指示事項を守り，文字は，はっきりと分かりやすく書いてください。
・太枠に囲まれた部分のみが採点の対象です。

編集部注：実際の解答用紙とは，デザイン・サイズが異なります。

A面

3級　一次試験解答用紙

【注意事項】

① 解答にはHBの黒鉛筆（シャープペンシルも可）を使用し，解答を訂正する場合には消しゴムで完全に消してください。

② 解答用紙は絶対に汚したり折り曲げたり，所定以外のところへの記入はしないでください。

③ マーク例

良い例	悪い例
●	⊙ ⊠ ◓

これ以下の濃さのマークは読めません。

解　答　欄					
問題番号		1	2	3	4
1	(1)	①	②	③	④
	(2)	①	②	③	④
	(3)	①	②	③	④
	(4)	①	②	③	④
	(5)	①	②	③	④
	(6)	①	②	③	④
	(7)	①	②	③	④
	(8)	①	②	③	④
	(9)	①	②	③	④
	(10)	①	②	③	④
	(11)	①	②	③	④
	(12)	①	②	③	④
	(13)	①	②	③	④
	(14)	①	②	③	④
	(15)	①	②	③	④

解　答　欄					
問題番号		1	2	3	4
2	(16)	①	②	③	④
	(17)	①	②	③	④
	(18)	①	②	③	④
	(19)	①	②	③	④
	(20)	①	②	③	④
3	(21)	①	②	③	④
	(22)	①	②	③	④
	(23)	①	②	③	④
	(24)	①	②	③	④
	(25)	①	②	③	④
	(26)	①	②	③	④
	(27)	①	②	③	④
	(28)	①	②	③	④
	(29)	①	②	③	④
	(30)	①	②	③	④

4の解答欄は裏面にあります。

リスニング解答欄					
問題番号		1	2	3	4
第1部	例題	①	②	●	
	No. 1	①	②	③	
	No. 2	①	②	③	
	No. 3	①	②	③	
	No. 4	①	②	③	
	No. 5	①	②	③	
	No. 6	①	②	③	
	No. 7	①	②	③	
	No. 8	①	②	③	
	No. 9	①	②	③	
	No. 10	①	②	③	
第2部	No. 11	①	②	③	④
	No. 12	①	②	③	④
	No. 13	①	②	③	④
	No. 14	①	②	③	④
	No. 15	①	②	③	④
	No. 16	①	②	③	④
	No. 17	①	②	③	④
	No. 18	①	②	③	④
	No. 19	①	②	③	④
	No. 20	①	②	③	④
第3部	No. 21	①	②	③	④
	No. 22	①	②	③	④
	No. 23	①	②	③	④
	No. 24	①	②	③	④
	No. 25	①	②	③	④
	No. 26	①	②	③	④
	No. 27	①	②	③	④
	No. 28	①	②	③	④
	No. 29	①	②	③	④
	No. 30	①	②	③	④

編集部注：実際の解答用紙とは，デザイン・サイズが異なります。

B面

4 ライティング解答欄

・指示事項を守り，文字は，はっきりと分かりやすく書いてください。

・太枠に囲まれた部分のみが採点の対象です。

編集部注：実際の解答用紙とは，デザイン・サイズが異なります。

A面

3級　一次試験解答用紙

【注意事項】

① 解答にはHBの黒鉛筆（シャープペンシルも可）を使用し，解答を訂正する場合には消しゴムで完全に消してください。

② 解答用紙は絶対に汚したり折り曲げたり，所定以外のところへの記入はしないでください。

③ マーク例

良い例	悪い例
●	⊙ ⊗ ◓

◯ これ以下の濃さのマークは読めません。

解答欄					
問題番号		1	2	3	4
1	(1)	①	②	③	④
	(2)	①	②	③	④
	(3)	①	②	③	④
	(4)	①	②	③	④
	(5)	①	②	③	④
	(6)	①	②	③	④
	(7)	①	②	③	④
	(8)	①	②	③	④
	(9)	①	②	③	④
	(10)	①	②	③	④
	(11)	①	②	③	④
	(12)	①	②	③	④
	(13)	①	②	③	④
	(14)	①	②	③	④
	(15)	①	②	③	④

解答欄					
問題番号		1	2	3	4
2	(16)	①	②	③	④
	(17)	①	②	③	④
	(18)	①	②	③	④
	(19)	①	②	③	④
	(20)	①	②	③	④
3	(21)	①	②	③	④
	(22)	①	②	③	④
	(23)	①	②	③	④
	(24)	①	②	③	④
	(25)	①	②	③	④
	(26)	①	②	③	④
	(27)	①	②	③	④
	(28)	①	②	③	④
	(29)	①	②	③	④
	(30)	①	②	③	④

4の解答欄は裏面にあります。

リスニング解答欄					
問題番号		1	2	3	4
	例題	①	②	●	
第1部	No. 1	①	②	③	
	No. 2	①	②	③	
	No. 3	①	②	③	
	No. 4	①	②	③	
	No. 5	①	②	③	
	No. 6	①	②	③	
	No. 7	①	②	③	
	No. 8	①	②	③	
	No. 9	①	②	③	
	No. 10	①	②	③	
第2部	No. 11	①	②	③	④
	No. 12	①	②	③	④
	No. 13	①	②	③	④
	No. 14	①	②	③	④
	No. 15	①	②	③	④
	No. 16	①	②	③	④
	No. 17	①	②	③	④
	No. 18	①	②	③	④
	No. 19	①	②	③	④
	No. 20	①	②	③	④
第3部	No. 21	①	②	③	④
	No. 22	①	②	③	④
	No. 23	①	②	③	④
	No. 24	①	②	③	④
	No. 25	①	②	③	④
	No. 26	①	②	③	④
	No. 27	①	②	③	④
	No. 28	①	②	③	④
	No. 29	①	②	③	④
	No. 30	①	②	③	④

編集部注：実際の解答用紙とは，デザイン・サイズが異なります。

B面

4 ライティング解答欄

・指示事項を守り，文字は，はっきりと分かりやすく書いてください。
・太枠に囲まれた部分のみが採点の対象です。

編集部注：実際の解答用紙とは，デザイン・サイズが異なります。

A面

3級　一次試験解答用紙

【注意事項】

① 解答にはHBの黒鉛筆（シャープペンシルも可）を使用し，解答を訂正する場合には消しゴムで完全に消してください。

② 解答用紙は絶対に汚したり折り曲げたり，所定以外のところへの記入はしないでください。

③ マーク例

良い例	悪い例
●	⊙ ⊗ ◓

⓪ これ以下の濃さのマークは読めません。

解答欄					
問題番号		1	2	3	4
1	(1)	①	②	③	④
	(2)	①	②	③	④
	(3)	①	②	③	④
	(4)	①	②	③	④
	(5)	①	②	③	④
	(6)	①	②	③	④
	(7)	①	②	③	④
	(8)	①	②	③	④
	(9)	①	②	③	④
	(10)	①	②	③	④
	(11)	①	②	③	④
	(12)	①	②	③	④
	(13)	①	②	③	④
	(14)	①	②	③	④
	(15)	①	②	③	④

解答欄					
問題番号		1	2	3	4
2	(16)	①	②	③	④
	(17)	①	②	③	④
	(18)	①	②	③	④
	(19)	①	②	③	④
	(20)	①	②	③	④
3	(21)	①	②	③	④
	(22)	①	②	③	④
	(23)	①	②	③	④
	(24)	①	②	③	④
	(25)	①	②	③	④
	(26)	①	②	③	④
	(27)	①	②	③	④
	(28)	①	②	③	④
	(29)	①	②	③	④
	(30)	①	②	③	④

4の解答欄は裏面にあります。

リスニング解答欄					
問題番号		1	2	3	4
	例題	①	②	●	
第1部	No. 1	①	②	③	
	No. 2	①	②	③	
	No. 3	①	②	③	
	No. 4	①	②	③	
	No. 5	①	②	③	
	No. 6	①	②	③	
	No. 7	①	②	③	
	No. 8	①	②	③	
	No. 9	①	②	③	
	No. 10	①	②	③	
第2部	No. 11	①	②	③	④
	No. 12	①	②	③	④
	No. 13	①	②	③	④
	No. 14	①	②	③	④
	No. 15	①	②	③	④
	No. 16	①	②	③	④
	No. 17	①	②	③	④
	No. 18	①	②	③	④
	No. 19	①	②	③	④
	No. 20	①	②	③	④
第3部	No. 21	①	②	③	④
	No. 22	①	②	③	④
	No. 23	①	②	③	④
	No. 24	①	②	③	④
	No. 25	①	②	③	④
	No. 26	①	②	③	④
	No. 27	①	②	③	④
	No. 28	①	②	③	④
	No. 29	①	②	③	④
	No. 30	①	②	③	④

編集部注：実際の解答用紙とは，デザイン・サイズが異なります。

B面

4 ライティング解答欄

・指示事項を守り，文字は，はっきりと分かりやすく書いてください。

・太枠に囲まれた部分のみが採点の対象です。

編集部注：実際の解答用紙とは，デザイン・サイズが異なります。

A面

3級　一次試験解答用紙

【注意事項】

① 解答には HB の黒鉛筆（シャープペンシルも可）を使用し，解答を訂正する場合には消しゴムで完全に消してください。

② 解答用紙は絶対に汚したり折り曲げたり，所定以外のところへの記入はしないでください。

③ マーク例

良い例	悪い例
●	⊙ ⊗ ◐

これ以下の濃さのマークは読めません。

解答欄					
問題番号		1	2	3	4
1	(1)	①	②	③	④
	(2)	①	②	③	④
	(3)	①	②	③	④
	(4)	①	②	③	④
	(5)	①	②	③	④
	(6)	①	②	③	④
	(7)	①	②	③	④
	(8)	①	②	③	④
	(9)	①	②	③	④
	(10)	①	②	③	④
	(11)	①	②	③	④
	(12)	①	②	③	④
	(13)	①	②	③	④
	(14)	①	②	③	④
	(15)	①	②	③	④

解答欄					
問題番号		1	2	3	4
2	(16)	①	②	③	④
	(17)	①	②	③	④
	(18)	①	②	③	④
	(19)	①	②	③	④
	(20)	①	②	③	④
3	(21)	①	②	③	④
	(22)	①	②	③	④
	(23)	①	②	③	④
	(24)	①	②	③	④
	(25)	①	②	③	④
	(26)	①	②	③	④
	(27)	①	②	③	④
	(28)	①	②	③	④
	(29)	①	②	③	④
	(30)	①	②	③	④

4の解答欄は裏面にあります。

リスニング解答欄					
問題番号		1	2	3	4
第1部	例題	①	②	●	
	No. 1	①	②	③	
	No. 2	①	②	③	
	No. 3	①	②	③	
	No. 4	①	②	③	
	No. 5	①	②	③	
	No. 6	①	②	③	
	No. 7	①	②	③	
	No. 8	①	②	③	
	No. 9	①	②	③	
	No. 10	①	②	③	
第2部	No. 11	①	②	③	④
	No. 12	①	②	③	④
	No. 13	①	②	③	④
	No. 14	①	②	③	④
	No. 15	①	②	③	④
	No. 16	①	②	③	④
	No. 17	①	②	③	④
	No. 18	①	②	③	④
	No. 19	①	②	③	④
	No. 20	①	②	③	④
第3部	No. 21	①	②	③	④
	No. 22	①	②	③	④
	No. 23	①	②	③	④
	No. 24	①	②	③	④
	No. 25	①	②	③	④
	No. 26	①	②	③	④
	No. 27	①	②	③	④
	No. 28	①	②	③	④
	No. 29	①	②	③	④
	No. 30	①	②	③	④

編集部注：実際の解答用紙とは，デザイン・サイズが異なります。

B面

4 ライティング解答欄

・指示事項を守り，文字は，はっきりと分かりやすく書いてください。
・太枠に囲まれた部分のみが採点の対象です。

編集部注：実際の解答用紙とは，デザイン・サイズが異なります。

2024年度版

英検®3級過去問集